A Elite Parlamentar do Pós-constituinte: Atores e Práticas

A Elite Parlamentar do Pós-constituinte: Atores e Práticas

Débora Messenberg

editora brasiliense

Copyright © by Débora Messenberg
Nenhuma parte desta publicacão pode ser gravada,
armazenada em sistemas eletrônicos, fotocopiada,
reproduzida por meios mecânicos ou outros quaisquer
sem autorização prévia da editora.

1ª edição, 2002

Coordenação editorial: Célia Rogalski
Preparação: Luiz Ribeiro
Revisão: Beatriz de Cássia Mendes
Projeto gráfico e editoração: Produtores Associados
Capa: Produtores Associados

Dados Internacionais de Catalogação na Publicação (CIP)
(Câmara Brasileira do Livro, SP, Brasil)

Messenberg, Débora
A Elite Parlamentar do pós-constituinte :
atores e práticas / Débora Messenberg. -- São
Paulo : Brasiliense, 2002.

Bibliografia.
ISBN 85-11-00064-X

1. Brasil – Política e governo 2. Brasil.
Congresso – História 3. Sociologia política –
Pesquisa I. Título

02-1802	CDD-306.230981

Índices para catálogo sistemático:
1. Brasil : Parlamento : Elite : Sociologia
política   306.230981

editora brasiliense s.a.
Rua Airi, 22 – Tatuapé – CEP: 03310-010 – São Paulo – SP
Fone/Fax: (0xx11) 6198-1488
e-mail: brasilienseedit@uol.com.br
www.editorabrasiliense.com.br

livraria brasiliense s.a.
Rua Emília Marengo, 216 – Tatuapé – CEP: 03336-000 – São Paulo – SP
Fone/Fax: (0xx11) 6675-0188

*Aos meus pais, Alcyr e Sônia, que me
legaram o prazer por essa profissão.*

AGRADECIMENTOS

Originalmente uma tese de doutorado defendida em setembro de 2000 no Departamento de Sociologia da Universidade de São Paulo (USP), esse livro é o resultado da colaboração direta e indireta de várias pessoas.

Agradeço a Maria Arminda do Nascimento Arruda, minha orientadora, a quem devoto profunda admiração, não só por sua enorme capacidade de trabalho, como também por sua gentileza e amizade nos momentos decisivos.

À banca examinadora, composta por Maria Francisca Pinheiro Coelho, Argelina Cheibud Figueiredo, Sérgio Adorno e Brasílio Sallum Jr., pelas sugestões e críticas recebidas, além de reconhecer a importância de suas respectivas produções acadêmicas para a consecução desse trabalho.

Agradecimento especial devo a Jorge Madeira Nogueira, que desde minha graduação tem sido um prestimoso interlocutor, sempre disposto a me auxiliar no intrincado universo da estatística.

A Caetano Ernesto Pereira de Araújo, pela leitura atenta e sugestões valiosas.

A Luís Carlos Sigmaringa, Margrit Dutra Schmidt, Carlos Eduardo Caputo Bastos, Lucialice Cordeiro, Sônia Portella, Isabel Banhos e Lita Spíndola, cujo auxílio foi imprescindível para a realização das entrevistas.

Entre meus entes queridos, agradeço ao Kakay pelo apoio e afeto durante essa longa caminhada. Aos meus pais, Alcyr e Sônia, e irmãs, Mônica e Patrícia, pelo incentivo de sempre.

Aos amigos Lumena e Dadá, pela hospitalidade e permanente disposição para me socorrer em qualquer circunstância. Às amigas Rita Castro, Adriana Mariz, Lucialice Cordeiro, Kátia Silva e Ilma Rezende, pelo estímulo.

A Antônio Viana, pela presteza com a qual sempre atendeu às inúmeras solicitações de dados do Prodasen.

A Cleide Lemos, pelo trabalho competente de revisão e pela colaboração inestimável na reta final.

Por fim, agradeço aos entrevistados pela cordialidade com a qual me receberam e pela valiosa colaboração prestada.

Débora Messenberg
Novembro de 2001

Sumário

Prefácio 11

Introdução 15
  1. Procedimentos de pesquisa 17

I – O Palco da Investigação 21
  1. O Parlamento Republicano Brasileiro (1889-1988):
    configuração ampla 24

II – O Congresso Nacional Brasileiro no
Pós-Constituinte 35
  1. Do processo legislativo e das relações entre os
    poderes Executivo e Legislativo 35
  2. Do contexto político-econômico 40
  3. Da composição do Congresso Nacional 46

III – A Elite Parlamentar do Pós-Constituinte:
Atores e Práticas 69
  1. Morfologia da elite parlamentar 69
  2. Produção legislativa e posicionamentos políticos 94
  3. Representações 118

IV – Considerações Finais 133

Lista de Tabelas 141

Lista de Abreviaturas 143

Notas 145

Bibliografia 167

Sobre a Autora 176

Prefácio

Uma Agenda de Pesquisa

O livro da socióloga Débora Messenberg insere-se no rol das reflexões mais instigantes urdidas no campo das ciências sociais brasileiras. Incidindo o foco analítico sobre um período decisivo da nossa história política, a obra revela-se no caráter multifacetado da reflexão e na intenção incessantemente perseguida de cingir o tema. De fato, o texto percorre um momento crucial do Parlamento no Brasil, desde a Nova República até a eleição do presidente Fernando Henrique Cardoso, levando a autora a iluminar a fase de restauração da nossa vida democrática. Por essa razão, os anos transcorridos entre 1989 e 1994 podem ser considerados tempo culminante das apostas e das promessas berçadas, pelo menos, desde a campanha para as eleições diretas para presidente da República. De outro lado, o formato político do país, nos dias que correm, foi concebido na esteira daqueles acontecimentos, revelando quão importantes são os seus desdobramentos no presente.

A época era de mudanças profundas, distinta dos movimentos correntes que pontuam o cotidiano das nações. As grandes transformações ocorridas foram: a Constituição de 1988; a eleição de Fernando Collor de Mello em 1989; o seu impedimento dois anos depois; a sua substituição por Itamar Franco, segundo as normas constitucionais; o plebiscito sobre a forma de governo (presidencialismo, parlamentarismo ou monarquia) realizado em abril de 1993; a implantação do Plano Real de estabilização da economia; e, no mesmo ano de 1994, a eleição, ocorrida em outubro, de Fernando Henrique Cardoso. O *impeachment* do presidente Collor de Mello era o atestado incontestável da maturidade alcançada pelo regime democrático no Brasil – construído em tão curto período –, sintoma de enraizamento dos princípios de um Estado de Direito consagrado na Carta Constitucional. Em lugar de buscar apreender a história daqueles anos por meio de um recorte que privilegiasse a seqüência dos acontecimentos no fluxo temporal, Débora adotou a perspectiva de abordar as questões marcantes da época por meio do Congresso Nacional e da ação dos parlamentares, especialmente da atuação da elite política.

Não se trata, no entanto, de compor uma visão costumeira sobre o Parlamento. O exercício reflexivo dirige-se, concomitantemente, para conformar o desenho do Legislativo, mas sobretudo para a elucidação da sua dinâmica, percebida no funcionamento diário da casa. O Congresso Nacional, segundo a perspectiva assumida pela autora, "é, portanto, uma instituição-espelho da sociedade, a refletir e reproduzir tanto as suas mazelas quanto as suas virtudes". Nesse passo, a originalidade do recorte temático explicita-se, pois busca entrever a sociedade com base em seus representantes no Congresso recusando o caminho inverso, comumente encontrado nas análises que se dedicaram ao assunto. Suplementarmente, em vez de optar por uma compreensão restritiva ou especializada da atividade parlamentar, a autora buscou orientar suas reflexões para a substância dos sentidos presentes na ação dos congressistas, explorando os impactos sociais derivados dos seus comportamentos, ao mesmo tempo que os situa no prisma das constrições a que são submetidos. Em outros termos, os móveis dessa experiência parlamentar brotada naquela conjuntura política indelével desprendem-se de múltiplos requerimentos, o que leva a autora a tentar apanhá-los, ora os flagrando na trajetória das personagens, ora extraindo as explicações da dinâmica interna do Congresso, ora, ainda, escandindo as dimensões oriundas da tradição política brasileira.

Débora pretendeu realizar um retrato sociológico completo dos parlamentares brasileiros, particularmente da sua elite. Ao lado de certa homogeneidade interna, convivem no âmbito desse grupo seleto atributos diferenciados que, malgrado as orientações partidárias, passam pelo corte regional. Nesse passo adentra-se no terreno da cultura política, recuperando-se, sobretudo no caso dos políticos provenientes do Nordeste, os traços do exercício tradicional da atividade parlamentar no país. Eu diria que este estudo de Débora projeta as questões mais fundamentais da política brasileira, uma vez que lança luzes sobre concepções que imaginávamos apagadas pela aragem da forte renovação ocorrida naqueles anos.

É digna de registro a discussão a respeito das representações da elite parlamentar no pós-Constituinte, na qual a socióloga identifica fortes elementos míticos nos discursos de políticos mais modernos e intelectualmente elaborados, como é o caso do atual presidente da República. As entrevistas que embasaram a análise do universo discursivo da elite parlamentar são, aliás, um documento à parte, tendo em vista a envergadura dos políticos: Fernando Henrique Cardoso, Marco Maciel, José Sarney, Inocêncio de Oliveira, José Genoíno, Francisco Dornelles, Delfim Neto, Pedro Simon, Miro Teixeira, Nelson Jobim, Bernardo Cabral, Paes de Andrade, Mauro Benevides, Prisco Viana e Odacir Klein. A cientista social esclarece que, "por meio das entrevistas, procurou-se chegar a uma visão mais matizada da elite parlamentar brasileira no período, objetivando o aprofundamento da análise das questões que guiam o trabalho. Combinou-se, dessa forma, procedimentos de natureza quantitativa àqueles de cunho qualitativo, buscando contornar o caráter frio dos dados e acercar o universo da ação e da representação dos sujeitos envolvidos". A combinação de técnicas de pesquisa variadas permitiu-lhe esquadrinhar a vida do Congresso no decorrer dos anos em análise, expondo o seu domínio de instrumentos de pesquisa diversificados.

O resultado é altamente expressivo, tendo em vista que um dos critérios relevantes para a identificação do parlamentar membro da elite política foi o reconhecimento dos pares. As categorias produzidas internamente ao grupo tornaram-se instrumentos essenciais da análise empreendida. "Dessa forma, pôde-se definir a elite parlamentar brasileira como um grupo seleto de congressistas cujos membros se destacam dos demais participantes do Congresso Nacional em função das posições que ocupam, dos interesses que representam e/ou da reputação alcançada. São, enfim, os parlamentares que, dispondo de determinados recursos de poder, exercem influência terminante nas principais decisões do Congresso Nacional e do Estado, interferindo de maneira decisiva nos rumos da sociedade". Nesse ponto são realçadas duas questões de peso: a reflexão trabalha com uma noção operatória de elite, abjurando as longas e desnecessárias discussões conceituais; os parlamentares são inseridos no universo que lhes é próprio, isto é, na dimensão do fazer a política, como agentes fundamentais da sociedade. Valoriza-se, dessa maneira, a atividade parlamentar, navegando na contracorrente de visões costumeiras a respeito do Parlamento no Brasil.

Não se constrói, no entanto, uma concepção panegírica da vida parlamentar, como se pode depreender da análise meticulosa sobre o funcionamento e a composição do Congresso. Os inúmeros quadros construídos oferecem ao leitor as vísceras do Parlamento, a radiografia dos seus membros, sobretudo o retrato vivo da sua elite. Longe de formar um quadro acrítico do Legislativo brasileiro, Débora nos revela características nem sempre elogiáveis, tais como as constantes mudanças partidárias ocorridas ao sabor de interesses imediatos e a tendência a submeter questões de corte mais universal àquelas voltadas ao atendimento de demanda eleitorais. Enfim, a dinâmica parlamentar do período reproduziu as grandezas e mazelas definidoras do jogo político. Se por um lado votaram pelo impedimento de Collor e cassaram mandatos de colegas, por outro buscaram realizar os seus projetos mais pessoais. Mas não seria essa, ao fim e ao cabo, a natureza de todo e qualquer Parlamento?

A reflexão realizada por Débora abre, assim, sendas para a comparação entre a dinâmica parlamentar brasileira e outras sedimentadas em contextos diversos. O livro constrói, na verdade, caminhos para o entendimento da vida política brasileira, para a compreensão do nosso sistema político e para a revelação dos atributos fundamentais da elite parlamentar do país, composta da supremacia de políticos naturais das regiões Sudeste e Nordeste e pelo predomínio de congressistas originários dos grandes partidos de perfil conservador. O peso dos políticos provenientes das duas regiões na conformação da elite reforça o pacto entre as forças mais progressistas, dominantes no Sudeste, e as mais conservadoras, preponderantes no Nordeste, expressando os rumos trilhados nos anos subseqüentes e reproduzindo relações recorrentes na História brasileira. O rendimento analítico, obtido ao buscar nos traços fundamentais da dinâmica parlamentar o espelho da sociedade, é de grande envergadura. O livro da socióloga Débora Messenberg descortina uma nova agenda de pesquisa no campo da sociologia política.

Maria Arminda do Nascimento Arruda
Provessora Livre-Docente do Departamento de Sociologia da USP

INTRODUÇÃO

"Não é o coletivo do Parlamento como tal que é capaz de governar e de fazer política. Em nenhum lugar do mundo faz-se tal afirmação, nem mesmo na Inglaterra. A grande massa dos parlamentares funciona somente como liderados desse ou dos poucos líderes que formam o Ministério, e lhes obedece cegamente enquanto tiverem sucesso. E assim deve ser. A negociação política é regida pelo 'princípio das minorias', isto é, pela capacidade de manobra política superior de pequenos grupos dirigentes. Essa característica elitista é inevitável em sociedades de massa."[1]

Max Weber

Se é verdade que há vozes na sociedade a discordar dessa afirmativa de Weber, quanto à inevitabilidade da aplicação do "princípio das minorias" no Parlamento, não menos exata é a constatação de que dificilmente se encontra quem duvide de sua aplicação na realidade.

É amplamente reconhecido entre parlamentares, estudiosos da política e mesmo leigos[2] que, no interior do Poder Legislativo, a capacidade de tomar e impor decisões válidas a todos os membros da instituição concentra-se num círculo restrito de pessoas. Essa característica elitista do Parlamento é entendida neste livro não como um fenômeno natural, mas o resultado de um processo em que se estabelecem critérios seletivos – também produtos sociais – mediante os quais se opera o recrutamento de determinados parlamentares para a ocupação de "espaços de poder". Tais espaços referem-se tanto às posições estratégicas na estrutura da organização quanto a determinadas práticas que criam e envolvem recursos de poder. Tem-se, assim, configurada no âmbito do Poder Legislativo a presença de uma elite parlamentar.

Tomando como referência o Congresso Nacional (CN) brasileiro, *locus* desta investigação, cabe admitir que a ascendência de um parlamentar à elite encontra-se relacionada a certos condicionantes, que podem ser atendidos de forma parcial ou total, aludindo principalmente às seguintes questões: a ocupação de postos-chave do Poder Legislativo, a representação de interesses sociais e/ou institucionais organizados e a posse individual de faculdades "especiais"[3] reconhecidas entre os membros dessa comunidade como próprias de um líder.

Dessa forma, pode-se definir a elite parlamentar brasileira como um grupo seleto de congressistas cujos membros destacam-se dos demais participantes do CN em função das posições que ocupam, dos interesses que representam e/ou da reputação alcançada. São, enfim, os parlamentares que, dispondo de determinados recursos de poder, exercem influência terminante nas principais decisões do Congresso Nacional e do Estado, interferindo de maneira decisiva nos rumos da sociedade.

Quais são, no entanto, os atributos pessoais e políticos e as formas de atuação que permitem a alguns congressistas atender de maneira parcial ou completa as condições de ingresso na elite parlamentar? Qual o perfil desse grupo? Existem características comuns que possibilitam a sua configuração como um segmento particular? Que mecanismos institucionais são esses que restringem a apenas um grupo minoritário de deputados e senadores a interferência peremptória no processo de tomada de decisões e o direcionamento de escolhas no interior do Parlamento?

Contribuir para a elucidação dessas questões é o objetivo principal deste livro. Para tanto, procurar-se-á desvendar quem são, como atuam politicamente e o que pensam os atores sociais que fizeram parte da elite parlamentar após a promulgação da Constituição da República Federativa do Brasil, em outubro de 1988. De modo específico, será enfocado o período que abrange os anos de 1989 a 1994, momento extremamente rico e crucial da história política brasileira, marcado pela revitalização do Parlamento após vinte e um anos de ditadura militar e que abrange três governos diferentes (Presidências de José Sarney, Fernando Collor de Mello e Itamar Franco) e duas legislaturas (48ª e 49ª).

O livro encontra-se organizado em três capítulos fundamentais, tendo em vista tratar das questões propostas. O capítulo I apresenta o conceito de Parlamento, discute acepções acerca das funções parlamentares e traça ampla caracterização do Poder Legislativo brasileiro, desde a primeira República até a promulgação da Carta Magna de 1988, momento demarcador de alterações substantivas na regulamentação do jogo político.

No capítulo II examinam-se as atribuições e formas de organização e funcionamento do Congresso brasileiro prescritas na atual Constituição. Enfocam-se privilegiadamente as modificações introduzidas no processo legislativo e nas relações entre os poderes Executivo e Legislativo. Procura-se inserir a discussão no contexto político-econômico da época, ressaltando os momentos de efervescência política que marcaram o período em análise. À luz do impacto dessas transformações no Parlamento, monta-se uma radiografia do Congresso Nacional no pós-Constituinte[4]. Nessa radiografia, construída com base em um conjunto de indicadores sociopolíticos, delineiam-se as características gerais do perfil e da trajetória política dos parlamentares do CN em ambas as Legislaturas. É em relação a tais dados que se estabelecem distinções e aproximações entre os membros do CN e os da elite parlamentar.

Por fim, no capítulo III analisam-se os resultados da pesquisa empírica, traçando-se inicialmente a morfologia da elite parlamentar do pós-Constituinte de forma comparativa à radiografia construída do CN, para explicitar suas diferenças internas. Em seguida procura-se caracterizar a produção legislativa da elite, examinando também seus posicionamentos nas votações das principais matérias do período e diante dos acontecimentos políticos mais notáveis. A última parte do capítulo destina-se a analisar as representações da elite a respeito da política e do ser político no Brasil.

Longe de pretender esgotar o tema, a reflexão desenvolvida neste livro intenta abrir novos caminhos para o entendimento da vida política brasileira. Afinal, compreender a ação desses atores numa arena privilegiada como o Parlamento é desvelar uma das faces mais ricas do sistema político deste país. Com isso, espera-se contribuir para a longa discussão que envolve a laboriosa busca do (re)conhecimento das especificidades nacionais, entre as quais se encontra, certamente, a maneira de pensar e fazer política no Brasil.

1. PROCEDIMENTOS DE PESQUISA

A identificação e seleção dos participantes da elite parlamentar no período de 1989 a 1994 foi construída, inicialmente, com base na compreensão do processo legislativo, entendido como a sucessão de atos e procedimentos formais para a elaboração e edição de leis no âmbito do Congresso Nacional.

Durante a pesquisa acerca das formas de funcionamento e organização desse Poder, a ocupação de cargos-chave no Congresso no pós-Constituinte assumiu primeiramente destaque como critério definidor da participação de certos parlamentares no universo dos integrantes da elite. Tais cargos são posições privilegiadas na estrutura organizacional do Parlamento e dos partidos, por onde passam, necessariamente, a definição da agenda do Poder Legislativo, o encaminhamento de suas deliberações e/ou o funcionamento burocrático das duas casas (Câmara dos Deputados e Senado Federal). São eles: as presidências e as 1ªs secretarias das mesas da Câmara e do Senado, as lideranças dos partidos que possuem pelo menos 5% das bancadas, as lideranças de blocos parlamentares, as lideranças do Governo, as presidências de comissões permanentes, comissões especiais e comissões parlamentares de inquérito (CPIs), assim como os cargos de relatoria e autoria de proposições importantes na agenda do Congresso.

Isso posto, empreendeu-se o levantamento e a análise da tramitação de todos os projetos de iniciativa do Executivo e do Legislativo transformados em lei durante os anos de 1989 a 1994, e de todas as CPIs organizadas ao longo do período, sendo selecionados os mais relevantes. Receberam destaque, ainda, os parlamentares que assumiram papéis decisivos como autores, relatores e presidentes das comissões permanentes, especiais e das CPIs.

Se a ocupação de postos estratégicos no CN é definitiva para a ascensão de muitos parlamentares à elite, ainda que em alguns casos apenas transitoriamente, é inegável que outros fatores relacionados à capacidade de articulação, ao saber específico, à experiência parlamentar, ao poder de oratória e à representação de determinados interesses sociais e/ou institucionais credenciam muitos parlamentares a fazer parte da elite. Para identificá-los decidiu-se indagar a participantes dessas legislaturas – membros da elite parlamentar e representantes das seis principais agremiações partidárias no período (PDS-PPR/PFL/PMDB/PSDB/PDT/PT) – quem, na opinião deles, fez parte da elite do CN entre 1989 e 1994. Com esse fim foi distribuída a eles uma listagem contendo os nomes de todos os parlamentares da 48ª (1987-1991) e da 49ª (1991-1995) legislaturas, para que selecionassem cem nomes de cada período que representassem a elite parlamentar ao longo desses anos. A título de esclarecimento eles foram informados que se entendiam como membros da elite parlamentar os políticos que, em função da posição ocupada no Legislativo, dos cargos formais assumidos ou da capacidade de influência (relacionada às suas qualidades pessoais como orador, debatedor, articulador, negociador, especialista em determinados temas ou representante de interesses sociais e/ou institucionais organizados), interferiram diretamente nos rumos do processo legislativo. Dadas as respostas, foi elaborada uma lista contendo todos os parlamentares selecionados por unanimidade ou pela maioria absoluta dos entrevistados.

Estabeleceram-se, portanto, quatro critérios para distinguir os possíveis membros da elite parlamentar no período considerado, atribuindo símbolos a cada um deles como forma de facilitar a combinação das variáveis:

○ = Presidente, 1º secretário das mesas diretoras da Câmara e do Senado, liderança partidária e/ou liderança de Governo;

▲ = Relator e/ou autor das principais proposições que foram convertidas em lei durante o período considerado ou das principais CPIs;

❐ = Presidente de comissão permanente e/ou das principais comissões especiais e CPIs;

✶ = Indicado como membro da elite parlamentar pela maioria absoluta ou pela totalidade dos congressistas entrevistados.

Submetendo todos os deputados federais e senadores da 48ª e 49ª legislaturas ao crivo dos critérios acima expostos, obteve-se como possíveis participantes da elite parlamentar do CN naquele período o total de 254 congressistas. Considerou-se, todavia, que o enquadramento de qualquer congressista em apenas um dos critérios não seria condição suficiente para definir, *a priori* e de forma conclusiva, a sua participação na elite. Optou-se, então, por priorizar a seleção de parlamentares cuja trajetória política no CN perpassasse o maior número de variáveis internas aos critérios estabelecidos de inserção na elite.

Dessa forma foram recrutados inicialmente aqueles parlamentares que se enquadravam nos quatro critérios; em seguida, os que se inseriam em três, em dois e, por fim, em somente um critério – a indicação pela maioria absoluta ou unanimidade entre os entrevistados. Tomou-se este último critério como o único de relevância individual absoluta. Isso, não só porque os parlamentares selecionados para a realização da enquete foram participantes e observadores privilegiados do Poder Legislativo ao longo desses anos, mas também porque os nomes por eles indicados foram agrupados de acordo com os princípios da unanimidade ou da maioria absoluta entre entrevistados com perfis ideológicos muito distintos, razões mais do suficientes para privilegiar particularmente tal parâmetro.

À luz de tais procedimentos, chegou-se, enfim, a um universo de 123 congressistas. A partir desse universo, foi calculada, utilizando o Método Proporcional de C. P. Paul[5], amostra estratificada, sendo os estratos determinados segundo a filiação partidária. A definição desse critério pautou-se na verificação de que tanto o processo decisório quanto a organização dos trabalhos legislativos e a ocupação de cargos no CN estruturam-se conforme a expressividade das bancadas dos partidos no Parlamento. Para o cálculo da amostra, estabeleceu-se, ainda, um grau de confiança de 95% e um erro máximo aceitável de 10% (d = 0.10), possibilitando a fixação do valor da distribuição (Z = 1.960). Chegou-se, assim, a uma amostra de 47 parlamentares, distribuídos de acordo com o total de representantes de cada partido na elite[6]. A seleção dos parlamentares incluídos na amostra seguiu o critério de inserção no maior número de variáveis, apesar da priorização no recrutamento de lideranças incontestes[7].

Podia-se, na verdade, em consonância com os instrumentos estatísticos tradicionais, selecionar uma amostra com número menor de parlamentares a serem investigados. Entretanto, sabe-se que os membros da elite parlamentar não configuram uma elite social homogênea. Existe, inegavelmente, um "peso político" diferenciado entre seus participantes, o que não impede, contudo, a constituição de um grupo social com características particulares. Tendo isso em mente, optou-se por manter o número de agentes sociais a serem analisados, com o intuito de melhor captar a diversidade inerente a essa elite.

A obtenção dos dados primários deu-se com base na realização de entrevistas com congressistas pertencentes à elite parlamentar no período considerado, no intuito de aprofundar a discussão e esclarecer possíveis dúvidas quanto ao perfil desses parlamentares, suas trajetórias e práticas políticas, além de perscrutar questões mais amplas relacionadas à história política brasileira e à própria forma de organização e funcionamento do Legislativo brasileiro. Para tanto, selecionou-se uma subamostra estratificada com base na listagem dos 47 parlamentares, cuja definição pautou-se pela permanência da mesma proporção entre o universo total e o amostral, afora a manutenção do parâmetro da representação partidária interna à elite. As entrevistas foram guiadas por roteiro predeterminado, porém não fechado, o qual permitiu a sistematização posterior dos dados qualitativos, garantindo certa flexibilidade no aprofundamento e na ampliação de determinadas temáticas.

Finalmente, merecem destaque a riqueza e raridade dos dados primários obtidos. As entrevistas realizadas foram oportunidades únicas para esta pesquisadora, como de fato seriam para qualquer outro estudioso do assunto, ao levar em conta a envergadura dos políticos entrevistados e o correspondente grau de dificuldade de acesso a eles, o que valoriza sobremaneira o ineditismo e a relevância das informações colhidas. As entrevistas ocorreram entre os meses de março e junho de 1999, e os entrevistados foram os seguintes: Fernando Henrique Cardoso, Marco Maciel, José Sarney, Inocêncio de Oliveira, José Genoíno, Francisco Dornelles, Delfim Neto, Pedro Simon, Miro Teixeira, Nelson Jobim, Bernardo Cabral, Paes de Andrade, Mauro Benevides, Prisco Viana e Odacir Klein.

Por meio das entrevistas, procurou-se chegar a uma visão mais matizada da elite parlamentar brasileira no período, objetivando o aprofundamento da análise das questões que guiam este trabalho. Combinou-se, dessa forma, procedimentos de natureza quantitativa a outros de cunho qualitativo, buscando contornar, assim, o caráter frio dos dados e acercar o universo da ação e da representação dos sujeitos envolvidos.

I - O Palco da Investigação

Para Locke, o Parlamento é o poder supremo da comunidade; para Stuart Mill, é o fórum central de discussão das demandas sociais e fiscalização das ações do Executivo; para Weber, um terreno de luta e ascensão de lideranças políticas. Finalmente, para Habermas é a esfera pública política estatalmente institucionalizada pelo Estado[8]. Essa diversidade de definições para um mesmo conceito, aliada à extensa curva temporal que abrange a sua discussão[9], espelha, por si só, a riqueza de seu conteúdo e sua importância para a compreensão da história política moderna. Refere-se, pois, aos chamados Parlamentos Modernos.

No *Dicionário de Política* organizado por Bobbio *et alli*, Maurizio Cotta propõe uma definição bastante ampla do Parlamento, abrigando alguns dos elementos mais insistentemente enfatizados na bibliografia especializada:

> "Pode-se definir Parlamento assim: uma assembléia ou sistema de assembléias baseadas num 'princípio representativo', que é diversamente especificado, mas determina os critérios de sua composição. Estas assembléias gozam de atribuições funcionais variadas, mas todas elas caracterizam-se por um denominador comum: a participação direta ou indireta, muito ou pouco relevante, na elaboração e execução das opções políticas, a fim de que elas correspondam à 'vontade popular'. Convém precisar que ao dizermos 'assembléia' queremos indicar uma estrutura colegial organizada, baseada não num princípio hierárquico, mas geralmente num princípio igualitário. Trata-se, por isso, de uma estrutura de tendência policêntrica." [10]

O primeiro aspecto dessa definição de Cotta, e talvez o mais importante, refere-se ao estreito vínculo que se estabelece entre o fenômeno dos parlamentos modernos e a noção de representação. Em verdade, é corrente considerar os parlamentos periodicamente eleitos uma expressão concreta da representação política. Não obstante, "representar politicamente" envolve uma série de elementos que extrapolam a relação direta representante-representado.

Observam-se, em geral, três acepções – ainda que amplamente conciliáveis – do conceito de representação. A primeira, como salienta Cotta[11], envolve o entendimento de representação como ação que encerra uma "relação de delegação". Nessa perspectiva, cuja origem, segundo o autor, remonta à era medieval, concebe-se o representante como um agente sem grande capacidade de iniciativa e com estreita margem de autonomia perante as instituições nas quais os representados lhe concedem atuar. A segunda acepção considera uma "relação de confiança" o ato de representar politicamente. Nesta, o representante apresenta maior autonomia de decisão, embora predomine a suposição de que seus atos sejam orientados por uma percepção acurada dos interesses de seus representados. Por último, o conceito de representação pode ser vinculado à noção de "espelho". Sob esse ângulo, o foco central da representação política recai mais diretamente sobre um ambicionado isomorfismo de características e atos entre representantes e representados.

Essas três acepções do conceito de representação não se apresentam na realidade em sua forma pura. Ocorre uma combinação de seus elementos nos sistemas políticos representativos modernos, em dimensões não necessariamente idênticas. Em outras palavras, para que se possa definir um sistema político "minimamente"[12] representativo, devem-se estar configurados, ainda que em proporções não facilmente determináveis: um certo grau de controle dos representados sobre os representantes (tal como sugere a concepção de delegação); uma certa margem de autonomia para a atuação dos representantes (expressa na concepção de confiança); e um certo grau de identidade entre representantes e representados (acepção do espelho), envolvendo características sociais comuns a ambos.

Um último elemento-chave e consensual sobre o conceito de representação alude diretamente ao mecanismo eleitoral. Com efeito, esse instrumento-síntese da política ocidental moderna é um dos eixos centrais do fenômeno da representação. É por meio de eleições livres e competitivas que se afirmam os organismos políticos fundamentais, principalmente os parlamentos, e, no limite, é quando se configuram mais claramente as dimensões de "escolha", "julgamento", "controle", "prestação de contas" e "direito de revogação" inerentes à relação representante-representado.

O segundo aspecto fundamental na definição de Cotta relaciona-se às principais funções exercidas pelos parlamentos modernos nas democracias ocidentais. Dentre as funções parlamentares mais aceitas na bibliografia política, destacam-se as seguintes: representação, legislação, controle do Executivo e legitimação.

À exceção da representação política, que constitui a principal das funções parlamentares – e na qual as demais se baseiam –, pode-se afirmar que a ação legislativa é a mais peculiar do Parlamento, a ponto de defini-lo como "Poder Legislativo". Há que admitir, porém, que o vigor da atividade legislativa dos parlamentos modernos encontra-se diretamente relacionado ao grau de autonomia constitucionalmente estabelecido para essa instituição em relação ao Executivo, e ao nível de competição existente entre ambos os poderes na execução dessa mesma função.

Outra face da relação Legislativo-Executivo exprime-se na função de controle e fiscalização exercida pelo primeiro sobre o segundo, a qual vem se revelando de extrema importância para a consolidação democrática. Weber já apontava a indispensabilidade da função fiscalizadora do Parlamento diante da burocracia como forma de conter a tendência expansiva desta última em todas as esferas sociais e, particularmente, no terreno por excelência da ação política. Dizia ele:

"Os dirigentes do funcionalismo, aqueles que prescrevem as tarefas, naturalmente têm sempre de resolver problemas políticos, sejam problemas de poder político ou de política cultural. Controlá-los nesse mister é tarefa do Parlamento. Não são somente as tarefas delegadas às altas instâncias do poder, mas cada questão, mesmo que meramente técnica, numa instância inferior que pode tornar-se politicamente importante, e o tipo de solução encontrada ser determinada por critérios políticos. Os políticos devem ser a força capaz de enquadrar o funcionalismo."[13]

Não se trata, portanto, de impedir a participação do aparato burocrático na ação política – eficácia e capacidade de direção são também indispensáveis nesse tipo de atividade –, mas de não deixá-lo ganhar proeminência no jogo político, reduzindo-o a uma mera ação rotineira.

Eis a grande preocupação de Weber quanto à possibilidade de o Parlamento ser engolfado pela burocracia. No interior desta última, a luta política desenrola-se entre estreitos parâmetros regulamentares que não são contestados pelas partes em disputa, dificultando a geração de novas orientações e, assim, de novas lideranças. O Parlamento, por sua vez, ao se colocar como *locus* privilegiado para o confronto de interesses e como área de compromissos, é o terreno propício para a emergência de lideranças políticas.

A recorrência com que Weber discute, em seus estudos políticos, as condições de formação e exercício da liderança, como também as suas implicações, insere-se num debate mais amplo, que envolve a própria consolidação do Estado Nacional soberano. Em sua perspectiva, tomando como referência a situação da Alemanha ao final da Primeira Guerra Mundial, a consolidação de um Estado Nacional passa inexoravelmente pela ação de um líder político[14], um estadista capaz de assumir a responsabilidade pelas conseqüências de seus atos e de propor novas orientações para a conduta de seu povo. Homens com esse perfil se forjam na luta política, e esta se aflora privilegiadamente no interior dos Parlamentos, e não nos domínios burocráticos[15]. Compreende-se, assim, o grande temor de Weber acerca da expansão do processo de burocratização das sociedades modernas.

No que concerne à quarta e última das funções parlamentares a serem aqui discutidas – a legitimação –, o Poder Legislativo, ao se posicionar como intermediário das manifestações de apoio e contestação da sociedade perante o Governo, interfere diretamente na outorga ou subtração da legitimidade desse organismo político. Além disso, como destaca Cotta, quanto menos democrático é o regime, mais importante configura-se essa função do Parlamento. Tal assertiva sustenta-se na constatação histórica de que, em momentos de autoritarismo, ao ser tolhida a autonomia política dos Parlamentos, são reforçados em sua estrutura – isso quando é dada a possibilidade a essa instituição de manter-se atuante – os instrumentos mais adequados à legitimação do regime. Nesse caso, "a pluralidade de opiniões cede lugar à unidade de expressão política"[16].

Resta fazer uma observação final sobre outro aspecto importante na definição de Cotta relativa aos Parlamentos modernos: a presunção de igualdade existente, *interna corporis,* entre os membros dessa instituição. Tudo indica, como será comprovado neste trabalho, que tal perspectiva corresponde a uma suposição de cunho muito mais ideológico do que à expressão da realidade empírica. Isso porque a grande massa dos parlamentares encontra-se na posição de liderados, e a negociação política, assim como a tomada de decisões, termina por ser regida por pequenos grupos dirigentes. Ainda que todos os parlamentares, ao serem eleitos por meio dos escrutínios livres e competitivos das democracias representativas, adquiram formalmente, uma vez membros do Poder Legislativo, os mesmos direitos e deveres, observam-se no interior do Parlamento – em função de suas estruturas de poder, de seu processo de funcionamento e da própria vocação política de cada parlamentar – diferenças profundas quanto à capacidade individual desses representantes de exercerem influência nas decisões legislativas[17].

1. O PARLAMENTO REPUBLICANO BRASILEIRO (1889-1988): CONFIGURAÇÃO AMPLA

A "Política dos Governadores" – ou "Política dos Estados", como a definia Campos Salles[18] – constituiu a pedra angular do sistema de dominação vigente ao longo da Primeira República. Fruto de um Estado atomizado, cuja base de sustentação localizava-se no âmbito dos poderes estadual e local, e da ausência de uma estrutura eleitoral e partidária que possibilitasse a criação de partidos nacionalmente organizados e o fortalecimento de um regime político representativo, a "Política dos Governadores" apresentava-se como um acordo conciliatório, do qual estava excluída a efetiva participação popular, dos interesses dos grupos estabelecidos no poder. Em termos sintéticos, o funcionamento desse esquema político pautava-se na composição de interesses entre o Presidente da República e os Presidentes dos Estados, segundo a qual estes garantiam o apoio aos atos daquele com base na organização do Poder Legislativo nos níveis federal, estadual e municipal, sob a tutela atenta dos Presidentes dos Estados.

Consolidava-se, assim, uma relação simbiótica entre os Executivos e as representações parlamentares calcada em uma legislação eleitoral excludente e facilitadora de fraudes e reforçada por uma quase unicidade partidária existente nos Estados. Em troca desse apoio, o Presidente da República via-se obrigado a defender a política desenvolvida nos Estados. Essa, por sua vez, fundava-se em outra composição de interesses entre os chefes regionais e as lideranças locais, consubstanciada sobretudo em nomeações de funcionários por indicação das elites políticas para a ocupação de cargos públicos de natureza e importância distintas na hierarquia burocrática do Estado.

Compunha-se, portanto, uma rede complexa de interesses e compromissos cuja sustentação se fundava em outro fenômeno típico da República Velha, o coronelismo[19]. A despeito de ter seus contornos já presentes ao final do Império e de permanecer ativo, ainda que decadente, até pouco depois dos anos 30, o coronelismo foi um corolário do modelo federalista implantado na República, em substituição ao centralismo imperial que revigorou as unidades político administrativas locais e o poder dos chefes municipais. Simplificando, o coronelismo foi "o poder local exercido pelo reconhecimento da autoridade em alguém"[20]. O sistema estruturava-se na troca de favores entre o homem comum, que apoiava e obedecia ao coronel, e este, que protegia o primeiro. O voto era a moeda que viabilizava, em última instância, tal sistema de troca[21].

A Constituição de 1891, que outorgou o regime representativo de governo, com sufrágio universal e direto de todos os brasileiros[22], reacendeu os poderes regionais e locais por impor a legitimação dos Executivos federais, estaduais e municipais pelas urnas. Inicialmente, eram eleitos para mandato de cinco anos o presidente da República, os governadores e os prefeitos. Pelo sufrágio direto elegiam-se ainda os representantes dos Estados no CN e os componentes das Assembléias Legislativas e das Câmaras Municipais.

Seguindo o modelo da Constituição americana, a primeira Constituição Republicana brasileira[23] estabeleceu que o Poder Legislativo seria exercido pelo CN, com a sanção do Presidente da República, e organizar-se-ia bicameralmente – a Câmara dos Deputados, composta de representantes do povo com mandato de três anos, e o Senado, composto de cidadãos maiores de 35 anos representantes dos Estados-membros, com mandatos de nove anos, sendo o terço dos senadores renovado trienalmente.

Cada Estado, assim como o Distrito Federal, tinha três representantes no Senado, enquanto na Câmara o número de representantes de cada Estado deveria ser fixado por lei, em proporção que não excedesse a um para cada 70 mil habitantes, desde que o número não fosse inferior a quatro por Estado.

Quanto à competência, cabia principalmente à Câmara dos Deputados a iniciativa de todas as leis de impostos, das leis relacionadas à fixação das forças de terra e de mar, a discussão dos projetos elaborados pelo Poder Executivo e a declaração da procedência ou improcedência de acusações contra o presidente da República e contra os ministros de Estado. Competia ao Senado julgar o presidente da República e os demais funcionários federais designados pela Constituição, deliberando sentenças condenatórias referentes à perda do cargo e à incapacidade de exercer qualquer outro.

Em relação ao processo legislativo, percebe-se que os projetos de lei podiam se originar tanto na Câmara dos Deputados quanto no Senado, sob a iniciativa de qualquer um de seus membros. O projeto originado em uma das Casas deveria ser submetido à outra e, em caso de aprovação, seria enviado ao Executivo, que poderia sancioná-lo, levando-o à sua promulgação, ou vetá-lo.

A despeito de o conteúdo nominal da Constituição de 1891 estar direcionado para o fortalecimento de uma República Federalista – com o restabelecimento da autonomia dos Estados sob o controle da Nação – e do regime político representativo, o que se configurou ao longo da República Velha foi um federalismo distorcido, no qual os Estados não apresentavam pesos políticos idênticos na estrutura de dominação, nem a representação constituía verdadeiramente um princípio norteador do sistema político.

Sabe-se que São Paulo e Minas Gerais, por sua importância econômica e contingente eleitoral, assumiam posição de liderança no contexto da federação, configurando a chamada "política do café com leite". Em realidade, como aponta Iglésias, havia mesmo o que se poderia designar Estados de "primeira, segunda, terceira e até os de quarta classe"[24], denunciando claro desvirtuamento da doutrina federalista, na qual todos os estados deveriam contar igualmente diante do Estado soberano.

Quanto ao sistema eleitoral, o sufrágio nada tinha de universal, as eleições eram pouquíssimo competitivas e não eram livres. Ironicamente definidas como eleições "bico de pena" ou "degola"[25], as eleições para os Legislativos eram realizadas sob um complicado esquema eleitoral, marcado por fraudes e desmandos. Nesse esquema, a qualificação dos eleitores e a tomada e apuração dos votos ficavam a cargo de comissões de alistamento, juntas e mesas eleitorais cuja composição era diretamente influenciada pelos chefes políticos locais, os "coronéis". Ademais, mesmo sendo eleito em seu distrito eleitoral, nada garantia a um deputado ou senador a diplomação caso ele não contasse com suficiente respaldo político das lideranças locais e estaduais para se conservar no Parlamento. Como bem ilustra Assis Brasil acerca da defraudação do voto na vigência da Constituição de 91:

> "No regime que botamos abaixo com a Revolução, ninguém tinha a certeza de se fazer qualificar, como a de votar... Votando, ninguém tinha a certeza de que lhe fosse contado o voto... Uma vez contado o voto, ninguém tinha a segurança de que seu eleito haveria de ser reconhecido através de uma apuração feita dentro desta Casa e por ordem, muitas vezes, superior."[26]

A Revolução de 30 alterou profundamente a configuração do jogo político no País, com a entrada de novos personagens em cena e a elaboração de preceitos constitucionais que reorganizaram as estruturas de poder. A ascensão de Getúlio Vargas à Presidência da República, em novembro de 1930, inaugurou uma nova fase do sistema de dominação brasileiro, com o recrudescimento da concentração e centralização do poder político no Executivo Federal, em oposição à descentralização política vigente na República Velha.

Quanto ao perfil das novas lideranças, como destaca Schwartzman[27], observa-se a predominância de jovens líderes, se comparados àqueles do regime anterior. Além disso, verifica-se certa identificação com o militarismo rio-grandense e, de forma mais difusa, com as demandas relacionadas aos setores industriais e urbanos do Brasil, como também com aquelas relacionadas à ampliação de ações de bem-estar social e aumento da eficiência do aparelho do Estado.

A chefia do Governo Provisório (30-34) por Vargas resultou no fechamento do Congresso, das Assembléias Legislativas e das Câmaras Municipais, denunciando a pouca proximidade do presidente – no futuro ainda mais explicitada – com a democracia representativa. A par do fechamento do Poder Legislativo, Vargas preparou um novo sistema eleitoral (decreto nº 21.076, de 24 de fevereiro de 1932) que instituiu o voto feminino, reduziu o limite de idade do eleitor para 18 anos, concedeu garantias reais de sigilo do voto, consignou representação classista e criou a Justiça Eleitoral, responsável pelo alistamento, pela apuração dos votos, pelo reconhecimento e proclamação dos eleitos. Foi o golpe de morte na "Política dos Governadores". Nesse mesmo ano, foi marcada a data das eleições para a Assembléia Nacional Constituinte, que se realizaram em 3 de maio de 1933.

A Constituinte deu ao País a sua segunda Constituição Republicana, promulgada em 16 de julho de 34, e garantiu a Vargas novo mandato presidencial para o quadriênio seguinte. Dentre as principais novidades advindas com a Carta Magna de 34, destacam-se: a confirmação dos principais direitos políticos e do sistema eleitoral vigentes no decreto nº 21.076; a regulamentação de ampla legislação trabalhista e social (salário mínimo, jornada de trabalho de oito horas, a proibição do trabalho de menores, repouso semanal, férias anuais etc.); a regulação dos problemas de segurança nacional e dos princípios do funcionalismo público; a instituição, junto ao Ministério Público e ao Tribunal de Contas, dos Conselhos Técnicos como órgãos de cooperação nas atividades governamentais; e o rompimento com o bicameralismo, conferindo o exercício do Poder Legislativo apenas à Câmara dos Deputados e reduzindo o Senado Federal a órgão colaborador.

Na verdade, optou-se pelo estabelecimento de uma "Câmara Híbrida", na qual se congregariam representantes do povo, eleitos por sufrágio direto em número proporcional à população de cada Estado e do Distrito Federal – não podendo exceder o montante de um para cada 150 mil habitantes, até o máximo de vinte e, deste limite para cima, de um para cada 250 mil habitantes –, e representantes das profissões, eleitos por sufrágio indireto pelas associações profissionais distribuídas para esse feito. Cada Território elegeria dois deputados. Para compor o Senado, seriam eleitos para mandato de oito anos, por sufrágio direto e em consonância com o sistema majoritário, dois senadores por Estado da Federação.

A Constituição de 34 teve vida bastante curta: pouco mais de três anos após a sua promulgação viu-se substituída por uma nova Carta resultante do golpe de Estado de novembro de 1937. Sob a inspiração dos modelos políticos de direita[28], em franca expansão na Europa, e aproveitando-se das agitações tanto de direita quanto de esquerda, afora a fabricação de algumas delas (o Plano Cohen[29] é o exemplo mais ilustrativo), Vargas fundou o Estado Novo com o apoio de boa parte do Legislativo, da maioria militar e da população. Em 10 de novembro de 1937, dissolveu a Câmara e Senado e anunciou ao país a nova Constituição, a qual deveria ser referendada pelo povo em um plebiscito. Este, porém, nunca foi convocado.

A Constituição de 37 trouxe como principais preocupações o fortalecimento do Poder Executivo, em concordância com as tendências ditatoriais que grassavam no mundo; a redução da capacidade legislativa do Parlamento Nacional, em detrimento da ampliação dessa função pelo Executivo, via decretos-lei; a reformulação do processo representativo, não somente na eleição do Parlamento, mas também na sucessão presidencial; a nacionalização de atividades e fontes de riqueza; a modernização do aparelho administrativo; e o reconhecimento do papel fundamental da iniciativa privada na economia, apesar de conferir ao Estado a função central de orientador e coordenador dessa esfera da vida nacional.

O Poder Legislativo passaria a ser exercido pelo Parlamento Nacional, composto por duas câmaras: a Câmara dos Deputados e o Conselho Federal. Essas câmaras contariam, para o desempenho de sua funções, com a colaboração do Conselho de Economia Nacional e do presidente da República. O primeiro daria parecer nas matérias de sua competência consultiva, enquanto o segundo criaria e sancionaria os projetos de lei e promulgaria decretos-leis. A Câmara dos Deputados seria eleita via sufrágio indireto, no qual os vereadores e outros dez cidadãos de cada Município votariam. O Conselho Federal seria composto por um representante de cada Estado, eleito pelas respectivas Assembléias Legislativas, estando o nome do eleito, todavia, sujeito ao veto do Governador. Na prática, tal Parlamento jamais chegou a existir ao longo de toda a vigência do Estado Novo, ficando os poderes Executivo e Legislativo concentrados na figura do presidente da República.

O final da Segunda Guerra e o conseqüente repúdio internacional ao fascismo e ao nazismo acentuaram a oposição interna ao regime autoritário imposto desde 1937. Avivaram-se manifestações de protesto contra o governo Vargas – cada vez mais organizadas e difundidas pela imprensa –, forçando o ditador a tomar medidas de cunho liberalizante, como a anistia aos presos políticos, o fim da censura à imprensa, a reorganização dos partidos políticos e, finalmente, a definição da data de 2 dezembro de 1945 para a realização de eleições presidenciais e constitucionais. A despeito de seu crescente desgaste político, Vargas mantinha amplo apoio popular (o "Queremismo" foi o melhor exemplo disso) e assustava as lideranças oposicionistas ansiosas pelo seu afastamento, a ponto de efetuarem um golpe de Estado em 29 de outubro de 1945, no qual conseguiriam concretizar o seu intento.

A restauração democrática iniciada em 45 teve na Constituição de 1946 – a quarta da República – seu principal produto político. Refletindo as tendências mundiais do Direito no sentido do resgate dos princípios liberais clássicos, a Carta Magna de 46, elaborada por uma comissão de 37 membros cuja composição era proporcional às bancadas[30], encontrou na Constituição de 34 a sua principal fonte de inspiração. Dentre as principais preocupações dos constituintes de 46 estavam: a necessidade de estabelecer com maior clareza os princípios norteadores do regime representativo a ser instituído; a defesa da independência e harmonia dos poderes, inibindo as tendências à hipertrofia do Executivo brasileiro; a restauração de prerrogativas que garantissem maior autonomia aos municípios; e a manutenção dos diretos sociais e trabalhistas já afiançados em normas constitucionais anteriores, particularmente nas de 37.

A nova Carta voltou a consagrar o bicameralismo clássico, com o Senado reassumindo seu papel anterior de "Casa da Federação". Prevaleceu em sua composição o princípio da representação mediante igualdade absoluta, segundo o qual todas as unidades federativas elegem número idêntico de senadores (três), por meio do sufrágio direto e de acordo com o sistema majoritário, para o exercício de mandato de oito anos, renovado o terço e, em seguida, os dois terços, a cada quatro anos. A composição da Câmara dos Deputados deveria ser igualmente renovada a cada quatro anos – mas em sua totalidade – via sufrágio direto e em consonância com o sistema de representação proporcional. O número de parlamentares seria fixado por lei, na mesma proporção definida pela Constituição de 34, garantindo-se o número mínimo de sete deputados por Estado e de um deputado por Território. Continuou intacta, assim, a tradicional sobre-representação de alguns Estados na Câmara em oposição à sub-representação de outros.

Sob a égide da Constituição de 1946, sucederam-se graves crises políticas e conflitos institucionais que culminaram no golpe militar de 1º de abril de 1964. Da ascensão de Vargas ao poder em 51, pelo voto, ao seu suicídio em 54; da substituição do presidente pelo vice, Café Filho, que assumiu prometendo fazer um governo de transição, à posse do sucessor eleito, Juscelino Kubitscheck, garantida tão-somente em função de "contragolpes preventivos" comandados por um general; da posse, dentro da normalidade democrática, do sucessor de Juscelino, Jânio Quadros, até a renúncia deste, sob pressões de "forças ocultas" em agosto de 61; da reação militar contra a ascensão à Presidência do vice de Jânio, João Goulart, à "solução negociada" que impôs o regime parlamentarista, visando retirar de Goulart poderes consideráveis; da revogação de tal sistema de governo, por referendo popular, em janeiro de 63, até o golpe de abril de 1964, foram gestadas as condições para instalação de um regime de exceção, cuja longevidade não teve precedente na história política do país.

Com efeito, foram 21 anos de ditadura militar e uma extensa sucessão de medidas de arbítrio que expressaram diferentes fases e faces do modelo autoritário estatuído. Logo em seu limiar, em 9 de abril de 1964, deu-se a expedição do Ato Institucional (AI) nº 1 – o primeiro de uma série –, no qual já se assinalava a clara indisposição do novo regime para com o Poder Legislativo e seus representantes. Em seu segundo parágrafo encontrava-se explícito: "Fica, assim, bem claro que a Revolução não procura legitimar-se através do Congresso. Este é que recebe deste Ato Institucional, resultante do exercício do Poder Constituinte, inerente a todas as revoluções, a sua legitimação". O Legislativo só seria, portanto, tolerado e, ainda assim, desde que atuasse consoante aos princípios revolucionários em vigor e após o expurgo de membros considerados perigosos pelo sistema. O AI-1 também estabeleceu o mecanismo do "decurso de prazo", instrumento poderoso utilizado por todos os governos militares que permitia a aprovação direta das propostas enviadas pelo Executivo ao CN, caso este não as votasse nos prazos que lhe eram prescritos. Esse Ato Institucional determinou medidas relacionadas à suspensão das garantias constitucionais e legais de vitaliciedade e estabilidade, permitindo ao Governo sustar direitos políticos por dez anos e cassar mandatos sem recurso judicial.

Vieram posteriormente o AI-2 (outubro de 1965), que impôs o sistema bipartidário composto pela Aliança Renovadora Nacional (Arena) e pelo Movimento Democrático Brasileiro (MDB); o AI-3 (fevereiro de 1966), o qual estabeleceu a eleição indireta para os governos estaduais e a nomeação dos prefeitos das capitais; e o AI-4 (dezembro de 1966), determinando que o Congresso se reunisse em convocação extraordinária para aprovar o projeto de Constituição elaborado pelo Executivo.

Em 24 de janeiro de 1967 foi promulgada uma nova Constituição para o país, cujo foco central residia na questão da segurança nacional. Essa Carta concentrou maiores poderes no âmbito da União e nas mãos do presidente da República, além de trazer reformulações no sistema tributário, com o federalismo cooperativo, e no orçamentário nacional, com os programas plurianuais de investimento. Se por um lado ela reduziu a autonomia individual, possibilitando a suspensão de direitos e de garantias constitucionais, por outro trouxe avanços no que alude à limitação do direito de propriedade, ao autorizar a desapropriação mediante pagamento de indenização por títulos de dívida pública para fins de reforma agrária. Mas sua vigência foi curta em virtude da decretação do Ato Institucional nº 5, em 13 de dezembro de 1968, que rompeu com a ordem constitucional ao englobar e ampliar todos os instrumentos de arbítrio dos atos anteriores.

A partir de 1974 começou a se configurar o que os analistas denominam "transição democrática"[31], quando da instalação do projeto de liberalização política empreendido pelo governo do general Ernesto Geisel. Tal projeto envolvia, como bem sintetiza Sallum Jr., a transformação de uma situação autoritária em um regime autoritário[32]. Significava dar maior flexibilidade a uma forma de dominação eminentemente instável – por se fundar na repressão –, instituindo mecanismos que fornecessem certo grau de legitimidade ao regime. As medidas empreendidas relacionavam-se diretamente com a ampliação de direitos políticos e jurídicos, o desenvolvimento de políticas públicas compensatórias, o fortalecimento de uma elite política civil que viesse a dar continuidade ao regime e, finalmente, o isolamento dos grupos militares tidos por mais retrógrados.

As relações entre o Executivo e o Legislativo ao longo da ditadura militar exprimiam, como se sabe, o domínio indiscutível daquele sobre este[33]. Em primeiro lugar, o regime autoritário impôs contínuas mudanças na lei eleitoral, visando garantir a supremacia do partido da situação em todos os níveis do governo. Dentre os métodos mais significativos de manipulação das eleições durante esses anos, merecem destaque o mecanismo da sublegenda, a fidelidade partidária, a Lei Falcão, o pacote de abril de 1977, a reforma partidária de 1979 e o pacote de novembro de 1981. A sublegenda era um mecanismo que permitia aos partidos apresentarem até três candidatos para os cargos de prefeito e senador. Somados os votos de todos os candidatos da mesma agremiação, o eleito seria aquele mais votado do partido campeão nas urnas. Assim, as disputas eleitorais, acirradas pelo bipartidarismo, ficavam circunscritas ao partido, impedindo a fragmentação deste ao mesmo tempo que se garantia a agregação dos votos. Com a fidelidade partidária, os deputados e senadores tornavam-se impedidos de mudar de partido e de votarem contra as orientações de suas lideranças, sob pena de terem cassados os seus mandatos. Já a Lei Falcão, de autoria do ministro da Justiça, Armando Falcão, visava limitar a propaganda eleitoral gratuita ao restringir o acesso dos candidatos aos meios de comunicação de massa. O pacote de abril de 1977 consistiu num conjunto de medidas destinadas a garantir a preservação da maioria governista no Congresso – introduziu a eleição indireta de um terço da composição do Senado (senadores "biônicos") e o adiamento das eleições diretas para os governos estaduais de 1978 para 1982. A reforma partidária de 1979, por sua vez, estabeleceu com restrições o retorno do pluripartidarismo[34]. Por fim, o pacote de novembro de 1981 foi um conjunto de regras eleitorais que proibiu as coligações partidárias ao instituir o voto partidário vinculado em todos os níveis (vereador, deputado estadual, deputado federal, governador e senador), nas eleições de 1982.

Um segundo aspecto revelador da predominância do Executivo sobre o Legislativo ao longo desse período é a expansão das prerrogativas exclusivas do presidente da República, que podia declarar o estado de emergência, suspender a vigência da Constituição e o funcionamento do Congresso, bem como destituir membros eleitos em todos os níveis do governo, cassar-lhes os direitos políticos e ainda recusar-se a dar informações ao Legislativo. Finalmente, dispunha do poderoso instrumento do decreto-lei e do mecanismo do decurso de prazo. O Congresso, por seu turno, perdeu uma de suas principais atribuições[35], relacionada ao seu papel de instância da dotação orçamentária. Com efeito, durante o período autoritário o CN ficou impedido de modificar o orçamento elaborado pelo Executivo, cabendo-lhe apenas ratificá-lo ou rejeitá-lo – este último fato jamais ocorreu.

No despertar da década de 80 evidenciaram-se sinais de esgotamento do projeto de liberalização. Assistiu-se ao colapso do modelo desenvolvimentista[36], às crescentes dificuldades de negociação entre os grupos tidos como mais "duros" e mais "liberais" das Forças Armadas[37] e ao recrudescimento dos movimentos populares marcados pela orientação oposicionista. Entre esses movimentos, assumiu grande importância a campanha das "Diretas Já", um marco na direção da quebra do regime autoritário. De fato, a deflagração dessa campanha e a dimensão que ela adquiriu tiveram influência decisiva no processo de fracionamento da elite política dirigente e na tomada de posições mais autônomas, não só por parte dos governadores de oposição, mas também pelos parlamentares de facções diversas. Além disso, devolveram a grande parte da população a "coragem" de participar de manifestações que explicitassem o desagrado com a ordem vigente. Tal demonstração foi igualmente fundamental no estímulo ao recolhimento dos militares aos quartéis, abortando qualquer pretensão golpista entre os segmentos tidos como "linha dura".

A despeito da extraordinária mobilização popular oriunda da campanha das "Diretas Já", não foi possível impedir que a transição se desenrolasse nos moldes da institucionalidade existente – nos limites mesmos das regras de procedimento geradas ainda no antigo regime. Sendo assim, mantido o Colégio Eleitoral como arena da disputa sucessória para a presidência, delinearam-se os contornos fundamentais do modelo de "democracia" a ser construído.

A derrota da emenda Dante de Oliveira, que previa a eleição direta, em abril de 1984, expressou claramente que, apesar do anacronismo do regime em vigor e da mobilização popular para substituí-lo via procedimentos básicos de uma democracia política (eleições livres e majoritárias), não se evidenciavam ainda no país forças oposicionistas realmente dispostas e/ou suficientemente organizadas para superá-lo, optando inequivocamente pela ampla democratização.

Verificou-se a construção de uma ampla coalizão política (ou, como bem define O'Donnell, "um acordo de todos com todos") facilitada pela vitória de Paulo Maluf como candidato da situação. Nessa aliança, denominada "Aliança Democrática", encontravam-se políticos dos mais diferentes espectros, desde aqueles historicamente opositores ao regime de exceção, que lutaram para uma saída efetivamente democrática da ditadura, até alguns "notáveis" do antigo regime, que – por discordarem da candidatura Maluf (tido como uma incógnita para a maioria dos continuistas) ou mesmo por oportunismo – decidiram alinhar-se a uma candidatura oposicionista, capitaneada por um de seus líderes mais experientes e, também, um dos mais conservadores na histórica oposição ao regime. A candidatura e a eleição de Tancredo Neves para a presidência da República, pelo PMDB, no Colégio Eleitoral, foram enormemente facilitadas por ser ele um político reconhecidamente moderado e com grande capacidade de negociação, de tal sorte que pouco antes da sua eleição era difícil distinguir as polarizações e diversidades até então existentes no seio da elite política. Sua eleição, com ampla margem de votos sobre o oponente, instaurou a chamada "Nova República", figura de retórica criada pelo próprio Tancredo para definir seu programa político.

Desse modo, a Nova República nasceu sob o signo do arcaísmo e do elitismo tradicionalmente presentes na vida política brasileira, sendo esse mais um dos momentos cruciais de definição dos rumos a serem tomados pelo país em que as classes populares tiveram participação restrita. No entanto, deve-se admitir que durante a Nova República ocorreram avanços consideráveis no que se refere à regulamentação de um novo modelo político institucional, a partir da remoção do chamado "entulho autoritário"[38] e principalmente da convocação de um Congresso Constituinte em 1986.

No caso da Assembléia Nacional Constituinte, o que se constata primeiramente é a longa duração dos seus trabalhos. Foram vinte meses – desde a sua instalação, em fevereiro de 1987, até a sua promulgação, em outubro de 1988 – de extenso e conturbado processo entrecortado por várias tentativas, por parte de segmentos da direita e da esquerda, de desqualificar o seu real significado e potencial transformador[39]. Assistiu-se também à expansão de práticas fisiológicas e de suas tradicionais variantes (do clientelismo até propriamente as práticas de corrupção), que, embora não constituíssem novidade ou mesmo exclusividade nacional, tiveram grande impulso durante os trabalhos da Constituinte. Tal situação teve por origem o "descompromisso" ideológico e partidário de grande parte dos parlamentares da Assembléia, cuja contrapartida foi a forte pressão exercida pelo Executivo, especialmente por meio de seu "grande poder de sedução" (concessões de rádio e TV e outras benesses administrativas), na aprovação de medidas personalistas de seu interesse imediato.[40]

Numa outra perspectiva, a amplitude exagerada dos temas a serem incorporados na nova Constituição fez com que a Assembléia fosse palco da ação dos mais variados tipos de *lobbies*, os quais funcionaram menos como forma de mobilização legítima de grupos de interesses e mais como mecanismo desarticulador de decisões partidárias amplas. Aproveitando-se do vazio gerado pela ausência de grandes diretrizes partidárias, as ações dos grupos de interesse na Constituinte estimularam a execução de iniciativas isoladas por parte dos parlamentares, independentemente de suas filiações partidárias ou posições ideológicas. Essa circunstância fez com que em muitos momentos as votações na Constituinte tenham se transformado, na feliz expressão de Martins, numa verdadeira "caixa de surpresas", com a aprovação de emendas profundamente controversas sendo decidida por maiorias ocasionais[41].

Por fim, outra característica marcante observada ao longo da Constituinte é a fragmentação interna do principal partido de sustentação da Nova República, o PMDB. Com efeito, após as eleições de 1986, e no embalo dos êxitos iniciais do Plano Cruzado, o partido passou a assumir a quase totalidade dos governos estaduais, a contar com a maioria absoluta na Assembléia Constituinte[42] e a ocupar majoritariamente os principais cargos do Governo Federal. "Históricos", "Independentes", "Centrinho", apenas para ressaltar algumas das facções internas do PMDB que se foram organizando durante a Constituinte, passaram a atuar sob orientações próprias, realizando uma série de coligações com outros partidos sem o respaldo de uma diretriz central partidária. Isso expressa o alto grau de esfacelamento do maior partido político do país no curso da transição, revelando a "geléia geral"[43] na qual se consagrou. Definitivamente, a aceitação por parte das lideranças do PMDB de adesões de políticos das mais diferentes correntes – primeiro como um instrumento fortalecedor da Aliança Democrática e depois como forma de ampliar a base de sustentação da Nova República – fez com que o partido apresentasse uma inconciliável heterogeneidade que impedia a consolidação de uma identidade própria.

O acirramento dessas contradições internas do PMDB encontra-se na origem de um novo partido político, o PSDB, em junho de 1988. Nascido da dissidência de 48 parlamentares do PMDB, descontentes com a amplitude ideológica assumida por esse partido e, particularmente, insatisfeitos com a vitória das emendas do presidencialismo e da ampliação do mandato do presidente Sarney, o PSDB assumiu a princípio um perfil mais progressista, apresentando-se como uma alternativa partidária de centro-esquerda na linha das teses da social-democracia.

De todo modo, a despeito do extenso e conturbado processo que envolveu os trabalhos da Assembléia Nacional Constituinte, são inegáveis os avanços democráticos abrigados no texto constitucional quanto à definição dos direitos individuais e coletivos, à regulamentação dos direitos trabalhistas e às relações entre os três Poderes. Entretanto, mesmo com todos esses avanços a Constituição de 1988 apresenta-se como um texto excessivamente detalhista, dando a nítida impressão de que cedeu em demasia a certos particularismos corporativistas, configurando em certos capítulos uma "colcha de retalhos", principalmente no que alude à "Ordem Econômica".

Outro aspecto relacionado à não-delimitação do texto constitucional remonta à "mentalidade bacharelesca" ainda predominante na cultura política brasileira, que – como bem destaca Martins, utilizando-se de expressão de Hélio Jaguaribe – reforça a "idéia de que a norma jurídica cria o fato social"[44], sendo possível vislumbrar a mudança social somente pela via jurídica e administrativa, e não necessariamente pela política. De qualquer maneira, a amplitude das questões tratadas e a abrangência dos direitos assegurados garantem à Constituição de 1988 a estatura de marco inaugural de um período terminante da história política brasileira.

Com relação ao Poder Legislativo, a atual Carta lhe prescreve novas competências, define nova composição e regulamenta sua atuação de forma bem distinta das Constituições anteriores. Diante da relevância dessas questões para a análise em execução, impõe-se o seu tratamento pormenorizado.

II - O Congresso Nacional Brasileiro no Pós-Constituinte

1. Do processo legislativo e das relações entre os Poderes Executivo e Legislativo

No Brasil, o ano de 1989 marca não só a primeira eleição presidencial de um civil após mais de duas décadas de ditadura militar, mas também a entrada em vigor de uma nova Constituição que estabeleceu inúmeras alterações no relacionamento entre os poderes institucionais constituídos e entre eles e a sociedade. Trata-se ainda do último ano correspondente à fase conhecida como "Nova República", que cobriu o terço final da chamada "transição democrática".

Se há certo consenso entre os autores quanto ao período inicial da transição, não configura unanimidade a definição do período final desse processo. Embora a maior parte dos autores aponte a eleição presidencial de 1989 como marco final da transição, há quem o demarque na promulgação da nova Carta em outubro de 1988. Uma parcela reduzida afirma que a transição não encontrou até o momento o seu término, pois ainda se mantém em vigor um modelo econômico-social profundamente excludente.

Na realidade, os dois primeiros grupos crêem no término do período de transição calcados numa perspectiva de democracia política próxima à clássica definição de *poliarquia* construída por Dahl. Quer dizer, após longo processo de transição no qual se deu a concretização de uma série de fatos políticos fundamentais (elaboração de nova Constituição, eleições livres em todos os níveis, fim da censura, liberdade de associação e outros), estavam fundados os alicerces para o que Dahl define como condições "mínimas" da poliarquia, qual sejam:

> "Todos os cidadãos plenos devem ter oportunidades plenas: 1. De formular suas preferências; 2. De expressar suas preferências a seus concidadãos e ao governo através da ação individual e da coletiva; 3. De ter suas preferências igualmente consideradas na conduta do governo, ou seja, consideradas sem discriminação decorrente do conteúdo ou da fonte da preferência."[45]

Se não é possível afirmar que a última das condições "dahlsianas" encontrava-se naquele momento, ou mesmo hoje, plenamente desenvolvida – considerando-se que, a despeito de sermos iguais perante a lei, não somos todos capazes de extrair dela o atendimento de nossas demandas[46] –, não há como negar que durante a transição e após promulgada a nova Carta foram construídas e normatizadas regras de procedimento próprias do jogo democrático. Em outros termos, foram institucionalizadas garantias fundamentais de direitos clássicos de associação e de participação de todos os cidadãos, liberdade de expressão, igualdade perante a lei, separação dos poderes, formação de partidos e, de certa forma, fiscalização da agenda pública.

A Constituição de 1988 restituiu e ampliou poderes formais privativos ao CN que haviam sido subtraídos durante os anos da ditadura militar. Dentre os avanços obtidos pelo Legislativo, pode-se apontar: maior participação na gestão orçamentária do Estado, já que o orçamento anual da União passa pela aprovação do Congresso e pode inclusive ser emendado por ele; competência para deliberar sobre o destino de todas as reformas administrativas do Executivo; redução do quorum para a derrubada do veto presidencial (de dois terços para maioria absoluta do Parlamento); autonomia de controle e definição do próprio orçamento, de fixação dos provimentos de seus funcionários e dos parlamentares e de aprovação ou não da distribuição de concessões de rádio e TV realizada pelo Executivo. Quanto ao processo legislativo, os principais avanços foram: a garantia, em certos casos, de "decisão terminativa" das Comissões Permanentes (CP)[47], o que as dota de capacidade para aprovar projetos prescindindo da deliberação do Plenário; a competência das Comissões para convocar a qualquer momento ministros de Estado ou qualquer autoridade pública para prestar informações sobre assuntos relativos a suas atribuições; e, finalmente, o poder das Comissões Parlamentares de Inquérito de investigação judicial e de encaminhar suas conclusões, se for o caso, às autoridades competentes para que tomem as providências cabíveis quanto à responsabilidade civil e criminal dos infratores.

A Constituição de 1988 teve importante influência sobre o funcionamento do CN, com impacto na própria configuração do Legislativo. Para analisar esse impacto, utilizam-se como principais fontes bibliográficas as pesquisas realizadas por Figueiredo e Limongi[48], cujos resultados, além de amplamente difundidos, são hoje referência para os estudiosos da área.

Se por um lado a Constituição de 1988 restabeleceu uma série de poderes ao CN, por outro manteve muitas das prerrogativas do Executivo para intervir no processo legislativo. Dentre os poderes de legislar mantidos pelo Executivo, ressalta-se sua competência exclusiva de iniciar matérias orçamentárias e emergenciais, além de poder editar o instrumento das medidas provisórias (MPs), o qual, distinto do decreto-lei vigente na época da ditadura, guarda certa continuidade em relação a este. Como assinalam Figueiredo e Limongi, existem diferenças significativas entre os dois instrumentos[49]; ambos, porém, permitem ao Executivo legislar por certo tempo sem nenhuma interferência do Legislativo. Capacidade ampliada ao considerar a existência do mecanismo da reedição. Em síntese, se o Congresso não apreciar determinada medida provisória em trinta dias, ela poderá ser reeditada continuamente desde que o

Congresso não a rejeite ou evite apreciá-la. Interessante assinalar que a Constituição Federal não autoriza a reedição de medida provisória não apreciada ou rejeitada, ainda que na falta de norma proibitiva expressa a reedição seja prática costumeira e uma das principais evidências do poder de intervenção do Executivo sobre o Legislativo.

Segundo os autores, outro aspecto de continuidade entre o período autoritário e o pós-Constituinte é a manutenção centralizada dos trabalhos legislativos nas mãos de um número restrito de parlamentares. O Regimento Interno da Câmara dos Deputados, ao institucionalizar o "Colégio de Líderes"[50], estabeleceu que a organização dos trabalhos legislativos seria efetuada por esse colegiado em conjunto com o Presidente da Mesa[51]. Isso significa que na prática esse grupo de parlamentares decide a agenda das proposições a serem apreciadas na Câmara no mês subseqüente, direcionando o Presidente da Mesa na designação da ordem do dia. Afora essa prerrogativa, cabem aos líderes, entre inúmeras obrigações: a indicação dos membros de seus respectivos partidos nas comissões técnicas, o encaminhamento das votações e a orientação de suas bancadas, além do direito de requerer o regime de urgência na tramitação de determinada matéria[52]. Como o poder de influência da cada líder é proporcional ao tamanho de sua bancada, depreende-se que os representantes dos maiores partidos ou Blocos Parlamentares imprimem maior importância a seus requerimentos, encaminhamentos, emendas e destaques apresentados. Desse modo, não resta dúvida de que o papel preponderante das lideranças no processo legislativo acaba por esvaziar comportamentos mais atuantes dos parlamentares individualmente e da própria bancada partidária da qual pertencem.

A alteração do regime de tramitação de "ordinário"[53] para de "urgência" ou "urgência urgentíssima"[54] significa em termos práticos a retirada da proposição do âmbito das comissões – e, portanto, de um processo de discussão mais profunda – e sua apreciação direta pelo Plenário. Viabilizada pela atuação do "Colégio de Líderes", essa tem sido uma das principais estratégias utilizadas pelo Executivo para conseguir a aprovação de matérias de seu interesse. De acordo com dados recolhidos por Figueiredo e Limongi[55], entre os anos de 1989 a 1994, perto de 80% do total das leis ordinárias aprovadas no período (1.259) foram de iniciativa do Executivo (997). Dessas, 75% versavam sobre matéria orçamentária (516) ou eram medidas provisórias (229). Importante observar que, excetuando-se as leis orçamentárias e as MPs – as quais, em virtude de sua natureza e prazos constitucionalmente estabelecidos, assumem posição prioritária nas votações em plenário[56] –, a maioria das leis aprovadas (55%) ao longo desse período tramitou na Câmara em regime de urgência ou urgência urgentíssima.

A título de ilustração, apresenta-se a seguir um fluxograma que mostra as possíveis vias de tramitação de um projeto de lei na Câmara e no Senado até, quando for o caso, a sua sanção pelo Presidente da República e posterior promulgação[57].

Como se pode observar no Fluxograma 1, a tramitação de um projeto de lei, tanto na Câmara quanto no Senado, pode seguir por diferentes caminhos que refletem o grau de importância da proposição em determinada conjuntura política e a força dos interesses sociais em disputa. É por isso que adquire sentido a grande

Vias de tramitação de projetos de lei até a promulgação ou veto*
Brasil – 2002

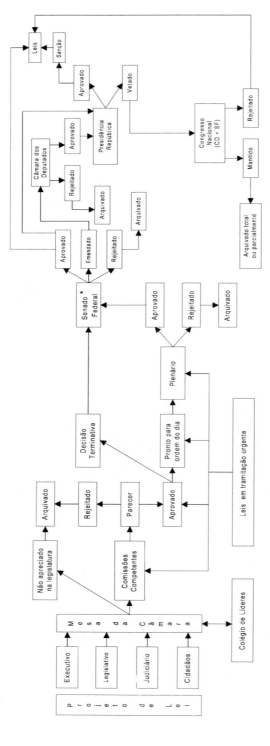

Fonte: Banco de dados legislativos - Cebrap.

*Tramitações ordinária e sob regime de urgência no Senado similares às que se desenvolvem na Câmara dos Deputados, com algumas pequenas diferenças quanto a prazos e competências. Não há no Senado um Colégio de Líderes, mas existe o chamado "voto de liderança", o qual significa que os votos dos líderes representam os de seus liderados (RISF, Art. 293, II).

disparidade do tempo gasto na tramitação das leis ordinárias sancionadas ao longo do período de origem do Poder Executivo em relação às originadas no Legislativo. De acordo com Figueiredo e Limongi, mesmo os projetos de lei de conteúdo semelhante e na mesma condição de urgência apresentaram tempos médios de tramitação sempre maiores quando eram de origem do Legislativo em comparação com os do Executivo. Organizando as leis sancionadas em quatro categorias (econômica, administrativa, social e outras)[58], os autores demonstram que os projetos do Legislativo pertecentes à categoria econômica e sob o regime de urgência, por exemplo, levaram, se comparados àqueles do Executivo em condições semelhantes, o triplo dos dias para serem aprovados, em média[59]. Em outra categoria de leis, a social, verifica-se igualmente essa disparidade: os projetos de origem no Legislativo e sob regime de urgência levaram em média 778 dias para chegar à sanção, enquanto os originários do Executivo consumiram apenas 353 dias, menos da metade do tempo imposto aos primeiros.

Os dados apresentados são indiscutivelmente reveladores da preponderância do Executivo na determinação da agenda do Poder Legislativo. Entretanto, deve-se questionar quais são os interesses mantenedores dessa relação de "subalternidade" e se de fato ela pode ser assim definida. Em outros termos, o Legislativo não é um poder passivo diante do Executivo. Há, sim, um vínculo de dependência mútua, reforçado pela Constituição de 1988, o qual atende a interesses bastante limitados, internos e externos aos dois Poderes, que dificultam uma atuação mais eficaz de ambos.

Ainda que não seja essa uma das preocupações centrais dos artigos de Figueiredo e Limongi[60] analisados, os autores apontam que a "delegação da função legislativa ao Executivo" – expressa, particularmente, na profusão de MPs nos últimos anos – pode ser atribuída, em parte, à não-disposição dos parlamentares para se exporem pessoalmente como responsáveis pela tomada de medidas impopulares que venham a comprometer futuramente suas chances de reeleição. Além disso, a urgência na implementação de uma série de medidas vitais para a execução dos diversos Planos Econômicos impostos no pós-Constituinte fez com o Legislativo concedesse muitas vezes carta branca ao Executivo, dado o receio de que delongas na deliberação de tais medidas no CN pudessem ser utilizadas pelo Executivo como justificativa para insucessos nas políticas públicas e como demonstração da "má vontade" do Legislativo na aprovação de medidas de largo alcance social.

Não resta dúvida de que as ponderações acima revelam alguns aspectos importantes que pautam a tomada de decisões nos dois Poderes. Todavia, elas não são suficientes para a compreensão dos conflitos existentes entre o Legislativo e o Executivo no país. É no intuito de aprofundar o entendimento da dimensão conflituosa inerente ao jogo político entre esses poderes que Santos[61] propõe a discussão de tais relações, no Brasil, a partir de 1989.

Tomando como referência dois estudos de caso relativos à política salarial e à tributária e fiscal dos Governos Collor e Itamar, a autora afirma que, se é incontesto o poder legislador do Executivo, isso não significa que a aprovação de projetos de sua iniciativa e/ou interesse não se dê sob penosas negociações com o Legislativo, que sabe muito bem tirar proveito dos poderes decisórios e fiscalizadores adquiridos com a Constituição de 88.

Tanto o Governo Collor quanto Itamar não contavam com base parlamentar de sustentação majoritária. Para garantir a aprovação de projetos de seu interesse no interior do Legislativo, tinham de recorrer a amplas coalizões – construídas, inúmeras vezes, na base da troca de votos por cargos e benesses federais –, as quais exprimiam maiorias instáveis, obrigando o Executivo, a cada votação, a empenhar-se num jogo árduo de barganha para fugir da paralisia decisória. A dificuldade para construir maiorias estáveis no CN encontra-se diretamente relacionada, segundo Santos:

> "à baixa institucionalização dos partidos, a determinadas regras eleitoral-partidárias (que propiciam a ausência de fidelidade partidária e a personalização dos mandatos) em um sistema multipartidário polarizado e altamente fragmentado, à forte presença de interesses suprapartidários, aos constrangimentos eleitorais dos partidos (receio da não-reeleição de seus representantes em função do apoio a medidas impopulares do Executivo) e a sua forma segmentada de comportamento (partidos que ocupam distintas posições no espectro ideológico negociando segundo diferentes moedas)."[62]

Neste sistema político complexo, continua a autora, assumem importância decisiva a capacidade individual de negociação das lideranças políticas, os mecanismos informais de negociação e certas variáveis conjunturais em combinações distintas.

A complexidade das relações entre o Executivo e o Legislativo, assim como o funcionamento e a atuação do Congresso Nacional Brasileiro no pós-Constituinte, adquirem sentido mais amplo quando se dirige a análise para a investigação do contexto político-econômico vigente e para a composição do Parlamento ao longo do período.

2. DO CONTEXTO POLÍTICO-ECONÔMICO

A política econômica desenvolvida durante a Nova República calcou-se fundamentalmente na implementação de uma série de programas de estabilização, com metas extremamente pretensiosas, que na prática não conseguiram conter uma inflação galopante nem lograram definir estratégias que estimulassem a retomada do crescimento econômico ou ampliassem os investimentos produtivos. "Plano Cruzado", "Plano Bresser", "Plano Verão" – apenas para rememorar os principais programas de estabilização – nenhum deles obteve, à exceção do Cruzado em seu período áureo, apoio consensual das forças políticas e econômicas relevantes. Na verdade, o "Plano Bresser" e o "Plano Verão" nem sequer resistiram a mais do que curtíssimos espaços de tempo. Como bem apontam Fiori e Sallum[63], a profunda crise econômica instalada ao longo da Nova República e as tentativas de contorná-la com base na adoção alternada de medidas econômicas de cunho ortodoxo e heterodoxo espelhavam o próprio esgotamento do modelo desenvolvimentista, decadente desde o final da década de 70. Buscava-se em realidade, com a implementação de diferentes políticas econômicas, "recuperar a autoridade do governo sobre o Estado e do Estado sobre a sociedade"[64]. Isto se deu, contudo, num momento em que as condições do mercado internacional eram pouco favoráveis e ocorriam a retomada e o acirramento dos movimentos sociais. Quer dizer, pautando-se no voluntarismo tecnoburocrático – típico do centralismo estatal predominante em nossa história – e sem conseguir consolidar fortes alianças com segmentos sociais que dessem sustentação às medidas implementadas, o Governo Sarney revelou-se impotente no enfrentamento dessa situação de crise que, se não era nova, poucas vezes apresentou-se tão aguda.

É neste quadro de profunda crise econômica e de grande expectativa da sociedade quanto a sua superação que se desenrolou a primeira eleição presidencial direta pós-ditadura militar. Depois de 29 anos sem poderem se pronunciar democraticamente na escolha de seu presidente, cerca de 72 milhões de brasileiros conseguiram enfim exercer um dos direitos fundamentais da vida cidadã, num dos pleitos mais surpreendentes e disputados da história do país.

A eleição de Fernando Collor de Mello para a Presidência da República, em novembro de 1989, trouxe uma série de novos significados para a vida política brasileira. Nenhum analista do quadro político nacional se arriscaria a apontar, no início daquele ano, a vitória de um *outsider* que derrotasse simultaneamente as principais máquinas partidárias e governamentais do país e os políticos mais tradicionais sustentados por essas mesmas bases. A eleição de Collor – com aproximadamente 35 milhões de votos, representando cerca de 50% dos votos válidos e atingindo apenas seis pontos percentuais acima de seu adversário, Luís Inácio Lula da Silva – significou primeiramente o repúdio da sociedade brasileira ao conjunto do sistema e dos políticos tradicionais do País[65]. Em segundo lugar, o candidato Collor soube capitalizar como nenhum outro o profundo desgaste que envolvia o Governo Sarney, colocando-se como um dos seus opositores mais contundentes, aproveitando-se astutamente da crescente impopularidade daquele e da hostilidade popular reinante contra os "políticos" de forma geral. Em terceiro lugar, não há como negar o carisma do jovem candidato, que utilizando-se da figura simbólica do "caçador de marajás" mobilizou o imaginário da população, principalmente dos eleitores de baixa renda e escolaridade[66]. Em quarto lugar, a eleição dita "solteira" (sem correspondência simultânea com eleições legislativas) tende por sua própria natureza a enfraquecer a influência dos grandes partidos e aumentar a dos candidatos individualmente. Por fim, o "pavor" de grande parte do segmento empresarial diante de uma possível vitória do candidato da esquerda implicou a adesão maciça à candidatura Collor, ainda que esta se apresentasse uma incógnita.

Pode-se dizer que a gestão Collor foi marcada inicialmente pela ousadia na implantação de um pacote de medidas provisórias de grande impacto: abertura comercial, privatização de empresas estatais, reforma administrativa, desregulamentação da economia e "seqüestro" dos ativos financeiros como estratégia de contenção

A ELITE PARLAMENTAR DO PÓS-CONSTITUINTE: ATORES E PRÁTICAS

da inflação e amenização da dívida pública. Vale lembrar que essas medidas são a essência de uma política econômica claramente recessiva, adequada aos pressupostos do modelo "neoliberal", receituário-padrão dos planos do Governo Collor.

Contudo, a ousadia inicial do novo presidente logo se desnudou em prepotência e megalomania, explicitadas na relação conflituosa entre o Executivo e o Legislativo, na superexposição programada da figura de Collor na mídia, e também, como mais tarde se saberia, nas ligações de corrupção estabelecidas entre o seu tesoureiro de campanha e sua "gangue" com parcela significativa do empresariado nacional. Desde a posse, quando editou 29 medidas provisórias e tentou impor ao Congresso a aprovação de seu plano de estabilização sem modificações – sob o argumento de que qualquer alteração comprometeria a consistência do plano como um todo –, a despeito de não contar com a maioria no Parlamento, Collor revelou sua face arrogante, encoberta por pretensões messiânicas e salvacionistas. Todavia, pelo menos no que se refere às relações entre o Executivo e o Legislativo, a arrogância teve de ceder lugar, em parte, à negociação, tendo em vista as sucessivas derrotas do Governo no Congresso, as quais impuseram a redefinição da estratégia política do Executivo diante dos partidos políticos e dos parlamentares[67].

Quanto à corrupção instalada ao longo desse Governo, observou-se sua contínua expansão, chegando a implodir relações de cunho eminentemente familiar. Foram essas que deflagraram o primeiro processo de *impeachment* de um presidente da República no país. O que se viu logo após as inesperadas e bombásticas acusações de seu irmão, Pedro Collor de Mello – movidas antes por interesses estritamente pessoais do que por qualquer preocupação ética –, foi o desfiar de um rosário de improbidades administrativas e tráfico de influências que deixou perplexa a sociedade civil e política em função da voracidade e da certeza de impunidade reveladas. O "baluarte da moral", "caçador de marajás" e "antipolítico" Collor de Mello foi desmascarado à luz da opinião pública como o inverso daquilo que se espera de um homem público e do que mercadologicamente foi construído sobre a sua figura política ao longo da campanha e durante todo o seu Governo.

No processo de execração pública do presidente assumiram papel decisivo a imprensa, os movimentos sociais, particularmente os estudantis, além da atuação corajosa de dezenas de parlamentares. Nunca na história do país assistiu-se a uma procura tão ávida por parte da imprensa de informações que auxiliassem a investigação política e garantissem o "furo" de reportagem e, conseqüentemente, a ampliação do prestígio e do incremento nas vendas[68]. Milhares de pessoas, especialmente jovens estudantes – os "caras pintadas" –, saíram às ruas em protesto contra o embuste que cada vez mais se configurava o Governo Collor, inflamados pelas denúncias difundidas amplamente na imprensa. Mesmo com a indecisão que marcou a instalação da Comissão Parlamentar do Inquérito acerca das atividades supostamente ilegais do empresário Paulo César Farias e sua vinculação ao presidente da República, e apesar da descrença entre os parlamentares e a sociedade em geral quanto aos seus resultados, é inegável a bravura de alguns congressistas que lutaram para que todo o processo não "acabasse em pizza", expressão amplamente difundida pela imprensa na época e logo incorporada ao jargão popular. Não resta dúvida de que a forma como se desenvolveram os trabalhos da CPI e o conteúdo do relatório final da Comissão foram profundamente influenciados e efetivamente orientados pelas pressões da sociedade e pelas denúncias da imprensa. No entanto, todos esses fatores foram ampliados em virtude da recessão que grassava no país e dos contínuos insucessos da política econômica adotada. Já no segundo ano de mandato o Governo Collor contava com a oposição de parcela considerável do empresariado, assim como da classe média (particularmente os funcionários públicos, eleitos como símbolo de incompetência e desperdício) e dos próprios "descamisados", atingidos diretamente pelo crescente desemprego.

Quaisquer que sejam os inúmeros aspectos implicados no *impeachment* do então presidente Fernando Collor de Mello (sem contar os que ainda podem emergir dada a contemporaneidade do ocorrido), há que reter, fundamentalmente, a extrema envergadura desse "acontecimento" para a história política brasileira. O *impeachment* tornou-se um marco da consolidação institucional do país e um indicativo revelador do grau de maturidade atingido pelos poderes instituídos, razão fundante de um Estado de Direito.

Isso também vale para a posse do vice-presidente, Itamar Franco, que teve lugar num ambiente de tranqüilidade ímpar, refletindo igualmente o respeito social à institucionalidade democrática. Com efeito, o Governo Itamar Franco iniciou seu mandato num momento extremamente delicado da vida nacional. Toda a sociedade ainda se encontrava sob o impacto dos escândalos provocados pelas sucessivas denúncias de corrupção envolvendo não só o presidente da República, mas vários representantes do CN[69], além de estar sofrendo com os resultados desastrosos do plano de estabilização anterior expressos na volta da recessão e da hiperinflação[70]. Na verdade, ocorreram quatro acontecimentos marcantes durante o Governo Itamar: o plebiscito sobre a forma e o sistema de governo, a Revisão Constitucional, a implantação do Plano Real e as eleições presidenciais de 1994.

O plebiscito, realizado no dia 21 de abril de 1993, reafirmou a preferência nacional quanto à manutenção da República e do presidencialismo como forma e sistema de governo no Brasil[71]. Apesar do curto espaço de tempo para o aprofundamento das discussões acerca da manutenção ou mudança de nossa ordem política, é indiscutível que a vitória esmagadora das opções República e presidencialismo está relacionado diretamente com a nossa tradição de alta personalização e concentração de poderes no Executivo. Desnuda ainda o caráter salvacionista que encerram os mandatos de muitos dos nossos governantes, como se dependesse somente da sua "vontade" a construção ou desconstrução da sociedade. A combinação de tais elementos enfraquece a sedimentação de partidos programáticos, não somente pela tendência ao cesarismo, que o presidencialismo facilita, mas também pela necessidade de composição de alianças muito amplas antes das eleições, as quais dificultam a delimitação das fronteiras partidárias.

O segundo momento marcante – a Revisão Constitucional – já estava previsto desde a promulgação da Constituição de 1988, que definiu a sua realização cinco anos depois. No tempo aprazado, a Carta passou a ser revista por uma Assembléia Unicameral composta pelos membros da Câmara e do Senado, devendo as decisões ser aprovadas pela maioria absoluta dos congressistas. Apesar de todas as expectativas geradas quanto à execução de profundas mudanças no texto constitucional, o que se constatou foi a atuação deveras tímida do Congresso Revisor.

Segundo Couto[72], cinco foram as principais causas relacionadas a esse comportamento frustrante dos Parlamentares durante a revisão. Em primeiro lugar, e após o trauma social gerado pelo governo anterior, o que as forças políticas relevantes esperavam do Governo Itamar era a manutenção de um clima de segurança institucional, que poderia ser abalado por transformações profundas na Constituição principalmente se as reformas estivessem relacionadas à agenda do Governo Collor. Em segundo lugar, não se observou – nem da parte do presidente nem de seus ministros – forte disposição para pressionar o Congresso para a aprovação de emendas de seu interesse. Isso pode ser tributado em parte ao próprio estatuto da Revisão, o qual vedava qualquer iniciativa legislativa do Executivo. Ademais, o Governo Itamar já dispunha de certas margens de manobra para a sua atuação sem a necessária anuência do Congresso. Essa flexibilidade foi garantida tanto pela legislação aprovada no governo anterior, em que sobressai o Programa Nacional de Desestatização, quanto pela aprovação, no início do processo revisional, do Fundo Social de Emergência (FSE)[73]. Uma terceira causa apontada por Couto foi a queda na credibilidade dos congressistas, principalmente entre os da situação, relacionada às denúncias de corrupção levantadas na CPI do Orçamento. Configurou-se de fato uma situação muito constrangedora para a maioria dos parlamentares envolvidos nas denúncias, o que enfraqueceu em demasia a tomada de iniciativas enfáticas quanto à realização de reformas constitucionais mais polêmicas. Em quarto lugar, impôs-se o congestionamento da agenda, dado que, além da Revisão Constitucional, os Parlamentares deveriam atender às demandas oriundas dos trabalhos da CPI e à apreciação da nova lei orçamentária. Por fim, outro fator limitante foram as próprias eleições nacionais legislativas do ano de 1994. Estando às voltas com as campanhas de reeleição, e por isso mesmo receosos de se envolverem na aprovação de medidas que poderiam atingir negativamente os interesses de possíveis eleitores, os Parlamentares não se dispuseram a correr riscos às vésperas de serem avaliados pelas urnas.

O terceiro "acontecimento" do Governo Itamar foi a implantação do "Plano Real". Após nove tentativas fracassadas de estabilização da economia por meio de planos macroeconômicos de grande impacto[74], a implantação do "Real" viu-se cercada por uma série de cuidados administrativos e políticos que contribuíram sobremaneira para o seu "sucesso" em diversos aspectos. Primeiramente, a efetivação do plano se deu de forma gradual, respeitando-se as etapas planejadas meticulosamente pela equipe econômica do Governo. Como resume Faucher, a estratégia de implantação do Plano Real pautou-se no gradualismo em vez do "choque", desenvolvendo para tanto os seguintes passos:

"Desde o início de 1994, e através de repetidas declarações públicas, a equipe econômica criou novos indicadores financeiros e pôs em prática uma pequena reforma monetária com o objetivo de diminuir as expectativas inflacionárias. Só depois que as expectativas se reduziram é que o governo atacou o componente inercial da inflação. Para tanto introduziu em 1º de julho uma nova moeda, o Real, cujo valor foi fixado em relação ao dólar americano e garantido pelas grandes reservas mantidas pelo Banco Central. O controle dos preços e a indexação foram logo relaxados para permitir ajustes mais flexíveis de mercado nos preços relativos, e as taxas de juros caíram. Por fim, o governo restringiu os controles sobre o déficit público e simultaneamente abriu negociações com os governadores para conter suas despesas deficitárias e resolver o problema das enormes dívidas dos bancos estaduais."[75]

A essa estratégia de implantação do Plano Real por etapas acrescentam-se outros elementos facilitadores de sua execução: o recrudescimento da crise econômica, o qual acabou por impedir a continuidade de práticas de indexação que favoreciam somente determinados setores econômicos amplamente beneficiados com a inflação; a desmoralização de muitos Parlamentares do CN e da elite empresarial envolvidos nos escândalos decorrentes das denúncias de corrupção, o que enfraqueceu qualquer intento de oposição mais séria ao Executivo; e, por último, o momento político em que se deu a implantação do Plano, criado às vésperas das eleições nacionais. Naquele momento, havia poucos políticos propensos a se manifestar abertamente contra um plano recém-instaurado, que já começava a apresentar resultados positivos.

Dessa forma, embalado por indicadores econômicos satisfatórios relativos à contenção da espiral inflacionária[76], aproveitando-se fartamente desses resultados positivos que já surtiam efeitos políticos sobre a opinião pública – afora terem sido generosamente difundidos e trabalhados mercadologicamente pela mídia – e contando com o apoio maciço da direita e do centro numa ampla coligação, elegeu-se presidente em outubro de 1994, com a expressiva maioria de 54,2% dos votos no primeiro turno da eleição, o ministro da Fazenda do Governo Itamar, Fernando Henrique Cardoso.

A associação da candidatura de Fernando Henrique aos êxitos iniciais do Plano Real foi o cerne de sua campanha. Como salienta Amaral[77], o eleitor de outubro de 1994 votou na continuidade dos baixos índices de inflação obtidos ao final do Governo Itamar. Seu voto assumiu então um caráter conservador, revelado não só pelo apoio em massa ao candidato da coligação de centro-direita, mas também pela aposta no já vivido e no apreciado, ainda que sem nenhuma garantia de continuidade.

Também merece destaque o caráter plebiscitário assumido por essa eleição, o qual, apesar de não ser atípico no Brasil, teve por novidade a construção, pelos meios de comunicação de massa, de uma polaridade que localizava de um lado os que estavam a favor do Real e contra a inflação e do outro aqueles que se colocavam contra o primeiro e a favor da segunda. Propôs-se, assim, ao eleitorado "uma escolha em face de uma só alternativa... como se entre a vida e a morte pudesse haver outra opção senão a da vida"[78].

3. Da composição do Congresso Nacional

A radiografia do CN ao longo dos anos de 1989 a 1994, à luz de um conjunto de indicadores sociopolíticos, constitui instrumento indispensável para uma avaliação mais profunda acerca do impacto das mudanças políticas e econômicas ocorridas no período sobre o Legislativo Brasileiro. Não resta dúvida de que a configuração desse Poder encontra-se também diretamente influenciada por fatores relacionados ao sistema eleitoral, à legislação partidária e ao próprio processo legislativo. O Parlamento é uma instituição-espelho da sociedade, a refletir e reproduzir tanto as suas mazelas quanto as virtudes. Sob essa perspectiva, apresenta-se a sua composição partidária durante o período em análise.

Os primeiros aspectos a chamar a atenção nas tabelas 1 e 2 são a profusão de agremiações partidárias ao longo desses anos no CN, assim como a efemeridade de suas existências. Passaram pela Câmara dos Deputados representantes de nada menos do que trinta partidos diferentes, aí incluídas as fusões e mudanças nominais de legendas. No Senado, essa tendência foi menos acentuada, ainda que se tenha verificado um amplo quadro multipartidário (catorze agremiações).

Existe uma polêmica discussão entre os cientistas políticos quanto às reais conseqüências da fragmentação partidária vigente no CN, sobretudo na Câmara dos Deputados. De um lado posicionam-se aqueles que vislumbram o alto grau de fragmentação partidária como uma das maiores distorções do sistema político brasileiro; de outro situam-se os que admitem ser essa fragmentação – como manifestação da dispersão do poder parlamentar – fenômeno mais nominal do que propriamente real[79].

Os adeptos da primeira tese compreendem a fragmentação partidária existente no CN como o resultado da combinação de uma série de fatores que remontam às origens da estrutura política brasileira. Com efeito, o sistema partidário no País vem se caracterizando historicamente pela descontinuidade e pelo fraco enraizamento social. Sua fragilidade se expressa não somente na alta fragmentação partidária, mas também na ausência de compromissos com os estatutos e conteúdos programáticos dos partidos, no intenso movimento parlamentar de troca de legendas e no contínuo desrespeito à condição de representatividade que supostamente deveria prevalecer entre os partidos e seus eleitores. Além disso, as raízes históricas para o formato da estrutura partidária brasileira precisam ser investigadas à luz das crescentes rupturas da ordem constitucional e dos longos períodos de autoritarismo vivenciados no país. Segundo Kinzo, desde os liberais e conservadores do Império até a Nova República sucederam-se nada menos que oito configurações partidárias diferentes[80] que não deixaram praticamente nenhum rastro de continuidade a ser retomado na fase seguinte. Essa descontinuidade – imposta muitas vezes de forma violenta – favoreceu enormemente a não-sedimentação dos partidos políticos, considerando que o fator tempo é fundamental para a institucionalização dessas organizações.

Tabela 1
Composição partidária da Câmara dos Deputados
Brasil – 1989 a 1994

Partido	Ano											
	1989		1990		1991		1992		1993		1994	
	nº abs.	(%)	nº abs.	(%)	nº abs.	(%)	nº abs.	(%)	nº abs.	(%)	nº abs.	(%)
PMDB	201	40,6	166	33,5	109	21,7	102	20,3	100	19,9	97	19,3
PSDB	42	8,5	53	10,7	38	7,6	41	8,1	37	7,3	49	9,7
PFL	111	22,4	95	19,2	85	16,9	82	16,3	86	17,1	87	17,3
PDS	30	6,1	28	5,7	44	8,7	41	8,1	52	10,3	–	–
PTB	24	4,8	21	4,2	37	7,3	32	6,4	28	5,6	28	5,6
PRN	–	–	22	4,4	40	8,0	32	6,4	22	4,4	4	0,8
PDC	13	2,6	14	2,8	22	4,4	19	3,8	16	3,2	–	–
PL	8	1,6	19	3,8	15	3,0	19	3,8	15	3,0	17	3,4
PSC	2	0,4	2	0,4	5	1,0	9	1,8	5	1,0	3	0,6
PMN	1	0,2	–	–	1	0,2	–	–	–	–	2	0,4
PST	–	–	1	0,2	2	0,4	8	1,6	–	–	–	–
PTR	1	0,2	1	0,2	2	0,4	13	2,6	–	–	–	–
PSD	1	0,2	1	0,2	–	–	–	–	5	1,0	10	2,0
PJ	1	0,2	–	–	–	–	–	–	–	–	–	–
PPB	–	–	1	0,2	–	–	–	–	–	–	–	–
PRP	–	–	1	0,2	–	–	–	–	–	–	–	–
PCN	–	–	1	0,2	–	–	–	–	–	–	–	–
PLP	–	–	1	0,2	–	–	–	–	–	–	–	–
Prona	–	–	–	–	–	–	–	–	1	0,2	1	0,2
PRS	–	–	–	–	4	0,8	3	0,6	3	0,6	–	–
PP*	–	–	–	–	–	–	–	–	32	6,4	46	9,1
PPR**	–	–	–	–	–	–	–	–	–	–	66	13,1
PDT	27	5,5	31	6,3	46	9,1	43	8,5	44	8,7	36	7,1
PT	16	3,2	16	3,2	35	6,9	35	6,9	35	6,9	36	7,1
PSB	6	1,2	7	1,4	10	2,0	11	2,2	9	1,8	9	1,8
PCB	3	0,6	3	0,6	3	0,6	3	0,6	–	–	–	–
PC do B	6	1,2	6	1,2	5	1,0	5	1,0	6	1,2	6	1,2
PV	–	–	–	–	–	–	1	0,2	1	0,2	1	0,2
PSTU	–	–	–	–	–	–	–	–	–	–	2	0,4
PPS***	–	–	–	–	–	–	–	–	3	0,6	3	0,6
Sem filiação	2	0,4	5	1,0	–	–	4	0,8	2	0,4	–	–
Vago	–	–	–	–	–	–	–	–	1	0,2	–	–
Total	495	100,0	495	100,0	503	100,0	503	100,0	503	100,0	503	100,0

Fonte: Listas de presença – Secretaria-Geral da Mesa da Câmara dos Deputados. *Folha de S.Paulo*, 4 de fevereiro de 1991.
* O PP foi fundado em janeiro de 1993, a partir da fusão do PST com o PTR.
**O PPR foi fundado em abril de 1993, a partir da fusão do PDS com o PDC.
*** A partir de 1993 o PCB mudou o nome da legenda para PPS.

Tabela 2
Composição partidária do Senado Federal
Brasil – 1989 a 1994

Partido	Ano											
	1989		1990		1991		1992		1993		1994	
	nº abs.	(%)	nº abs.	(%)	nº abs.	(%)	nº abs.	(%)	nº abs.	(%)	nº abs.	(%)
PMDB	29	38,7	21	28,0	22	27,2	27	33,3	27	33,3	27	33,3
PSDB	10	13,3	13	17,3	10	12,3	9	11,1	9	11,1	10	12,3
PFL	14	18,7	12	16,0	16	19,8	17	21,0	16	19,8	14	17,3
PDS	2	2,7	3	4,0	3	3,7	4	4,9	3	3,7	–	–
PTB	4	5,3	4	5,3	8	9,9	8	9,9	8	9,9	4	4,9
PRN	2	2,7	4	5,3	5	6,2	5	6,2	5	6,2	4	4,9
PDC	3	4,0	6	8,0	4	4,9	4	4,9	3	3,7	–	–
PL	1	1,3	–	–	–	–	–	–	–	–	–	–
PSC	–	–	1	1,3	–	–	–	–	–	–	–	–
PMN	–	–	–	–	1	1,2	–	–	–	–	1	1,2
PST	–	–	1	1,3	–	–	–	–	–	–	–	–
PMB	1	1,3	–	–	–	–	–	–	–	–	–	–
PP	–	–	–	–	–	–	–	–	4	4,9	5	6,2
PPR	–	–	–	–	–	–	–	–	–	–	10	12,3
PDT	4	5,3	5	6,7	5	6,2	5	6,2	4	4,9	4	4,9
PT	–	–	–	–	1	1,2	1	1,2	1	1,2	1	1,2
PSB	2	2,7	2	2,7	2	2,5	1	1,2	1	1,2	1	1,2
Sem filiação	3	4,0	2	2,7	4	4,9	–	–	–	–	–	–
Vago	–	–	1	1,3	–	–	–	–	–	–	–	–
Total	75	100,0	75	100,0	81	100,0	81	100,0	81	100,0	81	100,0

Fonte: Relatório da Presidência – Secretaria Geral da Mesa do Senado Federal.

Outro aspecto insistentemente apontado acerca da debilidade do sistema partidário brasileiro é o predomínio histórico do Executivo sobre o Legislativo, manifesto na forte presença da burocracia estatal na sociedade brasileira em detrimento do fortalecimento dos canais de representação política. Lembre-se ainda que a crescente centralização do poder no âmbito do Executivo e a conseqüente subserviência de Estados e Municípios ao Governo Federal inibiram a constituição de partidos verdadeiramente nacionais, ao fragmentarem e politizarem pela dependência a relação entre poder central e local. Ressalte-se também a grande influência exercida pelo sistema eleitoral e a legislação partidária no desenvolvimento do sistema partidário.

Sob essa perspectiva, as eleições majoritárias vieram a reforçar o caráter personalista que acaba por envolver as disputas eleitorais, acentuando uma certa desconexão ou irrelevância entre o candidato e sua legenda. Além disso, tendo em vista as dimensões do país e as diversidades regionais existentes, assoberba-se a necessidade da feitura de amplas coligações partidárias, as quais resultam mais de conchavos eleitoreiros que de negociações e compromissos sérios sobre propostas políticas comuns. O sistema eleitoral vigente termina por dificultar a sedimentação partidária, pois estimula um comportamento político-eleitoral que na prática, e na perspectiva do eleitorado, dilui as identidades partidárias e dificulta o entendimento do processo eleitoral. A legislação partidária vigente a partir da Constituição de 1988 tampouco contribui para o fortalecimento do sistema partidário: muito permissiva, ela não impõe limites à criação das "legendas de aluguel" nem à constante migração entre partidos[81].

Numa outra perspectiva de análise – que se detém muito mais sobre os aspectos institucionais a envolver a fragmentação partidária – situam-se os autores que, apesar de reconhecerem a existência de grande número de partidos no CN, afirmam que são relativamente poucos os que detêm o controle da organização dos trabalhos legislativos, o poder decisório no interior do Congresso e/ou são relevantes no Governo[82]. Das trinta agremiações partidárias que chegaram a ter representação na Câmara dos Deputados durante o período em foco, apenas nove (PMDB, PFL, PDS/PPR, PSDB, PTB, PRN, PP, PDT, PT) ocuparam em média 82,7% das cadeiras. No Senado Federal, a proporção de ocupação de cadeiras pelos principais partidos (PMDB, PFL, PPR, PSDB, PTB, PRN, PP, PDT) foi da ordem de 81,8%[83].

Ademais, sendo o poder dos votos das lideranças proporcional ao tamanho de suas bancadas, não há dúvida de que os grandes partidos definem os rumos do processo legislativo e a organização interna desse poder. De fato, registra-se um baixíssimo grau de discordância entre as indicações dos votos encaminhados pelas lideranças e os resultados efetivos das votações entre seus respectivos liderados[84]. Igualmente não se observa entre os partidos grande dispersão interna quanto aos resultados das votações. Segundo Figueiredo e Limongi, durante as votações nominais realizadas de 1989 a 1994 no CN houve em média, nos sete maiores partidos (PDS-PPR/PFL/PTB/PMDB/PSDB/PDT/PT), coesão partidária de aproximadamente 85% entre seus membros[85]. Isso significa que a cada votação pelo menos 85% dos membros das agremiações votaram da mesma forma. Por fim, quando se toma por referencial o número de partidos que chegaram a realmente participar das equipes ministeriais dos governos do período, vê-se que, dentre as trinta legendas que ocuparam alguma cadeira no CN, somente nove contaram com representantes no alto escalão do Executivo pós-Constituinte[86].

Em realidade, as teses acima não são excludentes, mas enfocam aspectos distintos de um mesmo fenômeno. Em outras palavras, se são altas a fragmentação e a efemeridade dos partidos no Brasil – aliás, como salienta Nicolau[87], não há entre as democracias modernas nem entre as antigas um país com um quadro partidário tão fragmentado e mutante –, não é menos verdade que apenas uma parcela dos partidos domina o sistema político. O poder no interior do Parlamento é fragmentado entre poucos, jamais pulverizado. O controle do processo legislativo e decisório por um número relativamente reduzido de partidos, assim como a participação deles nas coalizões de sustentação governamental, não significa que se está no "reino" dos partidos nacionais, coesos e ideológicos.

Em síntese, se o Parlamento brasileiro não é somente o espaço onde "o que conta é o parlamentar"[88], também não é o lugar onde o que vale são apenas os partidos. Parlamentares e partidos engendram entre si, intra e extramuros do CN, complexas redes de relacionamento que só podem ser compreendidas em seu movimento de estruturação e desestruturação. Mesmo com o privilégio da atuação de um ou outro desses atores políticos, ainda que natural, não se pode perder de vista esse dinamismo nem deixar de considerar (sem a ilusão de esgotá-las) as múltiplas dimensões de poder que envolvem esses fenômenos[89].

Um segundo aspecto a ser salientado a partir das tabelas 1 e 2 é a trajetória política das principais agremiações partidárias no pós-Constituinte. O PMDB mostrou ser o grande partido nacional, detendo ao longo de todo o período, ainda que em curva descendente, as maiores bancadas na Câmara e no Senado. De principal beneficiário do Plano Cruzado nas eleições de 1986, elegendo estupenda bancada (53,4% da Câmara e 63,9% do Senado) na Assembléia Nacional Constituinte, assiste-se o limiar da *débâcle* do PMDB, com a saída de parlamentares de suas fileiras em direção à formação de um novo partido, o PSDB. Somada a essa grande perda, registrou-se a complexa heterogeneidade interna do PMDB, reveladora da ausência de perfil ideológico claro e consistente a nortear as ações de seus representantes dentro e fora do Parlamento. O contínuo esvaziamento do partido – principalmente na Câmara e de forma relativa no Senado – foi visível durante esses anos. Apesar de suas perdas consideráveis, o PMDB manteve-se entre o seleto grupo dos partidos brasileiros a deter a representação política de todas as regiões brasileiras, ainda que tenha sido o Sudeste o principal pólo de concentração de suas bases. As tabelas 3 e 4 tratam justamente do peso relativo da representação dos principais partidos na Câmara Federal, por região, tomando como referência os resultados das eleições de 1986 e 1990.

Tabela 3
Índice da força relativa da representação partidária na Câmara Federal, por região, após as eleições de 1986*
Brasil

Partido	Região				
	Norte	Nordeste	Centro-Oeste	Sudeste	Sul
PMDB	5,7	14,3	5,8	15,7	12,5
PFL	3,4	19,5	2,1	3,1	1,1
PDS	1,0	2,4	0,1	1,1	3,2
PTB	0,5	0,0**	0,1	5,9	–
PDT	0,1	0,0	–	6,2	2,0
PT	–	–	–	7,3	3,2

Fonte: TSE.

*Esse índice é o resultado da divisão do número de cadeiras obtidas pelo partido em uma Região pelo número de cadeiras da bancada dessa Região, multiplicado pela divisão do número de cadeiras obtidos pelo partido na Região pelo total de cadeiras obtidas pelo partido nacionalmente, multiplicado por 100.

**O índice (0,0) corresponde a apenas uma cadeira ocupada pelo partido na Região, o que não é suficiente para garantir, nesses determinados casos, representatividade estatística. Diferente é o significado do sinal (–), que indica a não-representação do partido na Região.

Tabela 4
Índice da força relativa da representação partidária na Câmara Federal, por região, após as eleições de 1990*
Brasil

Partido	Região				
	Norte	Nordeste	Centro-Oeste	Sudeste	Sul
PMDB	3,2	4,8	2,7	6,3	5,3
PSDB	0,0**	2,2	0,1	5,8	0,9
PFL	1,2	18,6	1,1	1,0	1,0
PDS	2,3	1,0	0,2	1,7	5,9
PTB	9,1	0,2	1,6	2,6	0,1
PRN	0,1	3,2	0,5	2,9	2,1
PDT	0,5	2,0	–	5,5	2,8
PT	0,7	0,1	0,3	6,1	2,4

Fonte: Kinzo, op. cit., p. 32.
*Esse índice é o resultado da divisão do número de cadeiras obtidas pelo partido em uma Região pelo número de cadeiras da bancada dessa Região, multiplicado pela divisão do número de cadeiras obtidos pelo partido na Região pelo total de cadeiras obtidas pelo partido nacionalmente, multiplicado por 100.
**O índice (0,0) corresponde a apenas uma cadeira ocupada pelo partido na Região, o que não é suficiente para garantir, nesses determinados casos, representatividade estatística. Diferente é o significado do sinal (–), que indica a não-representação do partido na Região.

O PFL, segunda maior bancada do Congresso, teve também sua trajetória marcada por uma progressiva perda de representantes na Câmara dos Deputados, ainda que contida a partir de 1992 (tabela 1). A principal razão para a saída de parlamentares do PFL foi a criação do PRN em 1989, partido de perfil ideológico semelhante[90]. Quanto à relativa estabilidade da bancada do PFL no Senado durante todos esses anos, pode-se vinculá-la ao perfil governista assumido por esse partido desde a sua criação, que o mantém sempre participante das coligações situacionistas, especialmente as de âmbito federal. O PFL tem sido na essência um partido de raízes nordestinas, característica claramente enunciada já nas eleições de 1986, quando cerca de 52% de sua bancada no CN era originária dessa região, e reforçada nas eleições gerais de 1990, quando a cota de parlamentares nordestinos em suas fileiras chegou a 58%.

O PDS, outro partido cuja evolução encontra-se intimamente ligada aos Governos Federais instalados, apresenta sua trajetória política no período profundamente marcada pela ação do ex-Governador Paulo Maluf. Desde a votação do Colégio Eleitoral, em 1985, o PDS posicionou-se como principal refúgio de Maluf e de seus correligionários. A bancada do PDS no CN pareceu acompanhar o infortúnio de seu principal líder, derrotado quando candidato a governador em 1986, a presidente em 1989 e novamente a governador em 1990. Contudo, uma vez eleito presidente nacional do partido em 1991, Maluf auxiliou a ampliação da bancada do PDS em mais de 50%. Somou-se a esse feito a criação do PPR (Partido Progressista Reformador) em abril de 1993, a partir da fusão do PDS com o PDC e da adesão de alguns parlamentares do PFL, PTB, PRN, PL e PSC. Como se observa nas tabelas 1 e 2, nesse mesmo ano o PPR já se apresentava como a terceira maior

A ELITE PARLAMENTAR DO PÓS-CONSTITUINTE: ATORES E PRÁTICAS

força parlamentar na Câmara dos Deputados e a quarta no Senado Federal. A força eleitoral do partido concentrou-se principalmente no Sul do país (tabelas 3 e 4), arrebanhada por lideranças de porte como o senador Espiridião Amin (SC) e os deputados Victor Faccioni e Adylson Motta (ambos do RS).

O PTB, dentre os partidos de perfil ideológico mais à direita, apresentou de 1989 a 1994, à exceção de seu real crescimento nas eleições de 90, alterações pouco bruscas. Essa situação encontra-se diretamente relacionada com a própria forma de recrutamento adotada pelo partido, assim como ao seu posicionamento diante do Governo Federal. Pautando-se em critérios essencialmente eleitoreiros na sua busca por adesões, o PTB localizou suas bases eleitorais em pontos bastante específicos do país, dependentes do prestígio pessoal de certas candidaturas. Tal constatação reafirma-se nas tabelas 3 e 4, nas quais observa-se que, de sua quase absoluta concentração eleitoral no Sudeste em 1986, o PTB apresentou nas eleições seguintes profundo deslocamento de sua base de sustentação para o Norte do país, local cuja representação petebista quatro anos antes era pífia. Ao lado do caráter instrumental da sigla, evidencia-se o traço governista assumido pelo partido desde a sua recriação, em 1980. Do Governo de Figueiredo ao de Itamar Franco, o PTB integrou todas as bases de sustentação governamentais no âmbito federal em troca direta de cargos do segundo escalão e, em número reduzido, do primeiro escalão da administração pública.

O PRN, criado em fevereiro de 1989 com o objetivo fundamental de garantir legenda ao candidato Fernando Collor de Mello para as eleições para a Presidência da República, tem explicitado em sua curta existência política o selo de "legenda de ocasião" que sempre o acompanhou. De acordo com as tabelas 1 e 2, pode-se verificar que após a eleição de Collor, em 1989, e com as eleições gerais de 1990, o PRN praticamente dobrou sua bancada no CN, entrando, porém, em franca decadência logo que se iniciou o processo de *impeachment* do presidente. Sua bancada na Câmara dos Deputados provinha privilegiadamente do Nordeste e do Sudeste do país (tabelas 3 e 4). No Sul também detinha força eleitoral significativa, ainda que concentrada em sua totalidade, após as eleições de 1990, no Estado do Paraná (oito deputados).

O Partido Progressista (PP) – surgido em janeiro de 1993 da fusão entre o Partido Social Trabalhista (PST) e o Partido Trabalhista Renovador (PTR) – conseguiu de início a adesão de inúmeros micropartidos, chegando a ocupar no mesmo ano a quinta posição na Câmara e a sétima no Senado (tabelas 1 e 2). Cabe assinalar, contudo, a curta duração dessa legenda, que já se encontrava extinta em 1995. Tal fato denuncia mais uma vez a prática corrente no Parlamento brasileiro de organização de "legendas de ocasião" forjadas para sustentar candidaturas individuais, que nelas se apóiam para atender a formalidades legais ou mesmo para garantir nova "roupagem" a "velhos" grupos de parlamentares cuja imagem está desgastada, ou ainda para consumar novas alianças.

O PSDB nasceu de uma dissidência do PMDB, posicionando-se a princípio, programaticamente, como uma alternativa social-democrata dentro do espectro ideológico-partidário brasileiro. Sua evolução política não se deu de forma linear (tabelas 1 e 2), apesar de ter conseguido se manter, ao longo do período considerado, entre os quatros maiores partidos do CN. Sua base eleitoral encontrava-se majoritariamente concentrada no Sudeste do país (tabela 4), embora tenha se expandido consideravelmente em 1994, em direção às demais regiões, em decorrência das eleições presidenciais do mesmo ano.

Quanto aos partidos de orientação mais à esquerda, sobressaem o PDT e o PT. O Partido Democrático Trabalhista (PDT) tem na figura de Leonel Brizola, desde a sua fundação em 1979, o eixo aglutinador e direcionador de suas ações. A trajetória desse partido tampouco se construiu linearmente, revelando o pragmatismo político que tem moldado seu comportamento nos períodos eleitorais. De fato, o PDT fez alianças com partidos das mais distintas correntes ideológicas no intuito de ampliar suas chances eleitorais e garantir penetração em escala nacional. Essa estratégia político-eleitoral – cujo preço de adoção foi pago pela perda contínua de importantes lideranças de suas fileiras – garantiu a manutenção de uma bancada considerável de parlamentares no Congresso (tabelas 1 e 2). Sua base de sustentação manteve-se principalmente concentrada no Sudeste, em especial no Estado do Rio de Janeiro, e, de forma secundária, no Sul do país, mais precisamente no Rio Grande do Sul (tabelas 3 e 4). Ressalte-se contudo que a predominância do pragmatismo político sobre a coerência ideológica não é peculiaridade do PDT, mas outro traço marcante no modo de fazer política no país. De fato, poucos foram os partidos que ao longo da história política brasileira pautaram suas ações de acordo com os pressupostos político-ideológicos expressos em seus programas.

O PT, a despeito de suas diversas facções internas, talvez tenha sido o único partido brasileiro, dentro do largo escopo de legendas existente no país, a ter comportamento político e eleitoral definido a partir de ampla negociação com suas bases partidárias, preservando um dos fundamentos de seu estatuto de fundação: o princípio da democracia participativa. A postura inicial do PT em assumir, como ressalta Kinzo, "um caráter muito mais de movimento social reivindicatório do que de partido político", trouxe inúmeras dificuldades para a administração das prefeituras municipais chefiadas por seus representantes e para a consolidação de alianças, mesmo com aqueles partidos de orientação mais progressista. Entretanto, a experiência adquirida nos governos municipais e o próprio amadurecimento político do partido fizeram com que a intransigência inicial diante de qualquer aproximação e negociação com os outros partidos de esquerda e centro-esquerda fosse efetivamente revista. Assim, o partido iniciou a prática de alianças eleitorais em grande parte do território nacional.

Esse novo comportamento do PT refletiu-se diretamente no montante de sua representação: nas eleições de 1990 o partido conseguiu mais que dobrar o número de parlamentares na Câmara dos Deputados e elegeu seu primeiro representante no Senado (tabelas 1 e 2). Não resta dúvida de que se por um lado a resistência inicial do PT à política de alianças foi na realidade reflexo de certa imaturidade política de suas lideranças e militantes – na medida em que impediam a realização de um dos pressupostos básicos da ação política, a negociação –, por outro lado demarcava claramente a rejeição do partido a continuidade de práticas relacionadas ao chamado "pragmatismo político" tão comuns na maioria dos partidos nacionais. Essa postura, somada ao não-envolvimento de nenhum membro do PT nos escândalos de corrupção que assolaram o país no início dos anos 90, reforçou uma imagem diferenciada desse partido na sociedade, ainda que não necessariamente positiva e nem convertida em votos na mesma proporção. Vale lembrar que a força eleitoral do PT reunia-se prioritariamente no Sudeste do país, apesar de ter demonstrado durante o período claro movimento de expansão para as outras regiões (tabelas 3 e 4).

No que se refere aos demais partidos, merecem destaque, do lado mais conservador, o PDC e o PL. O Partido Democrata Cristão (PDC) teve sua evolução política ao longo desses anos marcada por uma tendência de crescimento, ainda que ligeiramente interrompida após a instalação do Congresso de 1991, mais evidente no Senado que na Câmara (tabelas 1 e 2). Seu desempenho eleitoral foi expressão das boas votações conseguidas em Estados do Norte e do Centro-Oeste, particularmente Tocantins e Goiás. Dessa forma, até a sua fusão com o PDS em abril de 1993, o PDC constituía uma legenda regionalmente localizada, de perfil conservador e sem grandes lideranças de expressão nacional.

Já o PL, criado em 1985, aparentava ser inicialmente opção partidária diferenciada para o empresariado urbano, ao assumir programaticamente, de maneira quase integral, os preceitos liberais clássicos. Na prática, no entanto, o PL não conseguiu se afirmar como alternativa partidária de peso, ainda que tenha mantido bancada relativamente respeitável na Câmara dos Deputados. A base eleitoral do PL concentrava-se na região Sudeste, particularmente nos Estados de São Paulo e do Rio de Janeiro, de onde despontavam suas principais lideranças: o deputado Afif Domingos e o fundador do partido, deputado Álvaro Valle.

A respeito dos pequenos partidos de esquerda, o PSB, o PPS e o PC do B, assinale-se que, embora nunca tenham conseguido ultrapassar em conjunto mais que 4% da representação na Câmara dos Deputados durante o período considerado, eles assumiram certo destaque por causa da atuação bastante ativa de muitos de seus representantes no CN[91]. O PSB apresentou a maior bancada dentre os três nas duas legislaturas, tendo garantido inclusive representação no Senado ao longo desses anos. Sua principal base eleitoral concentrava-se no Nordeste, sobretudo em Pernambuco, em virtude da liderança de Miguel Arraes no Estado. O PPS, herdeiro direto do antigo Partido Comunista Brasileiro, apresentou bancada de três representantes na Câmara dos Deputados desde as eleições de 1986, não conseguindo portanto ampliá-la nem mesmo ao assumir nova "roupagem" depois do colapso do socialismo real. Por último, o PC do B demonstrou desempenho eleitoral pouco melhor que o do PPS, ainda que expresso numa bancada pouco notável numericamente apesar de bastante "barulhenta" em termos de agitação política.

Quanto aos "partículos" criados em profusão ao longo desses anos (catorze no total) e em sua maioria organizados às vésperas das eleições por meio de registro provisório no TSE[92], deve-se salientar não só a sua efemeridade e o seu perfil ideológico comum, mas também o significado de sua proliferação contínua, principalmente após as eleições de 1986. Os "partículos", como "legendas de ocasião", têm como função principal abrigar candidaturas individuais ou mesmo pequenos grupos de parlamentares órfãos de sustentação partidária e concentrados em determinados Estados da Federação[93]. Até 1995, dispondo de registro provisório com validade de um ano, qualquer partido poderia concorrer às eleições, divulgar pelo rádio e TV seu programa e garantir um pequeno espaço de tempo nos meios de comunicação de massa durante a campanha eleitoral. A possibilidade de participar da propaganda eleitoral gratuita no rádio e TV é o que os distingue como "legendas de aluguel", usadas como instrumento de barganha para a ampliação de espaços de tempo no horário eleitoral. A inexpressividade de suas bancadas no CN revela seu restrito poder de influência no Parlamento, ainda que adotem, em sua grande maioria, orientações claramente conservadoras.

Para finalizar a análise da composição partidária do Congresso Nacional pós-Constituinte resta apontar outras implicações relevantes do sistema eleitoral brasileiro sobre essa configuração do Parlamento. Como já se ressaltou, as eleições para a Câmara dos Deputados, assim como para as Assembléias Estaduais e Câmaras Municipais, realizam-se sob o sistema da representação proporcional. De acordo com a adoção desse sistema no Brasil, a distribuição das cadeiras entre os partidos para a Câmara se faz mediante a definição do *quociente eleitoral*. Esse critério é o resultado da divisão do total de votos válidos (inclusive os votos em branco) apurados em um Estado pelo número de cadeiras parlamentares que cabem a esse Estado na Câmara[94]. O montante de cadeiras a serem ocupadas por um partido nessa Casa será proveniente da divisão do número de votos obtidos pela legenda em cada Estado por seu respectivo quociente eleitoral. As cadeiras que sobrarem após a realização dessa operação serão distribuídas somente entre os partidos que chegaram a atingir o quociente eleitoral, segundo a fórmula D'Hondt, também chamada de método das maiores médias. Por esse método, "o número de votos de cada partido é dividido pelo número de cadeiras que ele já obteve mais um, sendo que a cadeira adicional será alocada ao partido que, ao recebê-la, ficar com a maior média de votos por cadeira. Essa operação será repetida sucessivamente para a alocação de todas as cadeiras restantes"[95]. Importa assinalar que a utilização da fórmula D'Hondt na distribuição das sobras acaba por beneficiar os maiores partidos, pois são justamente esses os que obtêm maior votação, e assim garantem não somente maior número de cadeiras na primeira alocação como ainda levam vantagem na disputa das sobras.

Há dois outros elementos que, segundo Nicolau, beneficiam claramente os grandes partidos na ocupação das cadeiras da Câmara dos Deputados. São eles: a inclusão dos votos em branco no cálculo do quociente eleitoral e a exclusão dos partidos que não alcançaram o quociente eleitoral na disputa das sobras[96]. A inclusão dos votos em branco no cálculo do quociente eleitoral eleva artificialmente a quantidade de votos necessária para um partido conseguir representação na Câmara, reforçando a tendência do sistema em prol dos maiores partidos. A exclusão dos partidos que não atingiram o quociente eleitoral na distribuição das sobras corresponde a uma duplicação das dificuldades de obtenção da representação entre os pequenos partidos, dado que estes já são prejudicados na disputa das cadeiras ocupadas na primeira alocação.

Outra influência do sistema eleitoral sobre o quadro partidário é dada com base no tipo de voto preferencial adotado no Brasil, que é a lista aberta. A lista partidária aberta constitui uma variante do voto preferencial e consiste no não-ordenamento hierárquico dos candidatos na listagem dos partidos antes das eleições. O eleitor tem duas opções de voto: o voto de legenda (voto no partido) ou o voto nominal (voto no candidato). É maciço o predomínio do voto nominal nas eleições nacionais, o que estimula enormemente a produção de campanhas individualizadas e a intensa disputa intrapartidária. Tal situação reforça o empreendimento prioritário de redes extrapartidárias entre os candidatos e seus eleitores, debilitando conseqüentemente a coesão interna dos partidos e a sedimentação deles.

Por último, cabe apontar os efeitos da magnitude do distrito eleitoral sobre o sistema partidário. No Brasil, para as eleições da Câmara dos Deputados, o distrito eleitoral é a unidade da Federação e a sua magnitude corresponde ao número de representantes de cada Estado naquela Casa. Mostra-se consensual na literatura política a percepção de que distorções na definição da magnitude do distrito eleitoral comprometem gravemente a efetivação de sistemas eleitorais realmente representativos. Há uma longa discussão a respeito da sobre e sub-representação de determinados Estados brasileiros na Câmara dos Deputados e como tal problema atinge diretamente a composição do quadro partidário. A tabela 5 revela as distorções existentes entre as grandes regiões brasileiras quanto às respectivas ocupações de cadeiras na Câmara dos Deputados na 48ª (1987-1991) e na 49ª (1991-1995) legislaturas.

Tabela 5
Distorção representativa na Câmara dos Deputados, por região e legislatura*
Brasil – 1987 a 1995

(em %)

Legislatura	Região				
	Norte	Nordeste	Centro-Oeste	Sudeste	Sul
1987-1991	4,4	1,8	2,1	-8,5	0,3
1991-1995	6,1	1,1	1,8	-9,1	0,2

Fonte: Nicolau, J.M. "As distorções na representação dos Estados na Câmara dos Deputados brasileira". *Dados*, Rio de Janeiro, v. 1, n. 3, 1997.
*Os valores da tabela 5 devem ser entendidos como percentuais de cadeiras ganhas ou perdidas (-) nas unidades da Federação sobre e sub-representadas.

Como se verifica na tabela 5, todas as regiões brasileiras apresentaram distorções quanto a sua representação na Câmara dos Deputados. De acordo com pesquisa de Nicolau, esse é um traço marcante na história política da República brasileira. A desproporção entre o número de cadeiras alocadas por Estados e Territórios na Câmara dos Deputados e o tamanho correspondente da população vem oscilando, desde 1872, em torno de 10% a favor do total das unidades da Federação sobre-representadas, ou contra a totalidade das unidades sub-representadas[97].

No período que diretamente interessa ao presente estudo, observou-se, à exceção do Sudeste, a sobre-representação das demais regiões brasileiras na Câmara dos Deputados (tabela 5), com destaque para a Região Norte, maior beneficiária da desproporcionalidade representativa. Favoreceram essa distorção, apesar da escassa densidade demográfica da região, o mandamento constitucional que garante um mínimo de oito representantes por Estado na Câmara dos Deputados – que beneficia especialmente a representação dos antigos territórios, localizados no Norte do país – e a criação do novo Estado do Tocantins, que ampliou de 49 para 65 o número de cadeiras ocupadas pela região Norte naquela Casa.

Na verdade são dois os principais fatores institucionais a contribuir decisivamente para a manutenção da alocação desproporcional das cadeiras da Câmara dos Deputados entre as regiões brasileiras. O primeiro deles relaciona-se à regulamentação vigente na Constituição de 1988, que estabelece um número mínimo (oito) e máximo (70) de representantes para as unidades da Federação. O segundo fator é a não-revisão estatística periódica das proporções existentes entre as populações dos Estados e suas correspondentes representações na Câmara. De acordo com Nicolau, o último cálculo promovido para a redefinição de tais proporções deu-se por intermédio da Resolução nº 12.855, de 1986[98]. Isso significa que na prática não há na Câmara dos Deputados bancadas estaduais realmente proporcionais as suas respectivas populações, o que leva a distorções como a de Estados que, comparados a outros de menor população, ocupam menos cadeiras[99].

Qual seria então o real impacto da alocação desproporcional sobre a composição partidária na Câmara dos Deputados? Por certo, desvirtuamentos na representação das regiões brasileiras atingem diretamente o quadro partidário, pois dependendo da região na qual os partidos concentrem suas bases eleitorais esses terminam por ser beneficiados ou prejudicados nas disputas pelas cadeiras da Câmara. Isso se comprova no cotejo das tabelas 3 e 4 com a tabela 5: observa-se que entre os mais importantes partidos os grandes favorecidos pela distorção representativa no país foram aqueles cujos principais distritos eleitorais situavam-se nas regiões mais sobre-representadas na Câmara (Norte, Nordeste e Centro-Oeste). Em contrapartida, os que concentravam no Sudeste seus redutos eleitorais fundamentais foram os que mais sofreram com os efeitos da sub-representação. Já os que tinham sua força eleitoral no Sul foram os que menos padeceram com as conseqüências da alocação desproporcional, considerando a distorção representativa pouco relevante configurada na região durante os anos em análise.

Figuram no primeiro grupo o PFL (ao longo das duas legislaturas) e o PTB (após as eleições de 1990). Historicamente, o PFL teve a essência de sua força eleitoral no Nordeste, vindo a consolidar no Norte a sua segunda base de sustentação (tabelas 3 e 4). O PTB, por seu turno, promoveu mudanças radicais no eixo de sua base de sustentação. De partido concentrado no Sudeste em 1986, vivenciou um profundo deslocamento de sua força eleitoral para o Norte em 1990. No segundo grupo, o dos maiores prejudicados, encontram-se o PSDB, o PT e o PDT, partidos cuja concentração de votos manteve-se fixa na região Sudeste, particularmente com grandes votações em São Paulo (Estado campeão da distorção representativa) para os dois primeiros. No terceiro grupo está o PDS, que apresentou o Sul do país como principal base de sustentação nas duas eleições do período. Resta apontar um quarto grupo cujo espraiamento das bases eleitorais garantiu de certa forma menores perdas diante por conta da alocação desproporcional. Tal é o caso do PMDB durante todos esses anos e do PRN particularmente após as eleições de 1990. Mesmo tendo no Sudeste o seu principal reduto eleitoral, o PMDB deteve no Sul e no Nordeste importantíssimas bases de sustentação que de algum modo funcionaram como contrapeso para equilibrar a perda de cadeiras na primeira região. O PRN também se mostrou relativamente bem distribuído após as eleições de 1990, embora isso tenha sido reflexo da vitória de seu candidato à presidência em 1989 e o partido tenha se desfeito já ao longo da 49ª legislatura (tabela 1).

Os dados apresentados acima revelam indiscutivelmente a influência decisiva do sistema eleitoral e da legislação partidária na composição do Poder Legislativo brasileiro. Entretanto, outros são os aspectos a moldar a atuação do CN ao longo desses anos, e aludem mais diretamente ao perfil social e político dos deputados e senadores partícipes das legislaturas.

As tabelas 6a e 6b combinam informações relativas à naturalidade e origem metropolitana ou interiorana dos parlamentares eleitos na 48ª e 49ª legislaturas. Como se pode observar, houve a preponderância de parlamentares de origem nordestina (36,5% e 34,1%) e interiorana (68,3% e 68%) em ambas as legislaturas. Verifica-se, todavia, tendência ligeiramente decrescente dos percentuais relativos aos congressistas naturais do Nordeste (- 2,5%) e ainda do Sudeste (- 1%). Em contrapartida, deu-se a expansão das bancadas de parlamentares nascidos no Norte, Centro-Oeste e Sul, com os seguintes índices de crescimento, respectivamente: 15,2%, 12,8% e 17,4%.

Interessante notar que tais modificações efetuaram-se num Parlamento cujo número de cadeiras manteve-se constante para todas as regiões, com exceção da Região Norte (tabela 7). A distribuição dos congressistas entre aqueles naturais do interior ou das capitais das regiões também alterou-se de forma significativa ao longo desses anos. Com exceção do Sudeste, as demais regiões brasileiras apresentaram crescimento no número de representantes naturais das capitais dos Estados, ainda que os de origem interiorana tenham predominado maciçamente. Outros aspectos importantes são as diferenças entre os percentuais de alocação de cadeiras do CN pelas regiões e os correspondentes à naturalidade dos parlamentares.

Como se pode examinar na tabela 7, as disparidades entre os percentuais de alocação regional das cadeiras do CN e os relativos à naturalidade dos parlamentares expressam, para o Norte, Centro-Oeste e Sul, durante a 48ª legislatura, maior ocupação de cadeiras nessas regiões que o número de parlamentares originários delas. Em compensação, o Nordeste e o Sudeste apresentaram maiores percentuais de membros ali nascidos em relação ao de representantes no CN. Na 49ª legislatura a situação inverteu-se somente no Sul do país, onde se constatou maior índice de parlamentares naturais dessa região comparado ao de representação no Parlamento. A ocorrência das disparidades tanto no Norte, mais acentuadamente, quanto no Centro-Oeste encontra-se diretamente relacionada à condição de zona de fronteira agrícola assumida por essas regiões sobretudo a partir da década de 70, a qual estimulou a migração de milhares de famílias, em especial as sulistas, no rumo da

Tabela 6a
Composição do Congresso Nacional, por legislatura e naturalidade
Brasil – 1987 a 1991

Região	1987-1991							
	Interior		Capital		Naturalizado		Total	
	nº abs.	(%)	nº abs.	(%)	nº abs.	(%)	nº abs.	(%)
Norte	22	60,0	17	40,0	–	–	39	100,0
Nordeste	134	66,2	70	33,8	–	–	204	100,0
Centro-Oeste	33	81,6	8	18,4	–	–	41	100,0
Sudeste	129	65,8	68	34,2	–	–	197	100,0
Sul	64	86,5	12	13,5	–	–	76	100,0
Exterior	–	–	–	–	2	100,0	2	100,0
Total	382	68,3	175	31,3	2	0,4	559	100,0

Fonte: Câmara dos Deputados (Repertório Biográfico) e Senado Federal (Dados Biográficos).

Tabela 6b
Composição do Congresso Nacional, por legislatura e naturalidade
Brasil – 1991 a 1995

Região	1991-1995							
	Interior		Capital		Naturalizado		Total	
	nº abs.	(%)	nº abs.	(%)	nº abs.	(%)	nº abs.	(%)
Norte	22	47,8	24	52,2	–	–	46	100,0
Nordeste	129	64,8	70	35,2	–	–	199	100,0
Centro-Oeste	33	70,2	14	29,8	–	–	47	100,0
Sudeste	138	70,8	57	29,2	–	–	195	100,0
Sul	75	81,5	17	18,5	–	–	92	100,0
Exterior	–	–	–	–	5	100,0	5	100,0
Total	397	68,0	182	31,2	5	0,8	584	100,0

Fonte: Câmara dos Deputados (Repertório Biográfico) e Senado Federal (Dados Biográficos).

Tabela 7
Composição do Congresso Nacional, por legislatura, região eleitoral e naturalidade
Brasil – 1987 a 1995

Região	1987-1991				1991-1995			
	Região Eleitoral		Naturalidade		Região Eleitoral		Naturalidade	
	nº abs.	(%)	nº abs.	(%)	nº abs.	(%)	nº abs.	(%)
Norte	61	10,9	39	7,0	86	14,7	46	7,9
Nordeste	178	31,8	204	36,5	178	30,5	199	34,1
Centro-Oeste	53	9,5	41	7,3	53	9,1	47	8,0
Sudeste	181	32,4	197	35,2	181	31,0	195	33,4
Sul	86	15,4	76	13,6	86	14,7	92	15,7
Outros	–	–	2	0,4	–	–	5	0,9
Total	559	100,0	559	100,0	584	100,0	584	100,0

Fonte: Câmara dos Deputados (Repertório Biográfico) e Senado Federal (Dados Biográficos).

exploração econômica de suas áreas. Isso igualmente explica o quadro de inversão tendencial das proporcionalidades entre o número de cadeiras ocupadas e de membros naturais do Sul do país: de região com índice de representação maior que o de naturalidade na 48ª legislatura, passou a apresentar déficit de cadeiras ocupadas comparativamente ao total de parlamentares sulistas na legislatura seguinte. O Sudeste mais uma vez apresentou índice de representação aquém do registrado na medição do número de parlamentares de origem natal na região. Também o Nordeste, apesar de sua supremacia quanto ao número de congressistas lá nascidos, encontrava-se em desvantagem no cotejo dos indicadores de representação e naturalidade. A desvantagem da bancada dos nordestinos de origem, contudo, via-se de certa forma compensada pela sobre-representação histórica da região na Câmara dos Deputados, compensação essa não existente para a bancada do Sudeste. Tal desproporção revela o deslocamento migratório de políticos naturais dessa duas últimas regiões – especialmente os do Nordeste – para outras áreas do país, movimento em ligeiro declínio durante as duas legislaturas (tabela 7).

No que se refere ao grau de instrução dos parlamentares do Congresso Nacional no pós-Constituinte, cabe apontar a primazia quase absoluta (87,1% e 82,7%) dos possuidores de nível superior (tabela 8). Esse quadro exprime uma das faces do tradicional elitismo vigente na história política brasileira, que, embora não lhe seja exclusivo, redunda numa enorme distância a separar representantes e representados. Num país cujo índice oficial de analfabetismo entre os maiores de 15 anos gira em torno de 15% e onde somente 6,7% da população entre 20 e 24 anos encontram-se na universidade ou a ela têm acesso[100], é no mínimo inquietante observar que a ascensão aos nobres cargos do Poder Legislativo faz-se muito difícil para aqueles que, a exemplo da maioria da população brasileira, não conseguiram galgar os degraus da educação formal. De qualquer forma, houve entre as duas legislaturas uma pequena expansão do percentual de parlamentares com outros graus de instrução, em favor principalmente dos detentores de 1º grau incompleto e daqueles que apresentavam 2º grau completo. Tal expansão encontra-se diretamente relacionada ao crescimento da participação no CN de representantes de categorias profissionais com menor exigência de formação escolar superior (tabela 9). Por fim, cabe salientar o percentual não desprezível (5,5% e 5,1%) de parlamentares que não revelaram seu grau de instrução. Há certamente grande probabilidade de que essa omissão esteja vinculada ao preconceito – largamente difundido na sociedade brasileira – contra aqueles que têm a pretensão de disputar cargos públicos de maior visibilidade sem contar com o título de "doutor".

É na perspectiva do elitismo que se pode traduzir o predomínio dos bacharéis de Direito como principal formação profissional entre os Congressistas no pós-Constituinte (tabela 9). O bacharelismo não é, de forma alguma, um traço recente na vida política brasileira. Desde o Império observa-se na elite política do país a supremacia de pessoas cuja formação comum em Direito fortaleceu sobremaneira a construção de certa homogeneidade interna, tanto em termos ideológicos quanto de interesses e habilidades[101].

Tabela 8
Composição do Congresso Nacional, por legislatura e grau de instrução
Brasil – 1987 a 1995

Grau de Instrução	Legislatura			
	1987-1991		1991-1995	
	nº abs.	(%)	nº abs.	(%)
Superior Completo	487	87,1	483	82,7
Superior Incompleto	14	2,5	22	3,8
2º Grau Completo	18	3,2	34	5,9
2º Grau Incompleto	1	0,2	2	0,3
1º Grau Completo	7	1,3	2	0,3
1º Grau Incompleto	1	0,2	11	1,9
Não Revelado	31	5,5	30	5,1
Total	559	100,0	584	100,0

Fonte: Câmara dos Deputados (Repertório Biográfico) e Senado Federal (Dados Biográficos).

Ademais, o bacharelismo encontra no Brasil terreno fértil de propagação entre os políticos por ser a síntese do que certa vez Sérgio Buarque de Hollanda nominou como "nossa inclinação geral pelas profissões liberais"[102], a qual cumpre com a dupla tarefa de ornamentação e independência individual. Isso decorre, segundo o autor, do excessivo personalismo existente na sociabilidade brasileira, o qual, nascido na órbita do doméstico, manifesta-se como resistência a qualquer lei geral que o contrarie e igualmente como incapacidade de nos aplicarmos a objetivos exteriores a nós mesmos. Tais manifestações encontram-se expressas na satisfação com o saber aparente desvinculado de um fim exterior e procurado como elemento de prestígio para quem o detém.

Ainda que seja traço marcante da política brasileira e exerça importância fundamental na definição dos perfis ideológico e comportamental de nossos políticos, não resta dúvida de que a proximidade das profissões liberais, em especial a dos advogados, com a vida parlamentar não é privativa dessa sociedade. Weber já apontava que não era casual a importância dos advogados na política ocidental após o advento dos partidos políticos. Dizia ele:

"A natureza das exigências feitas hoje à estrutura partidária faz com que em todos os parlamentos e partidos democratizados uma profissão exerça um papel preponderante ao se recrutar parlamentares: a de advogado. Além do conhecimento de Direito como tal e junto à importante formação para a luta que essa profissão oferece em comparação com outras profissões, existe também outro detalhe decisivo: o fato de esses profissionais possuírem um escritório próprio, o que todo político necessita atualmente. E enquanto qualquer outro empresário independente vê dificultado seu engajamento político regular com exigências cada vez maiores devido ao seu trabalho profissional, tendo de renunciar à sua profissão para se tornar político profissional, para o advogado a mudança de sua profissão para a atividade política é, tecnicamente e segundo os pré-requisitos internos, relativamente fácil." [103]

Tabela 9
Composição do Congresso Nacional, por legislatura e profissão*
Brasil – 1987 a 1995

Grau de Instrução	Legislatura			
	1987-1991		1991-1995	
	nº abs.	(%)	nº abs.	(%)
Advogado	170	30,4	113	19,3
Empresário	81	14,5	103	17,6
Ruralista	55	9,8	53	9,1
Engenheiro	46	8,2	53	9,1
Médico	42	7,5	49	8,4
Jornalista	35	6,3	36	6,2
Professor	33	5,9	33	5,6
Servidor público	15	2,7	34	5,8
Economista	24	4,3	22	3,8
Bancário	10	1,8	22	3,8
Militar	6	1,1	8	1,4
Dentista	1	0,2	7	1,2
Outros	40	7,1	48	8,2
Não revelado	1	0,2	3	0,5
Total	559	100,0	584	100,0

Fonte: Câmara dos Deputados (Repertório Biográfico) e Senado Federal (Dados Biográficos).
* Nos casos em que os parlamentares apontaram mais de uma profissão, optou-se pelo registro daquela a que dedicava mais tempo ou era sua principal fonte de renda[104].

Há que destacar, porém, a tendência declinante (de 30,4% para 19,3%) da participação dos advogados na composição profissional do Legislativo ao longo das duas legislaturas. Em contrapartida, deu-se a ampliação considerável do percentual de representantes de outras categorias profissionais mais diretamente vinculadas a setores com maior nível de organização e mobilização, tais como: empresários, servidores públicos e bancários. O crescimento da participação de parlamentares ligados a interesses corporativos bem definidos foi resultado direto da intensa propagação dos movimentos sociais, especialmente ao longo da década de 80, cujos reflexos sobre o Parlamento já se mostravam visíveis durante os trabalhos da Constituinte. A expressiva bancada de parlamentares ruralistas mantida ao longo das duas legislaturas (terceiro lugar em número de parlamentares) é outro exemplo característico da expansão organizacional de diferentes categorias sociais no país. Mais que isso, configura-se como produto da atuação intensa e competente desse segmento social na defesa de seus interesses setoriais, mesmo que prioritariamente direcionada a grupos específicos – em particular, ao dos grandes proprietários rurais[105].

Outro aspecto importante a auxiliar na radiografia do Congresso Nacional pós-Constituinte alude à ocupação de cargos públicos (federal, estadual ou municipal) pelo parlamentar no decorrer de sua vida política (tabela 10). Ressalte-se porém que tampouco essa é uma característica recente da trajetória política dos congressistas brasileiros. Como aponta Carvalho, configurou-se com certa freqüência no Império verdadeira simbiose entre a cúpula da burocracia do Estado e a elite política[106]. O exercício de cargos públicos era pois etapa fundamental do treinamento da elite política, assim como a circulação de seus membros entre os principais postos dos três poderes. Parece que ainda hoje mantêm-se presentes na ocupação de cargos públicos por parlamentares as funções de treinamento e circulação dos membros da elite política vigentes desde o Império. Mesmo com o advento da República e do sufrágio universal, a conquista de cargos públicos por membros do Legislativo, ou por aqueles que tenham a pretensão de vir a ser, é deveras importante, seja como via para aquisição de um mandato parlamentar, seja como instrumento para a sua renovação. A visibilidade que um cargo de destaque na hierarquia do serviço público propicia ao seu ocupante, aliada aos recursos de poder[107] inerentes a essas posições, faz com que a participação direta nos altos escalões da burocracia do Estado, em quaisquer de suas esferas, apresente-se como um dos mais tradicionais e eficientes mecanismos empregados na política brasileira para a consecução de mandatos parlamentares. Em sentido inverso, a detenção de mandato parlamentar facilita muitas vezes a conquista de postos de prestígio na hierarquia da administração pública. A alocação de parlamentares na burocracia do Estado depende do tipo de coalização partidária estabelecida nos âmbitos municipal, estadual e/ou federal, além da experiência do congressista no trato com o Executivo e o seu conhecimento acerca dos trâmites das ações no interior desse poder[108].

A tabela 10 informa que aproximadamente 48% dos parlamentares na 48ª legislatura e 55% na 49ª exerceram cargos públicos ao longo de sua vida política. Desses, parcelas significativas conquistaram posições no topo da administração pública (ministros, secretários de Governo, presidente de empresa pública) em seus diferentes âmbitos. A expansão no total de congressistas que ocuparam cargos públicos entre as duas legislaturas deu-se principalmente em virtude do aumento do número de parlamentares que conquistaram postos de tal envergadura.

A ocupação de cargos eletivos constitui indicador importante para a caracterização do perfil do Congresso Nacional pós-Constituinte. De acordo com a tabela 11, verifica-se que não existe uma trajetória política linear a ser trilhada pelos parlamentares no sentido da ocupação preliminar de cargos de menor *status* e poder na hierarquia da carreira política para os de maior relevância. A maioria dos deputados federais não exerceram os cargos eletivos de vereador ou deputado estadual anteriormente aos seus mandatos na Câmara dos Deputados. Em contraste, houve um ligeiro crescimento da participação de parlamentares com experiência anterior na direção dos Executivos municipais e estaduais. Tais dados reforçam a tese do estreitamento dos vínculos entre os poderes Legislativo e Executivo (em todas as suas esferas) durante o período considerado – estreitamento esse indicado na ampliação do percentual de congressistas que ocuparam cargos públicos.

Tabela 10

Composição do Congresso Nacional, por legislatura e ocupação de cargos públicos*
Brasil – 1987 a 1995

Cargos Públicos	Legislatura			
	1987-1991		1991-1995	
	nº abs.	(%)	nº abs.	(%)
Ministro	21	3,7	23	3,9
Secretário de Estado/Município	163	29,1	196	33,6
Presidente/Superintendente/Diretor/ Membro de conselho administrativo de órgão/Empresa Pública	67	12,0	114	19,5
Assessor/Chefe ou subchefe de gabinete de ministro/Governador/Prefeito	21	3,7	26	4,4
Funcionário de órgão/empresa pública	59	10,5	58	9,9
Procurador República/Estado/Município/ Órgão público	28	5,0	31	5,3
Promotor público	17	3,0	11	1,9
Nenhum cargo	290	51,9	261	44,7

Fonte: Câmara dos Deputados (Repertório Biográfico) e Senado Federal (Dados Biográficos).
* Os percentuais foram obtidos em relação ao total de parlamentares nas respectivas legislaturas e não em relação ao total de respostas. Considerando que o mesmo parlamentar pode ter ocupado mais de um cargo público, a totalização das respostas de todas as categorias seria maior que o número absoluto de congressistas em cada legislatura citada. Entretanto, tomada cada categoria de cargo público em particular, verificou-se o registro individual dos parlamentares que exerceram tais cargos sem repetição. Assim, em vez de apontar a freqüência das respostas na tabela, o que seria menos significativo, optou-se por retirar o percentual de ocupação de cada cargo público em relação ao total de parlamentares nas legislaturas selecionadas.

Tabela 11

Composição do Congresso Nacional, por legislatura e ocupação de cargos eletivos*
Brasil – 1987 a 1995

Grau de Instrução	Legislatura			
	1987-1991		1991-1995	
	nº abs.	(%)	nº abs.	(%)
Vereador	121	21,6	113	19,3
Deputado Estadual	203	36,3	225	38,5
Deputado Federal	526	94,1	546	93,5
Senador	78	13,9	91	15,6
Prefeito	93	16,6	99	16,9
Governador	26	4,6	35	6,0
Presidente	–	–	1	0,2

Fonte: Câmara dos Deputados (Repertório Biográfico) e Senado Federal (Dados Biográficos).
* Os percentuais foram obtidos em relação ao total de parlamentares nas respectivas legislaturas e não em relação ao total de respostas.

Outro indicador a ser analisado nessa radiografia do Congresso Nacional pós-Constituinte é a rotatividade partidária configurada ao longo desses anos entre os deputados e senadores participantes de ambas as legislaturas. Como se verifica na tabela 12, 37,7% dos congressistas trocaram pelo menos uma vez de partido entre os anos de 1989 e 1994. Esse é um percentual significativamente alto em se tratando de apenas duas legislaturas e não se considerando troca partidária as mudanças oriundas de fusões entre agremiações. Surpreendem, porém, os percentuais de rotatividade partidária entre os congressistas levando-se em conta todas as trocas de partido efetuadas ao longo de suas vidas políticas. De acordo com a tabela 13 – a qual não registra como troca partidária os casos de exceção acima apontados nem as mudanças relacionadas às transferências de parlamentares da Arena para o PDS, nem do MDB para o PMDB, já que a rigor não houve aí troca de partido – cerca de setenta por cento dos congressistas trocaram de legenda durante sua carreira política e, dentre eles, 47,5% o fizeram mais de uma vez. Tais dados chamam ainda mais a atenção quando se constata o alto índice de renovação dos membros do Congresso e o grande número de "calouros" (parlamentares em primeiro mandato) a cada nova legislatura (tabela 14). A rotatividade partidária no Brasil atinge índices bastante elevados e é, indiscutivelmente, uma das principais causas a obstar a sedimentação do sistema partidário nacional.

Tabela 12
Distribuição do Congresso Nacional, por rotatividade partidária *
Brasil – 1989 a 1994

Nº de Trocas de Partido**	Congresso Nacional	
	nº abs.	(%)
0	645	62,3
1	276	26,7
2	74	7,1
3	33	3,2
4 ou mais	7	0,7
Total***	1035	100,0

Fonte: Prodasen
* Estão incluídas as trocas de partido ocorridas entre 1987 e 1994 e protagonizadas pelos parlamentares que compunham o CN entre 1987 e 1995.
** Não foram consideradas trocas partidárias as transferências de parlamentares do PDS e PDC para o PPR, nem do PST e PTR para o PP.
*** Nesse total encontram-se incluídos, sem repetição, os parlamentares eleitos e os suplentes que participaram das duas legislaturas.

Tabela 13
Distribuição do Congresso Nacional, por rotatividade partidária ao longo da carreira*
Brasil – 1989 a 1994

Nº de Trocas de Partido**	Congresso Nacional	
	nº abs.	(%)
0	306	29,6
1	383	37,0
2	205	19,8
3	93	9,0
4 ou mais	48	4,6
Total***	1035	100,0

Fonte: Prodasen
* Estão incluídas as trocas de partido protagonizadas pelos parlamentares que compunham o CN entre 1987 e 1995 durante toda a sua carreira política.
** Não foram consideradas trocas partidárias as transferências de parlamentares da Arena para o PDS, do MDB para o PMDB, do PDS e PDC para o PPR e do PST e PTR para o PP.
*** Nesse total encontram-se incluídos, sem repetição, os parlamentares eleitos e os suplentes que participaram das duas legislaturas.

Como já se enunciou, aliadas à alta rotatividade partidária verificam-se ainda no Congresso Nacional elevadas taxas de renovação de seus membros. Em verdade, no período entre as legislaturas em foco deu-se a renovação de 63,8%[109] dos parlamentares do CN, sendo que 60,3% encontravam-se em seu primeiro mandato nas respectivas Casas do Legislativo. A tabela 14 revela um Congresso composto principalmente de políticos com curta experiência parlamentar no âmbito federal e muito renovado a cada legislatura. Esse quadro indica que a carreira parlamentar apresentava-se para parcela considerável dos congressistas bem menos atrativa do que normalmente é difundido. Outra não é a conclusão a que chegam também Figueiredo e Limongi em seu estudo sobre o Congresso Nacional entre os anos de 1989 e 1994[110], em que discutem as elevadas taxas de desistência de tentativa de reeleição e o insucesso dessas tentativas entre os deputados federais nas eleições gerais de 1986 e 1990. De acordo com os autores, em 1986 aproximadamente 63% dos deputados federais optaram por investir em suas candidaturas à reeleição, sendo que 59,5% deles conseguiram sair vitoriosos. Isso significa que, embora a maioria dos Deputados tenha buscado a reeleição, somente 37,8% dos membros da Câmara naquele ano alcançaram tal objetivo. Situação similar ocorreu novamente nas eleições de 1990, quando 65,4% dos Deputados da 48ª legislatura pleitearam sua reeleição e, desses, cerca de 57% a conquistaram, correspondendo na prática a um índice de reeleição de 37,4% da totalidade dos parlamentares da Câmara dos Deputados.

Tabela 14
Composição do Congresso Nacional, por número de mandatos e legislatura
Brasil – 1987 a 1995

Legislatura	Mandatos									
	Um		Dois		Três		Quatro ou mais		Total	
	nº abs.	(%)	nº abs.	(%)	nº abs.	(%)	nº abs.	(%)	nº abs.	(%)
(1987-1991)	328	58,7	119	21,3	61	10,9	51	9,1	559	100,0
(1991-1995)	352	60,3	139	23,8	48	8,2	45	7,7	584	100,0

Fonte: Câmara dos Deputados (Repertório Biográfico) e Senado Federal (Dados Biográficos).

De fato, a decisão de candidatar-se a novo mandato no Congresso Nacional envolve uma série de elementos que recobrem desde razões pessoais até avaliações político-eleitorais e financeiras quanto aos custos e benefícios da reeleição. Como se viu, o CN é um *locus* de poder dominado por um grupo restrito de parlamentares, os quais controlam os principais recursos e cargos institucionais, acabando por desmotivar boa parte dos demais congressistas, para um investimento profissional mais intenso de suas carreiras na direção exclusiva do Parlamento. Por outro lado, a maior disponibilidade de acesso e mobilização de recursos entre aqueles que ocupam cargos importantes no Executivo – em cotejo com os disponíveis no Legislativo – estimula sobremaneira os freqüentes afastamentos temporários ou definitivos do Congresso de parcela relevante de seus membros. Por fim, as incertezas eleitorais, somadas aos elevados custos das campanhas e às acirradas disputas internas nos partidos quanto à definição de seus candidatos às eleições, terminam por também influenciar diretamente na decisão de um congressista de se candidatar ou não à reeleição. O que se pode inferir dessas considerações é que, das múltiplas dificuldades para a construção de carreiras políticas de longa e contínua duração no CN, engendra-se não só o aborto de muitas carreiras promissoras de parlamentares realmente vocacionados para o exercício dessa atividade, como também alimenta-se a própria fragilidade e imaturidade da instituição no Brasil.

Eis, portanto, o perfil do Congresso Nacional brasileiro no pós-Constituinte: era um Parlamento altamente fragmentado, embora fossem relativamente poucos os partidos a controlar o processo decisório e a organização dos trabalhos legislativos. Era um Congresso de contorno ideológico predominantemente conservador e marcado por distorções na representação das regiões brasileiras. Apresentava-se composto, em sua maioria, de parlamentares naturais do interior do Nordeste e do Sudeste do país, detentores de nível superior, especialmente bacharéis em Direito. Eram ainda congressistas cuja trajetória política distinguia-se principalmente pela alta rotatividade partidária, pela inexperiência na vida parlamentar de âmbito nacional, por um traçado não-hierárquico na conquista de cargos eletivos e pela intensa ocupação de cargos públicos, com destaque para os de alto escalão da burocracia do Estado.

Resta investigar, portanto, se as características do perfil e da trajetória dos políticos do Congresso eram igualmente compartilhadas pelos integrantes da elite parlamentar do pós-Constituinte, ou se o rompimento total ou parcial com o tipo-padrão de parlamentar era o que definia a inserção de um congressista na elite.

III - A Elite Parlamentar do Pós-Constituinte: Atores e Práticas

Este capítulo encontra-se dividido em três partes, nas quais serão apresentados os resultados da investigação empírica, procurando-se traçar, primeiramente, a morfologia da elite parlamentar do pós-Constituinte, com sua caracterização socioeconômica e profissional e o desenvolvimento de suas carreiras políticas tanto em termos comparativos aos demais representantes do CN quanto em relação ao próprio grupo. Na segunda parte será analisada a trajetória política dos membros da elite no Parlamento, enfocando suas proposições legislativas, posicionamentos nas votações das principais matérias e avaliações acerca dos acontecimentos políticos mais marcantes ocorridos entre os anos de 1989 e 1994. Finalmente, na terceira seção serão discutidas as representações da elite a respeito da política e de seu exercício no Brasil. A subdivisão adotada constitui apenas um recurso metodológico facilitador da exposição e análise dos dados, não havendo nenhuma tentativa de compartimentar o objeto de estudo em universos estanques, mesmo porque sua compreensão passa necessariamente pelo entrecruzamento das diferentes dimensões que o recobrem.

1. Morfologia da elite parlamentar

O critério adotado para a determinação dos estratos da amostra foi a filiação partidária. Considerando a importância desse aspecto no controle do processo decisório e na organização dos trabalhos legislativos, não houve dúvida de que era o melhor recorte a ser efetuado para garantir a representatividade da amostra. Entretanto, durante a análise dos dados primários e secundários observou-se que, para o esclarecimento das distinções internas à elite, o critério mais rico e elucidativo era a região eleitoral – entendida não apenas como o lugar de representação do parlamentar, mas principalmente como *locus* da construção de sua carreira e de seu ser político. Como sintetiza Schwartzman, tomar regiões como foco "significa trazer à análise política os conceitos de distribuição espacial, limites e fronteiras, diferenças de desenvolvimento histórico, redes de comunicação e difusão de informações – enfim, todo tipo de descontinuidades espaciais que possam ter alguma influência em sistemas sociais de grande porte. Mais ainda, no caso brasileiro, a análise regional põe em foco fenômenos históricos de grande importância que tendem a ficar ocultos sob a imagem corrente de uma nação não-diferenciada, globalizada, 'totalizada'."[111]

O recorte da elite em termos regionais visa exatamente a trazer à tona realidades sociais distintas, de onde emergem tipos singulares de parlamentares. Estes, por sua vez, trazem no seu pensar e fazer política marcas de sua identidade cultural/regional[112] que, ao mesmo tempo que os distingue, não os impede de compartilhar com "outros culturalmente" uma série de características que os tornam particulares como membros da elite do Congresso Nacional Brasileiro. Em síntese, a elite parlamentar é unidade e distinção e, como tal, comporta no seu ser e agir homogeneidades e diferenças que afloram ou se recolhem de acordo com o enfoque escolhido para iluminar a investigação.

Merecem destaque dois outros aspectos quanto à opção metodológica pela categoria "região eleitoral". O primeiro é a constatação de que, se tal recorte possibilitou o alinhamento de informações relacionadas a particularidades regionais dos parlamentares da elite do CN, deve-se ter em mente que elas podem ou não ser compartilhadas pelos demais congressistas das respectivas regiões. Com essa ressalva pretende-se deixar claro que as marcas da identidade cultural/regional observadas na ação e no pensar desses parlamentares não são sinais "genéticos" a impregnar inexoravelmente todos os que ali se constroem como políticos. São, sim, registros da história política-cultural brasileira e, por conseguinte, produtos do dinamismo e das contradições que distinguem o desenrolar de tal processo nas diferentes regiões do país, terminando por influir diretamente no pensar e fazer política dessas coletividades. O outro aspecto é o fato de que a escolha do referido recorte metodológico possibilitou a construção de três agrupamentos na elite que podem ser assim classificados: a elite do Nordeste, a do Sudeste e a do Sul. Poder-se-ia indagar sobre a ausência dos agrupamentos de parlamentares das elites do Norte e Centro-Oeste, ao que se poderia contra-argumentar que tal ausência resulta da baixa participação, ao longo do período em análise, dos representantes dessas regiões no seio da elite parlamentar, inviabilizando a construção dos respectivos agrupamentos[113].

Assim, comparando as informações expostas no segundo capítulo acerca do perfil do Congresso Nacional do pós-Constituinte com os dados obtidos na pesquisa sobre a elite parlamentar, revelam-se traços importantes de reprodução e rompimento de certas características próprias ao tipo padrão de parlamentar brasileiro anteriormente definido.

Isso posto, observa-se na tabela 15, tal como verificado no CN (tabelas 6a e 6b), ligeira predominância de Congressistas naturais do Nordeste (36,2%) na elite, seguidos de perto pelos parlamentares do Sudeste (34%). Nota-se que a presença de parlamentares oriundos das capitais dos Estados foi muito superior à verificada no Parlamento como um todo para a Região Sudeste. Enquanto no Congresso, durante as duas legislaturas em foco, cerca de 31% dos parlamentares eram naturais das capitais, na elite essa proporção subiu para 46,8%. À exceção do Sul, também se constatam entre os membros da elite percentuais mais elevados de parlamentares naturais das capitais dos Estados do que entre os congressistas de modo geral. De fato, 56,3% dos parlamentares do Sudeste e 47,1% do Nordeste pertencentes à elite eram oriundos das capitais, contra, respectivamente, 31,7% e 34,5% no Congresso. A elite parlamentar do pós-Constituinte era composta predominantemente de congressistas naturais do Nordeste e do Sudeste. Entre os nascidos no Sudeste, Norte ou Centro-Oeste prevaleciam os parlamentares de origem metropolitana, ao contrário dos que eram originários do Nordeste ou Sul, cuja maioria provinha do interior dos estados.

Tabela 15
Composição da elite, por naturalidade
Brasil – 1987 a 1995

Região	1987-1991							
	Interior		Capital		Naturalizado		Total	
	nº abs.	(%)	nº abs.	(%)	nº abs.	(%)	nº abs.	(%)
Norte	1	25,0	3	75,0	–	–	4	100,0
Nordeste	9	52,9	8	47,1	–	–	17	100,0
Centro-Oeste	–	–	1	100,0	–	–	1	100,0
Sudeste	7	43,7	9	56,3	–	–	16	100,0
Sul	7	87,5	1	12,5	–	–	8	100,0
Exterior	–	–	–	–	1	100,0	1	100,0
Total	24	51,1	22	46,8	1	2,1	47	100,0

Fonte: Câmara dos Deputados (Repertório Biográfico) e Senado Federal (Dados Biográficos).

A participação mais elevada de parlamentares oriundos das capitais adquire novos significados quando se cruzam as informações relativas à naturalidade de seus integrantes com os dados referentes à região eleitoral, recorte básico desta análise. Como se verifica na tabela 16, apesar de a elite parlamentar ter contado com ligeira maioria de membros naturais da região Nordeste, foram os representantes de Estados do Sudeste os que detiveram a supremacia numérica nesse grupo.

Tabela 16
Composição da elite, por naturalidade e região eleitoral
Brasil – 1987 a 1995

Naturalidade	Região									
	Norte		Nordeste		Sudeste		Sul		Total	
	nº abs.	(%)	nº abs.	(%)	nº abs.	(%)	nº abs.	(%)	nº abs.	(%)
Norte	3	75,0	–	–	1	25,0	–	–	4	100,0
Nordeste	–	–	12	70,6	4	23,5	1	5,9	17	100,0
Centro-Oeste	–	–	–	–	1	100,0	–	–	1	100,0
Sudeste	–	–	1	6,2	14	87,5	1	6,2	16	100,0
Sul	–	–	–	–	–	–	8	100,0	8	100,0
Exterior	–	–	1	100,0	–	–	–	–	1	100,0

Fonte: Câmara dos Deputados (Repertório Biográfico) e Senado Federal (Dados Biográficos).

A preponderância de representantes do Sudeste envolve uma série de aspectos. Ao contrário do que se verificou no CN (tabela 7), o percentual de representantes da região na elite (42,5%) foi consideravelmente maior que o apurado entre os naturais dessa região (34%). Tal disparidade também se observa na região Sul, a qual retinha 21,3% dos membros da elite, apesar de somente 17% deles terem lá nascido. Quanto aos representantes nordestinos e nortistas, observa-se a mesma situação vigente no CN, revelando-se percentuais inferiores de representação dessas regiões (respectivamente 29,8% e 6,4%) no cotejo com os de naturalidade (36,2% e 8,5%). Esse é um quadro interessante, pois, apesar da sobre-representação das regiões Norte, Nordeste e Centro-Oeste na Câmara dos Deputados, eram do Sudeste, região sub-representada, a maioria dos integrantes da elite parlamentar.

A desproporção entre os percentuais de representação e naturalidade confirma um movimento migratório mais intenso entre os naturais do Nordeste, principalmente em direção ao Sudeste do país (23,5%). Em contrapeso, verifica-se alto índice de proporcionalidade entre os naturais do Sudeste e os representantes da Região (87,5%), assim como entre os membros oriundos do Sul – 100% dos lá nascidos são representantes de sua região de origem.

Outra informação importante diz respeito aos Estados da Federação pelos quais se elegeram tais congressistas. Contando com 23,3% dos representantes da elite, surgia em primeiro lugar o Estado de São Paulo, seguido pelos Estados do Rio de Janeiro e Rio Grande do Sul, cada um com 14,9%. Pernambuco e Bahia contavam com 10,6% cada um. Minas Gerais, Ceará, Pará e Paraná dispunham, isoladamente, de 4,3%; e, por fim, com apenas 2,1% cada um, encontravam-se Paraíba, Espírito Santo, Santa Catarina, Amazonas e Amapá. Curioso observar que 40% dos Congressistas eleitos por São Paulo não eram naturais do Estado, sendo metade desses nordestina e a outra metade oriunda dos demais Estados do Sudeste. Entre os Congressistas do Rio de Janeiro essa proporção subia para 85,7%, o que significa que apenas 14,3% dos representantes do Estado na elite eram fluminenses – os outros, em sua maioria, eram naturais do Nordeste (28,6%) ou mesmo do Sudeste (28,6%). Minas Gerais apresentava somente 4,3% dos representantes da elite, apesar de 10,6% dos parlamentares desse grupo terem lá nascido. Todos os mineiros que não representavam seu Estado de origem eram parlamentares da Região Sudeste. Quanto aos representantes do Nordeste, verificou-se que entre os congressistas de Pernambuco e Bahia cerca de 40% não eram naturais desses estados. No entanto, todos os parlamentares pernambucanos tinham naturalidade nordestina, enquanto os representantes da Bahia que não eram baianos de nascimento ou eram do Sudeste ou do exterior do país. Quanto aos parlamentares do Rio Grande do Sul – detentores da primazia da representação da Região na elite –, apenas 14,3% não nasceram no Estado, mantendo-se expressa a alta paridade entre os percentuais de naturalidade e representação evidenciada na Região.

Focalizando o aspecto migratório, é importante observar que os parlamentares naturais do Nordeste não só migraram de forma predominante para o Sudeste, mas também o fizeram internamente entre os Estados da região. Tal fenômeno verificou-se ainda entre os parlamentares da Região Sudeste.

A explicação para esse quadro acerca da naturalidade e região eleitoral da elite parlamentar do pós-Constituinte abarca uma série de variáveis, as quais remontam à própria definição do perfil, da trajetória política e das representações desses atores sociais, que serão apresentadas sucessivamente ao longo deste capítulo. Por enquanto, pode-se adiantar que a supremacia dos representantes do Sudeste na elite encontra-se diretamente relacionada ao maior desenvolvimento econômico da Região, propiciador do acesso, ainda que relativamente restrito, ao que há de mais moderno no país em termos de educação, tecnologia e serviços. Soma-se a isso a alta densidade demográfica desses Estados, engendrando uma grande variedade de segmentos e organizações sociais. Igualmente, a condição do Sudeste como principal pólo atrativo à migração de contingentes populacionais das mais diferentes localidades brasileiras favorece a concentração de múltiplas identidades culturais em seus estados. Enfim, esses são alguns aspectos importantes que auxiliam a construção, no Sudeste, de tipos diferenciados de lideranças, cuja convivência e representação de ampla diversidade sociocultural e econômica garantem posição privilegiada na conquista dos espaços públicos de poder no país.

Não é, portanto, mera coincidência o predomínio de representantes do Estado de São Paulo na elite parlamentar, assim como o grande número de representantes do Rio de Janeiro e Rio Grande do Sul, correspondendo em conjunto a 51,1% da elite. Além de ser a economia estadual mais importante, o Estado de São Paulo abarca a maior diversidade cultural e organizacional do país. O Estado do Rio de Janeiro, embora não apresente a importância econômica de outrora, tem em sua capital uma das grandes megalópoles do mundo e um dos mais ativos centros políticos brasileiros. Quanto ao Rio Grande do Sul, é oportuno ressaltar que, além da forte tradição política do Estado, refletida na ampla e decisiva participação dos gaúchos na vida pública nacional[114], existe uma excelência nos indicadores socioeconômicos registrados em boa parte de seus municípios. Com efeito, dentre todos os Estados do país, o Rio Grande do Sul é o que apresenta os melhores índices de qualidade de vida. De acordo com o *Relatório sobre o Desenvolvimento Humano de 1998*[115], elaborado pela Organização das Nações Unidas (ONU), dos cinqüenta municípios brasileiros com melhores índices de desenvolvimento humano (IDH), dezenove (38%) localizavam-se no Rio Grande do Sul. Sem dúvida, tal informação é relevante para elucidar os porquês do alto percentual de parlamentares gaúchos no interior da elite e de sua elevada taxa de fixação no Estado de origem.

Um segundo aspecto caracterizador do perfil da elite parlamentar do pós-Constituinte é o grau de instrução de seus componentes. Conforme a tabela 17, a maioria absoluta dos membros da elite (89,4%) dispunha de diploma de nível superior. Em termos comparativos, esse percentual encontra-se ligeiramente acima do verificado, em média, no Parlamento (85%) ao longo do período estudado (tabela 8). No que alude à diversidade dos graus de instrução no interior da elite, observa-se que essa era mais acentuada entre os parlamentares do Sudeste, o que não surpreende, posto que a região concentra a representação da maior variedade de categorias sociais, recobrindo por conseguinte diferentes níveis de exigências quanto à escolarização de seus representantes.

Tabela 17
Composição da elite, por região eleitoral e grau de instrução
Brasil – 1987 a 1995

Região Eleitoral	Grau de Instrução								
	2º Grau completo		Superior incompleto		Superior completo		Não revelado		Total	
	nº abs.	(%)	nº abs.	(%)	nº abs.	(%)	nº abs.	(%)	nº abs.	(%)
Norte	–	–	–	–	3	100,0	–	–	3	100,0
Nordeste	–	–	1	7,1	12	85,7	1	7,1	14	100,0
Sudeste	1	5,0	2	10,0	17	85,0	–	–	20	100,0
Sul	–	–	–	–	10	100,0	–	–	10	100,0

Fonte: Câmara dos Deputados (Repertório Biográfico) e Senado Federal (Dados Biográficos).

Interessante assinalar que, segundo dados recolhidos em nossas entrevistas com os membros da elite parlamentar do pós-Constituinte, a posse de diploma superior não era compartilhada pela maioria dos pais desses políticos. De fato, 60% dos ascendentes diretos de tais parlamentares não detinham nível superior. Entretanto, os congressistas cujos pais dispunham de diploma universitário (40%) correspondiam em sua maioria àqueles que admitiram ser o exercício parlamentar uma tradição em suas famílias[116]. Tais informações reforçam a tese de que o elitismo presente na formação educacional dos parlamentares brasileiros é uma característica que vem sendo reproduzida ao longo da história política nacional. Não obstante, se há quase uma obrigatoriedade de dispor de titulação universitária para vir a ser congressista e, mais ainda, para participar da elite parlamentar, isso não significa ausência de espaços para ascensão daqueles que não se enquadram nessa condição, ou mesmo para aqueles que não apresentam em sua biografia tradição familiar relacionada ao fazer política e/ou ao "saber formal".

Quanto aos tipos de profissão predominantes entre os membros da elite parlamentar, verifica-se a supremacia dos advogados (38,3%), tal como observado entre os congressistas de modo geral (tabela 9). Contudo, essa preponderância era bem mais acentuada no interior da elite do que no CN (em média 24,8%), chegando a atingir percentual ainda mais elevado (55,3%) quando se considera a totalidade dos parlamentares que dispunham de diploma de bacharel em Direito, apesar de não terem exercido prioritariamente a profissão de advogado. Ao tomar isoladamente as profissões dos pais dos entrevistados da elite, verifica-se também o predomínio dos advogados (26,7%). Mais que isso, todos os parlamentares cujos pais eram advogados acabaram por seguir a mesma profissão de seus ascendentes diretos. Vê-se reafirmada novamente a tradição bacharelesca na política brasileira, à qual se vincula a mentalidade que percebe a lei como elemento fundante e organizador da ordem e privilegia a retórica como instrumento decisivo para a ação política. Nessa perspectiva, a formação em Direito apresenta-se como uma opção quase "natural" para aqueles que desejem ingressar na vida pública.

"Poucas profissões são tão compatíveis com a política quanto a advocacia. No fundo a advocacia stricto sensu já é uma profissão política, não é?" (Marco Maciel)

"O estudante de Direito é mais vocacionado para a vida pública e vive mais o sentimento das lutas políticas, das contendas políticas, desde os bancos universitários ..." (Paes de Andrade)

"Eu fiz Direito, eu sempre tive intenção de entrar na vida política. Naquela época advocacia era o caminho para a vida política". (Francisco Dornelles)

Comparativamente ao Congresso, nota-se na composição profissional da elite maior percentual de parlamentares cuja profissão primordial era professor: 17%, contra 5,7%, em média, no CN. Por outro lado, verifica-se a participação menos significativa na elite dos representantes diretos de interesses mais organizados socialmente, como por exemplo os empresários (10,6% dos membros da elite e, em média, 16% do CN) e os ruralistas (4,3% da elite contra 9,5% do Congresso, em média). Merece também destaque a maior presença de economistas na elite (10,6%) do que no CN (em média 4%), assinalando a grande importância assumida por esses profissionais na vida pública brasileira, principalmente durante os anos das explosões inflacionárias e de fortes incertezas quanto aos rumos da economia nacional[117].

Tabela 18
Composição da elite, por profissão e região eleitoral
Brasil – 1987 a 1995

Profissão	Região Eleitoral							
	Norte		Nordeste		Sudeste		Sul	
	nº abs.	(%)	nº abs.	(%)	nº abs.	(%)	nº abs.	(%)
Advogado	1	33,3	6	42,8	8	40,0	3	30,0
Professor	–	–	1	7,1	5	25,0	2	20,0
Empresário	–	–	3	21,4	–	–	2	20,0
Economista	–	–	1	7,1	3	15,0	1	10,0
Jornalista	–	–	1	7,1	–	–	2	20,0
Médico	1	33,3	1	7,1	–	–	–	–
Ruralista	–	–	1	7,1	1	5,0	–	–
Metalúrgico	–	–	–	–	1	5,0	–	–
Militar	1	33,3	–	–	–	–	–	–
Bancário	–	–	–	–	1	5,0	–	–
Administrador de Empresas	–	–	–	–	1	5,0	–	–
Total	3	100,0	14	100,0	20	100,0	10	100,0

Fonte: Câmara dos Deputados (Repertório Biográfico) e Senado Federal (Dados Biográficos).

A tabela 18 revela as principais profissões dos parlamentares da elite de acordo com sua região eleitoral. Se, à exceção do Norte, em todas as demais regiões a profissão de advogado era predominante entre os membros da elite, o mesmo não se verifica quanto à segunda profissão mais observada entre esses congressistas. Com efeito, enquanto para os representantes nordestinos a profissão de empresário era a segunda mais incidente, para os do Sudeste era a de professor. Já entre os representantes do Sul, tanto a profissão de empresário quanto a de professor apresentavam a mesma proporção. Se entre os parlamentares nordestinos da elite a presença de empresários era acentuada (21,4%), entre os membros do Sudeste ela inexistia. Isso indica que a representação dos interesses desse segmento social dentro da bancada nordestina era feita de forma direta, ao contrário do que acontecia na bancada do Sudeste, onde ela era intermediada por outros agentes.

A concomitância da carreira parlamentar com o exercício de outra profissão foi admitida – ainda que com certo desconforto, à exceção dos acadêmicos – pela maior parte dos entrevistados da elite (73,3%). Não obstante, o que se constata é que para alguns desses parlamentares a duplicidade profissional teve curta duração, abrangendo apenas os primeiros anos de mandato, enquanto para outros a referida simultaneidade nunca deixou de existir ou se manteve por muito tempo. A explicação para essa situação encontra-se diretamente relacionada às dificuldades de reeleição, as quais assombram não só os Congressistas brasileiros, mas também os parlamentares de todo o mundo[118]. Em verdade, as incertezas quanto aos resultados eleitorais das próprias candidaturas estimulam sobremaneira a manutenção dos vínculos entre os parlamentares e suas outras atividades profissionais. Além disso, é imperioso observar que muitos se aproveitam da posição privilegiada no Congresso para realizar negócios rentáveis com o mercado.

> *"Aí me dei conta de que se eu não tivesse uma profissão aqui em Brasília, se eu não tivesse uma alternativa, a eleição deixava de ser uma questão política para mim, a reeleição passava a ser uma necessidade de vida. ... abri o escritório, e comecei a trabalhar, não muito, formou-se o escritório... logo eu tinha nome, tinha passado na Constituinte, tinha fama de constitucionalista, aquela coisa de imprensa. Então, logo veio uma clientela boa, aí, enfim, assessorias institucionais, jurídicas, essa coisa toda. E aí formei um escritório profissional."* (Nelson Jobim)

> *"Continuei atuando ainda durante quatro anos. Eu me decepcionei muito nos quatros primeiros anos. Em 75 e 79, quis desistir. Achava que era mais útil na minha região."* (Inocêncio de Oliveira)

A ocupação de cargos públicos constitui outro indicador importante para a definição do perfil da elite parlamentar. Tomando os dados da tabela 19 pode-se verificar que a ocupação de cargos públicos entre os membros da elite (76,6%) foi bem superior à observada, em média, entre os parlamentares do CN (51,7%), conforme a tabela 10. Mais que isso, na elite tal ocupação concentrou-se fundamentalmente nos cargos localizados no topo da administração pública (ministros, secretários de Governo, presidente/superintendente/diretor de empresa pública). Isso revela conexão direta, embora não obrigatória, entre a ocupação de cargos públicos, especialmente os de grande expressão, e a participação na elite parlamentar.

Tabela 19
Composição da elite, por ocupação de cargos públicos e região eleitoral
Brasil – 1987 a 1995

Cargo Público	Região Eleitoral								
	Norte		Nordeste		Sudeste		Sul		Total	
	nº abs.	(%)	nº abs.	(%)	nº abs.	(%)	nº abs.	(%)	nº abs.	(%)
Ministro	2	11,1	4	22,2	7	38,9	5	27,8	18	100,0
Secretário de Estado/ Município	2	12,5	5	31,3	7	43,7	2	12,5	16	100,0
Presidente/Superintendente/ Diretor/Membro de conselho administrativo Órgão/empresa pública	3	18,7	2	12,5	8	50,0	3	18,7	16	100,0
Assessor/Chefe/Subchefe de gabinete de ministro/ Governador/Prefeito	–	–	3	75,0	1	25,0	–	–	4	100,0
Funcionário de órgão/ empresa pública	–	–	1	14,3	5	71,4	1	14,3	7	100,0
Procurador da República/ Estado/Município/ Órgão público	1	25,0	–	–	3	75,0	–	–	4	100,0
Promotor público	–	–	–	–	1	50,0	1	50,0	2	100,0
Nenhum cargo	–	–	3	30,0	4	40,0	3	30,0	10	100,0

Fonte: Câmara dos Deputados (Repertório Biográfico) e Senado Federal (Dados Biográficos).

A tabela 19 informa ainda que os representantes do Sudeste foram os que mais conquistaram cargos públicos considerados "top de linha", com destaque para as posições de presidente/diretor de empresas públicas (50%). Esse dado tende a reforçar a suposição de uma maior concentração de saber especializado entre os membros do Sudeste na elite. Tal tendência já se mostrava presente a partir da verificação do significativo percentual de professores universitários entre os profissionais representantes da região. Essa constatação estende-se aos Congressistas sulistas, visto que, a despeito de contarem com número inferior de representantes na elite comparativamente aos nordestinos e aos do Sudeste, conquistaram vários postos de ministro (27,8%) e presidente/diretor de empresas públicas (20%). Observa-se ainda participação considerável dos representantes nordestinos na ocupação de cargos públicos (31,3%) entre os que foram secretários de Estado e/ou Município, além de sua preponderância entre aqueles que conquistaram postos de menor importância na estrutura hierárquica dos governos, mas gravitavam em torno dos chefes dos Executivos em suas três dimensões (assessor/chefe ou subchefe de gabinete).

Interessante assinalar que a ocupação de cargos públicos mais diretamente vinculados ao poder local/regional[119] foi realizada pela totalidade dos representantes nordestinos e nortistas da elite anteriormente ao seu ingresso no CN. Já entre os parlamentares das demais regiões as trajetórias foram mais diversificadas: se a conquista dos referidos postos foi também antecedente à vida parlamentar no âmbito federal para muitos dos representantes do Sudeste[120], para outros da mesma Região e para a totalidade dos sulistas que assumiram tais cargos as ocupações só se efetivaram ao longo de suas carreiras no CN. Isso quer dizer que para parcela dos representantes do Sudeste e para os do Sul a ocupação de cargos públicos vinculados aos poderes locais e regionais (particularmente, as Secretarias de Governo) apresentava-se ainda atrativa ao desenvolvimento de suas carreiras políticas. De outra feita, entre os representantes do Norte e Nordeste o retorno à ocupação de cargos na administração pública só se mostrou atraente quando relacionado a posições "top de linha" no âmbito federal. Daí compreende-se em parte a elevada incidência – sobretudo entre os parlamentares nordestinos da elite – da ocupação de cargos-chave do Poder Legislativo, revelando direcionamento mais intenso de suas carreiras para o interior do Parlamento.

De forma geral, a ocupação de cargos públicos foi avaliada positivamente pelos membros da elite. Segundo os entrevistados, a circulação de políticos entre o Executivo e o Legislativo revelava-se, por um lado, uma experiência enriquecedora e até mesmo necessária, principalmente para aqueles cujas carreiras políticas só se fizeram dentro do Legislativo, sem vivência das dificuldades e limitações existentes na execução das políticas públicas. Por outro lado, o exercício parlamentar era visto como percurso indispensável para aquisição do manejo profissional da arte da negociação política.

> *"Eu acho muito importante para o parlamentar uma visão do funcionamento do Executivo, muitíssimo importante. A velocidade de decisão que você ganha no mandato depois de exercer cargo no Executivo é muito significativa. Há uma diferença muito significativa, no meu ponto de vista, entre parlamentares que exerceram funções executivas e parlamentares que não exerceram funções executivas. Obviamente há exceções à regra, mas há uma diferença enorme na performance."* (Miro Teixeira)

> *"Quem vai para o Executivo sem ter passado pelo Legislativo dificilmente saberá fazer um acordo parlamentar. Dificilmente saberá escolher um líder do partido, um líder do Governo, prestigiar esse líder para que ele possa manter a sua palavra nas negociações. É mais fácil exercer um cargo no Executivo depois de ter passado no Legislativo do que o contrário. Quem exerce primeiro o Executivo, ao chegar no Legislativo vai ter uma decepção, porque acha que tem muito blábláblá, muita demora para decidir as coisas."* (Bernardo Cabral)

> *"Eu acho muito positivo. Isso é o âmago do parlamentarismo. No sistema parlamentar, é permanentemente assim. Os parlamentares vão para o Executivo, vão para o Legislativo, vão e voltam, e saem. Isso dá mais sentido de realidade."* (Fernando Henrique Cardoso)

A ocupação de cargos importantes na estrutura organizacional do CN é também umas das principais vias que possibilitam a ascensão de certos Congressistas à elite do Parlamento brasileiro. Entre esses postos, destacam-se aqueles que compõem as mesas da Câmara e do Senado, especialmente as Presidências e as 1ᵃˢ Secretarias, as lideranças partidárias e os cargos-chave nas comissões permanentes, especiais e parlamentares de inquérito.

As mesas diretoras de ambas as Casas são constituídas por sete parlamentares cada uma, incluindo o presidente, dois vice-presidentes e quatro secretários. As eleições para as mesas são realizadas de dois em dois anos, sendo vedada a recondução de seus membros para os mesmos cargos no período subseqüente. De acordo com os regimentos internos da Câmara e do Senado, a composição das respectivas mesas deve, na medida do possível, refletir a configuração partidária existente em cada Casa, cabendo ao maior partido a indicação da Presidência.

Tomadas isoladamente, as presidências das mesas diretoras são as posições mais importantes do Parlamento. Ao presidente compete a coordenação dos trabalhos legislativos da Casa, sendo o seu representante-mor quando ela se pronuncia coletivamente nos âmbitos nacional e internacional. Na linha de sucessão do presidente da República, imediatamente após o vice-presidente encontra-se o presidente da Câmara, seguido pelo presidente do Senado.

Também as 1ᵃˢ Secretarias das mesas têm sua relevância na medida em que os titulares dos cargos são os responsáveis pelo gerenciamento dos serviços administrativos das Casas, tendo sob seu controle vultosos recursos relacionados à contratação e supervisão de milhares de funcionários, à manutenção dos recursos físicos e à contratação de serviços.

Os líderes partidários assumem, junto com as presidências das mesas, a definição da agenda do Legislativo. Outrossim, dispõem de amplas e importantes prerrogativas que transcendem a sua enorme influência na organização e tramitação dos trabalhos no CN. Seus poderes, ponderados de acordo com o tamanho de suas bancadas, incidem não somente no direcionamento de seus liderados a respeito das proposições sob deliberação no Congresso, como também na definição da participação e substituição dos membros de seus partidos nas comissões, delegações e em outras tarefas. Recorde-se que nas votações ostensivas no Senado e no CN manteve-se o chamado voto de liderança. Esse corresponde ao procedimento no qual o voto do líder representa o de seus liderados, salvo as disposições contrárias previstas nos respectivos regimentos que exigem votações pelo processo nominal[121]. Na Câmara, o voto de liderança foi abolido com a aprovação do Regimento da Casa, em 1989, ainda que – nas deliberações do Colégio de Líderes, no encaminhamento de votações, requerimentos de verificação, apresentação de emendas, destaques etc. – a manifestação do líder seja entendida como manifestação de sua bancada.

Na Câmara, a escolha do líder de cada agremiação que disponha de bancada com número mínimo de representantes deve ser comunicada à mesa no início de cada legislatura, em documento subscrito pela maioria absoluta dos membros do partido. O líder permanece em sua função até que seja feita nova indicação por seu respectivo partido[122]. No Senado, a escolha dos líderes deve ser comunicada à mesa no início da primeira e da terceira sessões legislativas de cada legislatura, também em documento subscrito pela maioria absoluta dos representantes do partido, podendo essa maioria substituí-los a qualquer momento que lhe seja conveniente[123].

Na estrutura das comissões temáticas da Câmara e do Senado, são dois os cargos a assumir destaque: a presidência e a relatoria. Em ambas as Casas existem comissões permanentes e temporárias. De forma sintética, as primeiras são institutos de ordem técnica e especializada, co-participantes do processo legislativo, e devem apreciar e deliberar sobre os assuntos de sua competência temática, além de acompanhar e fiscalizar as ações e programas governamentais que versem sobre seus respectivos campos de especialização. São catorze as comissões permanentes na Câmara dos Deputados e seis no Senado Federal[124], podendo em ambas as Casas ser constituídas subcomissões permanentes e temporárias para auxiliar a execução dos trabalhos. Cada parlamentar deverá ter assento como titular em apenas uma comissão permanente, devendo ser assegurada, dentro do possível, a proporcionalidade da representação partidária nas respectivas Casas quando da distribuição das vagas das comissões.

As comissões temporárias devem ser criadas no momento em que se fizer necessária a apreciação de assunto determinado, apresentando prazo de duração preestabelecido. Tais comissões subdividem-se em três tipos: especiais, de inquérito e externas. As primeiras são constituídas no caso de matéria referente a emenda à Constituição, projeto de código (que trata de matéria complexa e abrangente) ou proposição que seja objeto da competência de mais de três comissões. As segundas poderão ser montadas mediante requerimento de um terço dos membros das duas Casas, seja de forma conjunta ou em separado. Devem tratar de assunto considerado de relevância inconteste para a vida pública nacional e a justificativa para o seu estabelecimento precisa estar amplamente caracterizada em seu requerimento fundador. Finalmente, as comissões temporárias externas são instituídas no caso de missão a ser cumprida fora do âmbito do Congresso, ou mesmo além das fronteiras do país.

Por força regimental, os presidentes das comissões permanentes dispõem de mandato de um ano na Câmara e de dois anos no Senado. A eles compete a coordenação de todos os trabalhos internos a esse instituto, assim como a indicação dos relatores das matérias sujeitas a parecer. Seguindo o critério da proporcionalidade partidária, tem-se que os maiores partidos detêm a supremacia na ocupação desses cargos em ambas as Casas. A pressão de grupos sociais organizados para que sejam empossados nas presidências das comissões permanentes representantes diretos de seus interesses é ainda levada em conta na definição dos ocupantes de tais postos, como também, mesmo que de forma não obrigatória, o grau de experiência e/ou conhecimento profissional do parlamentar acerca da área temática da comissão.

Destaque-se, no entanto, que, a depender da matéria e do tipo de tramitação, a relatoria pode se tornar a função mais importante de uma comissão. O relator é o responsável pela elaboração de parecer que será objeto de deliberação da comissão ou do Plenário. Quando se trata de matéria em regime de tramitação ordinária, o relator tem o prazo de vinte sessões para emitir seu parecer. No regime de urgência, o prazo reduz-se a duas sessões e meia. Caso o relator não consiga elaborar parecer no limite de tempo estabelecido, o presidente da mesa designará outro parlamentar para o cargo, o qual deverá pronunciar parecer oralmente no decorrer da sessão ou na seguinte, de acordo com sua solicitação. Vê-se que é a partir do trabalho realizado pelo relator que se pautam as discussões e as votações das matérias, havendo grande preocupação dos partidos para obter o controle da relatoria das principais proposições em tramitação. Geralmente, os relatores são membros do mesmo partido dos presidentes das comissões vigendo, por conseguinte, nesses postos a supremacia dos representantes das grandes agremiações.

A indicação de um congressista para a relatoria de determinada matéria pode ser ditada em virtude de seu conhecimento acerca da temática a envolver a proposição em pauta, como resultado de disputas políticas ou mesmo em decorrência da combinação de ambas. Em última instância, o que decide a indicação de um parlamentar ao posto de relator é a importância da matéria para a agenda política do país.

Sob tal perspectiva parece pautar-se também a definição da autoria das proposições. De acordo com a Constituição Federal (art. 61), a iniciativa das leis complementares e ordinárias cabe a qualquer membro ou comissão do CN, ao presidente da República, ao Supremo Tribunal Federal, aos Tribunais Superiores, ao procurador-geral da República e aos cidadãos[125]. Contudo, dependendo da natureza e relevância da matéria, a definição de sua autoria surge como o resultado de um acirrado jogo de interesses no qual muitas vezes o congressista-autor é apenas um nome, sem "peso" político, tomado por "empréstimo" de forma a abrigar propostas de grupos específicos ou a funcionar como "ventríloquo" de lideranças políticas que preferem ou precisam manter-se no anonimato. Por certo, a autoria de proposições importantes – tal como a relatoria – encontra-se muitas vezes vinculada à criatividade e a saberes específicos dominados por certos parlamentares, podendo também redundar de compromissos firmados por esses com suas bases eleitorais, os quais devem ser formalizados em projetos de lei de sua iniciativa. O autor de proposição tem ainda, como prerrogativa regimental, maior tempo no uso da palavra, seja na comissão na qual se discute o seu projeto, seja no Plenário, quando da defesa de sua matéria. Ademais, o autor, assim como o relator, dispõe da preferência no encaminhamento da votação de suas proposições.

A ocupação de cargos-chave nas estruturas organizacionais da Câmara dos Deputados e do Senado Federal fez parte da trajetória política da grande maioria (89,4%) dos membros da elite parlamentar do pós-Constituinte. Dentre os principais cargos ocupados, assume posição de destaque o de líder partidário (42,5%), que, além de garantir aos seus ocupantes uma série de prerrogativas no processo legislativo, propicia, especialmente aos representantes dos principais partidos, ampla visibilidade intra e extramuros do Congresso.

Tabela 20

Composição da elite, por ocupação de cargos-chave no Legislativo e região eleitoral
Brasil – 1989 a 1994

Cargos-chave	Região Eleitoral								
	Norte		Nordeste		Sudeste		Sul		Total	
	nº abs.	(%)	nº abs.	(%)	nº abs.	(%)	nº abs.	(%)	nº abs.	(%)
Mesa Diretora do CN	-	-	5	55,5	2	22,2	2	22,2	9	100,0
Líder partidário/Governo	1	5,0	7	35,0	10	50,0	2	10,0	20	100,0
Presidente de comissão	3	15,8	4	21,0	8	42,1	4	21,0	19	100,0
Relator de proposições-chave	-	-	3	27,3	4	36,4	4	36,4	11	100,0
Autor de proposições-chave	1	5,5	8	44,4	6	33,3	3	16,7	18	100,0
Nenhum cargo	-	-	1	20,0	3	60,0	1	20,0	5	100,0

Fontes: Prodasen e Diário do Congresso Nacional.

A tabela 20 revela que, dos membros da elite que conquistaram cargos nas mesas diretoras da Câmara ou do Senado, cerca de 55% eram representantes do Nordeste. A ocupação majoritária de representantes nordestinos e governistas na composição da mesa é uma tradição já apontada por Baaklini[126] em seu livro sobre a caracterização e o funcionamento do CN durante o regime militar. De acordo com o autor, entre os anos de 1970 e 1984 os parlamentares nordestinos e do Sudeste ocuparam, respectivamente, 40% e 32% dos cargos da Mesa Diretora da Câmara e 51,7% e 12,1% da Mesa do Senado no período de 1970 a 1986. No tocante à representação partidária das respectivas ocupações, observa-se que a Arena/PDS deteve 58% dos referidos cargos na Câmara e o MDB/PMDB, 36%. No Senado, 81% dos cargos encontravam-se sob o controle da Arena/PDS e 19%, sob o do MDB/PMDB. Comparando tais dados com os do período de 1989 a 1994, verifica-se a reprodução da supremacia dos representantes nordestinos e governistas na composição das mesas diretoras de ambas as Casas. Na Câmara, ao longo desses anos – os quais corresponderam a três diferentes composições da Mesa[127] –, 52,4% dos cargos foram ocupados por representantes nordestinos e 23,8%, por representantes do Sudeste, sendo que os dois postos mais importantes – a Presidência e a 1ª Secretaria foram conquistadas na maioria das vezes por parlamentares nordestinos (duas presidências e duas 1as secretarias) e por partidos governistas[128] (o PMDB ocupou duas presidências e duas 1as secretarias e o PFL, uma presidência e uma 1ª secretaria). No Senado, a participação dos nordestinos na Mesa Diretora foi mais reduzida (28,6%), assim como a dos representantes do Sudeste (9,5%)[129]. No entanto, registrou-se a prevalência dos primeiros nos cargos de Presidente (duas vezes) e o PMDB como detentor absoluto de todas as Presidências de Mesa do período e de duas 1as Secretarias.

O predomínio dos representantes do Sudeste na conquista dos cargos de lideranças partidárias (50%), entre os membros da elite parlamentar do pós-Constituinte (tabela 20), foi também observado por Baaklini quando da análise da ocupação desses postos no Congresso durante a ditadura. Segundo o autor, verificaram-se na Câmara, ao longo daqueles anos, 23 eleições de líderes partidários, correspondendo a 23 períodos de ocupação de lideranças[130], conquistadas onze vezes por representantes do Sudeste (47,8%), oito vezes por membros do Sul (34,8%) e três vezes por congressistas do Nordeste (13%). No Senado foram registrados dezesseis períodos de ocupação de lideranças partidárias: sete foram preenchidos por membros do Sudeste (43,8%); cinco, por representantes do Nordeste (31,3%); dois, pelos do Norte (12,5%); e, contando com apenas uma ocupação cada (6,2%), as regiões Sul e o Centro-Oeste. Baaklini aponta ainda que, na Câmara, o partido governista (Arena/PDS), apesar de apresentar sua força eleitoral no Nordeste, escolheu entre os representantes do Sudeste e Sul a maioria de seus líderes partidários. Em verdade, dos sete períodos ocupados pelas lideranças da Arena/PDS durante o regime militar, quatro foram conquistados por parlamentares do Sudeste (57,1% dos períodos de ocupação); dois, pelos do Sul (28,6%); e um, por congressista do Nordeste (14,3%). O MDB/PMDB contou com a presença majoritária de parlamentares do Sudeste e do Sul em sua liderança (85,7%, ou três períodos de ocupação para cada um), seguidos pelos representantes do Nordeste (14,3%). No Senado, a Arena/PDS teve a liderança ocupada durante três períodos por parlamentares nordestinos (37,5%); dois por membros do Sudeste (25%); dois, do Norte (25%); e um período, por representante do Centro-Oeste (12,5%). Em contrapartida, no MDB/PMDB as proporções foram de cinco ocupações pelos congressistas do Sudeste (62,5%); duas pelos do Nordeste (25%); e uma por parlamentar do Sul (12,5%). Em resumo, os dados de Baaklini indicam que, se nas escolhas da liderança da bancada do MDB/PMDB no Congresso ao longo da ditadura foi estabelecida correspondência entre as representações regionais dos líderes eleitos e os principais redutos eleitorais do partido, na Arena/PDS tal correlação não se configurou, tendo sido amplamente privilegiada na Câmara – e, em menor escala, no Senado – a seleção de líderes cujas regiões de representação não correspondiam a sua principal força eleitoral. Tal constatação sugere que na escolha dos líderes partidários durante o regime militar houve preferência pelos membros do Sudeste. Essa predileção também se reproduziu na Câmara dos Deputados durante o pós-Constituinte, embora não tenha sido mais verificada no Senado Federal.

Tomando como critérios de referência os períodos de ocupação das lideranças partidárias no pós-Constituinte[131], verifica-se que na Câmara, do total (50) de períodos de liderança dos nove principais partidos (PMDB, PFL, PDS/PPR, PRN, PTB, PP, PSDB, PDT, PT)[132], 48% foram ocupados por membros do Sudeste; 32%, por parlamentares do Nordeste; 16%, pelos do Sul; e apenas 4%, por congressistas do Centro-Oeste. No Senado prevaleceram os representantes nordestinos entre os líderes partidários[133], ocupando 42,2% dos períodos, seguidos pelos membros do Sudeste (28,9%), do Norte (11,1%) e, finalmente, pelos do Sul e Centro-Oeste, que conquistaram cada um 8,9% dos períodos de liderança.

Quanto às representações regionais das lideranças na Câmara, o PMDB optou por reproduzir a diversidade regional que o caracterizava: dos seis períodos de ocupação da liderança do PMDB entre os anos de 1989 e 1994, dois foram ocupados, seqüencialmente, por parlamentar do Sul (33,3%); dois, por representante do

Nordeste (33%); e dois, por membro do Sudeste (33%). No PFL e no PRN deu-se a primazia absoluta (100%) dos representantes nordestinos. O PDS/PPR, a despeito de ter sua força eleitoral mais concentrada no Sul do país, acabou por privilegiar Congressistas do Sudeste (66,7%). O PTB, igualmente, favoreceu a representação do Sudeste em sua liderança (66,7%), ainda que em sua bancada configurasse a predominância de parlamentares do Norte do país. No PP, cujo período de liderança registrado correspondeu a apenas dois anos, verificou-se a indicação de um líder nordestino seguido por um líder do Sudeste. Finalmente, no PSDB, PDT e PT houve total supremacia de líderes representantes do Sudeste – respectivamente, 66,7%, 83,3% e 66,7% –, demonstrando correspondência entre a origem da representação de suas lideranças e as principais bases eleitorais desses partidos. No Senado, o PFL, o PRN, o PSDB e o PT indicaram parlamentares representantes de suas regiões eleitorais mais importantes, ao passo que os demais partidos não seguiram essa mesma direção, designando como líderes senadores que não necessariamente representavam seus maiores redutos eleitorais. O PMDB privilegiou a indicação de líderes nordestinos (66,7%); o PDS/PPR, os do Norte (50%); o PTB, os do Sul (50%); e os do PDT distribuíram-se igualmente entre os do Norte, Centro Oeste e Nordeste.

Quanto à participação também majoritária dos representantes do Sudeste na ocupação das presidências das comissões (42,1%), cabe apontar novamente que tal supremacia reproduziu-se na Câmara desde a ditadura militar até o pós-Constituinte. Já no Senado registrou-se mais uma vez a preponderância da presença nordestina na ocupação dos cargos-chave. Detendo-se na distribuição regional das presidências das comissões permanentes ao longo do regime militar, tem-se que 40,8% dessas posições foram conquistadas na Câmara por membros do Sudeste; 34%, por representantes do Nordeste; e 16,5%, por parlamentares do Sul. No Senado o quadro se diferencia, com os nordestinos ocupando 44,8% das presidências; os do Sudeste, 23,2%; e os do Sul, 12%. Em ambas as Casas o predomínio da Arena/PDS foi completo, tendo seus representantes conquistado 59,2% das presidências das comissões permanentes da Câmara e 72% do Senado[134]. No pós-Constituinte a presença governista ainda prevaleceu, contando o PMDB e o PFL com 47% das presidências das comissões permanentes da Câmara e 75% do Senado. Em termos regionais, evidenciou-se na Câmara a supremacia dos representantes do Sudeste na ocupação desses postos (43,4%), seguidos pelos nordestinos (24,1%) e sulistas (16,9%). No Senado, os nordestinos conquistaram 35% das presidências, enquanto os do Sudeste ocuparam 20%.

No que diz respeito aos postos de relatoria das principais proposições, merece destaque a participação mais freqüente dos membros do Sudeste e do Sul nessa atividade. Em conjunto, detiveram cerca de 73% dos cargos de relator. Na distribuição partidária das relatorias entre as comissões permanentes da Câmara, verificou-se a supremacia dos dois maiores partidos, o PMDB e o PFL[135], o que era de esperar diante da prerrogativa que detêm os presidentes de comissão de designar os relatores.

A tabela 20 aponta ainda que parcela significativa da elite parlamentar assumiu diretamente a autoria de projetos-chave (38,3%) na agenda política do pós-Constituinte. Participaram primordialmente do exercício dessa função os representantes nordestinos (44,4%) da elite, seguidos com relativa distância pelos parlamentares do Sudeste (33,3%). Dentre os parlamentares que não direcionaram sua carreira para a ocupação de cargos-chave do Legislativo e/ou não tiveram oportunidade para tanto, encontravam-se primordialmente os representantes do Sudeste. Em outros termos, 15% dos membros do Sudeste pertencentes à elite não ocuparam nenhum cargo de importância na estrutura organizacional do CN e mesmo assim garantiram sua inserção nesse grupo.

De modo sumário, depreende-se primeiramente que a conquista de cargos-chave mostra-se deveras importante para a ascensão da grande maioria desses congressistas à condição de elite. Em segundo lugar, os partidos governistas – ao deter o controle do processo legislativo, sob respaldo regimental – praticamente monopolizam os espaços de poder dentro do Parlamento. Em terceiro lugar, no que alude à construção das carreiras políticas dos membros da elite, constatam-se distinções quanto aos caminhos trilhados por esses atores sociais. Mais que isso, a definição dos caminhos a serem trilhados por tais congressistas no Parlamento parece ser influenciada pela origem regional de sua representação, seja como fator a influir no que esses políticos consideram e prestigiam como espaços de poder dentro do CN, seja como aspecto levado em conta na distribuição dos cargos-chave do Legislativo.

Embora na política seja impossível determinar todos os aspectos que envolvem os resultados das negociações, há que se admitir que a reprodução contínua e de longa data do favorecimento a parlamentares de certas regiões na ocupação de determinados cargos-chave do CN não pode ser encarada como mera coincidência, ainda que esta possa eventualmente ocorrer. De outra maneira, o que se ressalta é que, se a distribuição regional dos cargos de liderança na Câmara e no Senado – ainda que de forma distinta entre si e a despeito das profundas transformações na ordem política nacional – manteve-se praticamente constante[136] desde a ditadura militar até o pós-Constituinte, é porque o local da representação do parlamentar tem importância na definição de quem serão os ocupantes dos cargos-chave do Legislativo e há o privilégio a determinadas regiões na distribuição desses postos de liderança. Tal situação pode estar relacionada a uma série de fatores, os quais se vinculam aos interesses dos partidos de prestigiar seus principais redutos eleitorais, ao direcionamento distinto e culturalmente influenciado das carreiras desses políticos no interior do Parlamento e até mesmo à convicção, presente no imaginário da maioria desses parlamentares, quanto à existência de diferenciações marcantes entre as práticas políticas dos Congressistas das diferentes regiões brasileiras[137], configurando portanto perfis mais "talhados" para o exercício de determinadas lideranças.

Interessante observar que, apesar de a maioria absoluta dos membros da elite parlamentar ter ocupado cargos-chave do CN no pós-Constituinte, existe clara divisão entre os entrevistados quanto à real importância dessa conquista para a ascensão de um parlamentar à elite. Para muitos, a competência e o talento individual, aliados a um trabalho árduo no Parlamento, são as condições fundamentais para que um Congressista tenha assento na elite, enquanto para outros, junto aos condicionantes acima, tem-se na conquista de cargos-chave fator que não só auxilia, mas acelera tal ingresso. Esta última percepção, de acordo com pesquisa realizada por Figueiredo e Limongi, parece ser também dominante entre os membros do Parlamento. Segundo os autores, é consenso entre os deputados que a ocupação de cargos-chave mostra-se decisiva para a definição de quem tem poder de influência nas decisões legislativas, dispondo os parlamentares individualmente de poucos recursos para intervir de forma intensa no processo legislativo. Quanto à perspectiva dos que não valorizam sobremaneira a ocupação de cargos-chave como forma de ascensão à elite, pode-se encontrar aí embutida não só a percepção de que a conquista de postos importantes no Legislativo não garante sozinha o ingresso de um congressista nesse restrito grupo – o que é verdade –, mas igualmente envolve outra dimensão, que se relaciona com o personalismo arraigado na cultura política brasileira e facilmente observável no universo parlamentar.

> *"Eu acho que é importante* (ocupar cargos-chave) *porque te dá o aparato institucional, mas não é decisivo. Se eu não estivesse liderando, eu continuava interferindo. Você tem de ter noção de oportunidade e ter conhecimento para poder interferir."* (José Genoíno)

> *"O partido majoritário elege o presidente. O poder do presidente da Câmara é brutal. O poder do Temer é uma coisa fantástica, depois o poder do líder da maioria é outra coisa. O líder do partido majoritário, é ele quem indica a presidência das comissões. As comissões são escolhidas de acordo com o número de membros do partido. De forma que, vamos dizer que a primeira escolha é do PFL, a segunda escolha é do PMDB, a terceira escolha é do PSDB, a quarta escolha é do PT...., então você vai escolhendo, não é à vontade. Eles podem escolher porque eles têm mais membros. É assim que funciona o sistema. Eles são os relatores do projetos. Então se você tem uma comissão, o presidente e o relator – o relator principalmente exerce um poder infinitamente superior a todos os outros membros, e se o relator não aceitar a tua sugestão, a tua emenda, você tem que fazer ela vencer no plenário. É uma enorme confusão e raramente você tem sucesso."* (Delfim Netto)

> *"Olha, as lideranças, elas nascem, quer dizer, elas se processam, não há ninguém que possa nascer líder. O líder, ele se afirma ao longo do tempo. E eu acho que no processo de liderança não há escola, não há lição para se fazer ... Quando ele assume um cargo sem ter essas qualidades, ele sai também, vai para um anonimato completo. Saindo, sem exercer.... Quer dizer, essa é uma atividade na qual ou se é ou não é."* (José Sarney)

A ocupação de cargos eletivos é outro indicador relevante para a caracterização da trajetória política dos membros da elite parlamentar. Como já foi ressaltado, os congressistas do pós-Constituinte não seguiram uma rota linear quanto à ocupação hierárquica dos cargos eletivos. Da mesma forma, observa-se na elite tal descontinuidade. Entretanto, há no seio dela, em comparação com Congresso (tabela 11), maior incidência de parlamentares que conquistaram cargos tidos como superiores na hierarquia do Executivo e do Legislativo. De fato, as participações de parlamentares que foram governadores e as dos que foram ou eram senadores na elite (respectivamente, 14,9% e 36,2%) foram bem maiores que as verificadas em média entre os membros do CN (5,3% e 147%). A presença mais elevada de parlamentares cuja trajetória política perpassa a ocupação de cargos dos altos escalões do Estado não causa estranhamento, tendo em vista que a própria condição de elite indica concentração de políticos com esse perfil. Todavia, merece destaque a participação consideravelmente maior dos senadores na elite (30%) em relação à ocupação de cadeiras no Congresso (em média, 13,7%). Essa situação relaciona-se com a expansão do número de sessões unicamerais após a Constituição de 1988. Lembre-se que, em virtude da necessidade de apreciação conjunta das leis orçamentárias, medidas provisórias e vetos presidenciais – as primeiras, inclusive, correspondendo a quase 60% das leis aprovadas no período –, veio se configurando participação mais ativa dos senadores nas grandes decisões nacionais, ultrapassando amplamente sua função primordial de revisores das proposições legislativas. Ademais, os senadores da República são em sua maioria políticos com ampla experiência parlamentar, o que acaba por torná-los hábeis conhecedores do processo legislativo, facilitando sua intervenção nos trabalhos das sessões do CN e na própria dinâmica do jogo político interno ao Parlamento.

Tabela 21
Composição da elite, por região eleitoral e ocupação de cargos eletivos
Brasil – 1987 a 1995

Cargos Eletivos	Região Eleitoral								
	Norte		Nordeste		Sudeste		Sul		Total	
	nº abs.	(%)	nº abs.	(%)	nº abs.	(%)	nº abs.	(%)	nº abs.	(%)
Vereador	–	–	2	18,2	6	54,5	3	27,3	11	100,0
Deputado estadual	1	4,8	9	42,8	7	33,3	4	19,1	21	100,0
Deputado federal	1	2,5	13	32,5	17	42,5	9	22,5	40	100,0
Senador	2	11,8	5	29,4	7	41,2	3	17,6	17	100,0
Prefeito	1	16,7	1	16,7	1	16,6	3	50,0	6	100,0
Governador	1	14,3	4	57,1	–	–	2	28,6	7	100,0
Presidente da República	–	–	1	100,0	–	–	–	–	1	100,0

Fonte: Câmara dos Deputados (Repertório Biográfico) e Senado Federal (Dados Biográficos).

Se a não-linearidade das trajetórias políticas dos membros da elite tanto no Executivo quanto no Legislativo revelou-se traço comum na carreira desses parlamentares, o direcionamento para a ocupação de determinados cargos eletivos apresentou diferenciações de acordo com a região de representação. Excetuando os cargos de deputado federal e senador – os quais encontravam-se muito influenciados pela ocupação legislativa dos membros da elite no momento da pesquisa[138] –, vale notar a diversidade regional na primazia da ocupação dos demais cargos. Com efeito, enquanto os representantes do Nordeste foram os que mais ocuparam cargos de deputado estadual (42,8%) e governador (57,1%), na atividade de vereança observou-se maior incidência dos membros do Sudeste (54,5%) e, finalmente, nos cargos de prefeitos encontravam-se em maioria os parlamentares da elite do Sul (50%).

Curioso observar que nas declarações dos entrevistados acerca da não-linearidade hierárquica de suas carreiras políticas sobressaíram duas perspectivas bem distintas. Para uns, indistintamente entre os que seguiram e os que não seguiram tal percurso, a obediência à referida hierarquia seria garantia de aprendizado mais profícuo da vida parlamentar. Para outros, a ocupação de determinados cargos eletivos seria absolutamente dispensável, considerando suas ambições políticas e mesmo seu perfil de atuação parlamentar.

"Eu acho que esse deveria ser o caminho para todo aquele que quer entrar no Parlamento Nacional. Primeiro conhecer as regras do seu Parlamento Estadual, a seguir passar pela Câmara Federal, acho que nenhum governador de Estado, nenhum presidente da República deveria exercer esses cargos, respectivamente, sem ter passado pelo menos pela Câmara dos Deputados." (Bernardo Cabral)

"Eu já era uma liderança muito forte na área estudantil, já era uma liderança muito forte também no nível da opinião pública, porque era um jornalista consagrado, um intelectual consagrado, já tinha entrado na Academia Maranhense de Letras com 21 anos. Então, eu tive uma projeção muito grande... Então, eu não quis ser candidato a deputado estadual. Quer dizer, meus temas, as minhas preocupações já eram de natureza muito mais altas... Então, eu já fui candidato a deputado federal e, depois, eu tinha um irmão também que era deputado estadual." (José Sarney)

"Eu acho que será sempre mais fácil exercer um mandato parlamentar tendo feito essa hierarquia, porque você chega, pelo menos teoricamente, ao Congresso mais entendido da mecânica parlamentar." (Prisco Viana)

A circulação de membros do CN entre outros cargos eletivos e/ou públicos encontra-se diretamente relacionada à existência de uma série de dificuldades que obstam o desenvolvimento contínuo de muitas carreiras políticas no interior do Parlamento. Entretanto, aqueles que conseguiram superá-las, controlando os recursos de poder disponíveis em ambas as Casas, foram justamente os que ascenderam à condição de elite. Como se verifica na tabela 22, a elite parlamentar do pós-Constituinte era composta principalmente de Congressistas cuja experiência profissional no Congresso era bem mais longa e contínua que a dos demais membros do Legislativo (tabela 12). Além disso, a taxa de renovação dos parlamentares da elite entre as duas legislaturas (26%) foi também muito inferior à observada no período para o CN (63,8%). Experiência e continuidade na vida legislativa foram, portanto, fatores importantes, embora não indispensáveis, para a formação de um membro da elite do Congresso.

Tabela 22
Composição da elite, por mandatos no Congresso Nacional e região eleitoral
Brasil – 1987 a 1995

Região Eleitoral	Mandatos									
	Um		Dois		Três		Quatro ou mais		Total	
	nº abs.	(%)	nº abs.	(%)	nº abs.	(%)	nº abs.	(%)	nº abs.	(%)
Norte	1	33,3	1	33,3	1	33,3	-	-	3	100,00
Nordeste	1	7,1	5	35,7	3	21,4	5	35,7	14	100,00
Sudeste	6	30,0	8	40,0	3	15,0	3	15,0	20	100,00
Sul	1	10,0	6	60,0	3	30,0	-	-	10	100,00
Total	10	21,3	19	40,4	10	21,3	8	17,0	47	100,00

Fonte: Câmara dos Deputados (Repertório Biográfico) e Senado Federal (Dados Biográficos).

A tabela 22 aponta também as distinções entre os membros da elite com relação ao número de mandatos assumidos em cada uma das Casas do Congresso[139]. Se a curta vivência parlamentar no âmbito federal não foi impedimento para a participação de parcela significativa (35%) dos representantes do Sudeste na elite, para os Congressistas das demais regiões a aquisição de maior experiência no CN parece ter sido condição necessária ao seu ingresso nesse restrito grupo. Os nordestinos, em particular, formavam o grupo da elite que concentrava a maior proporção de Congressistas experientes na vida parlamentar (57% deles tinham três ou mais mandatos), enquanto entre os do Sudeste encontrava-se a parcela mais considerável de calouros (35%). Contudo, o segundo mandato foi o momento mais freqüente de ascensão à elite do Parlamento (40,4% desses políticos).

> *"Não é comum as pessoas se firmarem no primeiro mandato, eu fui sempre procurado por muitos deputados que chegavam e dava esse conselho: 'Não queira afirmar-se no primeiro mandato. Primeiro que, essa elite aí, que você chama de elite, é um grupo relativamente pequeno, então eles se defendem muito. Fica muito difícil de você penetrar, a não ser que tenha muito talento'."* (Prisco Viana)

À maior longevidade no Parlamento entre os membros da elite, comparativamente aos Congressistas como um todo, não correspondeu uma rotatividade partidária mais intensa. Pelo contrário, em cotejo com o CN (tabelas 13 e 14) observam-se no seio da elite maiores índices de fidelidade partidária, quer relativos às duas legislaturas em foco, quer referentes a toda a vida parlamentar desses políticos.

As tabelas 23 e 24 revelam que entre os anos de 1987 e 1994 21,3% dos membros da elite trocaram de partido, enquanto no CN a rotatividade partidária foi empreendida por 37,7% de seus membros. Tendência similar se configura quando se examinam as trocas de partido ocorridas entre os parlamentares da elite e os do CN ao longo de suas carreiras políticas. Dentre os congressistas da elite do pós-Constituinte, 42,5% nunca mudaram de partido durante a vida parlamentar, ao passo que no CN, na 48ª e 49ª legislaturas, apenas 29,6% de seus membros apresentavam essa característica.

Tabela 23
Composição da elite, por rotatividade partidária e região eleitoral*
Brasil – 1989 a 1994

Região Eleitoral	Número de Trocas de Partido**							
	0		1		2		Total	
	nº abs.	(%)	nº abs.	(%)	nº abs.	(%)	nº abs.	(%)
Norte	3	100,0	–	–	–	–	3	100,0
Nordeste	–	–	12	85,7	2	14,3	14	100,0
Sudeste	10	50,0	8	40,0	2	10,0	20	100,0
Sul	7	70,0	3	30,0	–	–	10	100,0
Total	20	42,5	23	48,9	4	8,5	47	100,0

Fonte: Câmara dos Deputados (Repertório Biográfico) e Senado Federal (Dados Biográficos).
* Estão incluídas as trocas de partido ocorridas entre 1987 e 1994 e protagonizadas pelos parlamentares que compunham o CN entre 1987 e 1995.
** Não foram consideradas trocas partidárias as transferências de parlamentares do PDS e PDC para o PPR.

Tabela 24
Composição da elite, por rotatividade partidária e região eleitoral ao longo da carreira*
Brasil – 1989 a 1994

Região Eleitoral	Número de Trocas de Partido**									
	0		1		2		3		Total	
	nº abs.	(%)	nº abs.	(%)	nº abs.	(%)	nº abs.	(%)	nº abs.	(%)
Norte	3	100,0	–	–	–	–	–	–	3	100,0
Nordeste	–	–	9	64,3	5	35,7	–	–	14	100,0
Sudeste	10	50,0	8	40,0	–	–	2	10,0	20	100,0
Sul	7	70,0	3	30,0	–	–	–	–	10	100,0
Total	20	42,5	20	42,5	5	10,6	2	4,3	47	100,0

Fonte: Câmara dos Deputados (Repertório Biográfico) e Senado Federal (Dados Biográficos).
* Estão incluídas as trocas de partido protagonizadas pelos parlamentares que compunham o CN entre 1987 e 1995 durante toda a sua carreira política.
**Não foram consideradas trocas partidárias as transferências de parlamentares da Arena para o PDS, do MDB para o PMDB e do PDS e PDC para o PPR.

As tabelas 23 e 24 informam ainda que, dentro da elite, as trocas de partido efetuaram-se principalmente durante as duas legislaturas sob investigação. Foram registrados maiores percentuais de rotatividade partidária entre os representantes nordestinos em comparação com os demais membros da elite, com destaque para a alta fidelidade partidária verificada entre os parlamentares do

Norte (100%) e do Sul (70%). A permanência nas agremiações partidárias de origem foi enfaticamente ressaltada nas entrevistas com parlamentares sulistas, sobretudo os gaúchos, como uma necessidade para a manutenção de suas carreiras parlamentares. Em verdade, os entrevistados gaúchos da elite foram unânimes em apontar a intensa rotatividade partidária existente no CN como prática extremamente maculadora da imagem pública dos representantes políticos, sendo amplamente rejeitada pelos eleitores do Sul do país. Embora essa perspectiva esteja diretamente relacionada, como será verá adiante, à própria concepção que os parlamentares do Sul elaboram sobre si mesmos, a qual reproduz muitas das construções míticas presentes no imaginário dos naturais dessa região, deve-se salientar que o "troca-troca" partidário vigente no CN não é avaliado similarmente em todo o Brasil. Não obstante, há no âmbito da elite um discurso[140] comum de repúdio à excessiva permissividade do sistema eleitoral diante da intensa rotatividade partidária dos membros do Parlamento, mesmo entre aqueles cuja trajetória política foi marcada por certa infidelidade às agremiações de origem, ou cujo eleitorado não apresenta tamanha rejeição a essa prática.

> *"No Rio Grande do Sul não se muda de partido. No Rio Grande do Sul quem muda de partido está liquidado."* (Pedro Simon)

> *"No Sul há uma tendência muito forte a uma posição, digamos, bipartidária. A característica básica é que se você começa no partido político no Sul e você inventa de mudar de partido, você consegue resultados positivos talvez na primeira eleição e depois você não se elege mais. Isso já é uma espécie de rejeição, curiosa, uma espécie de rejeição do eleitorado se você troca de partido, aquela figura que talvez... ouve-se muito falar, o vira-casaca, é muito forte lá."* (Nelson Jobim)

> *"O povo não gosta muito dessa mudança freqüente de partido, eles se sentem frustrados... Mas acho que isso acontece em função do sistema eleitoral. O sistema eleitoral brasileiro não induz à fidelidade, pelo contrário, não vincula o eleitor ao partido político e o eleito não se considera, portanto, compromissado com o partido. Essa que é a verdadeira questão."* (Marco Maciel)

O último indicador que merece destaque nessa caracterização da elite parlamentar do pós-Constituinte é a preponderância, em seu interior, dos Congressistas filiados aos grandes partidos, mais claramente identificados com as orientações de centro e de direita. Tal como se verificou no Congresso, o PMDB e o PFL foram os grandes partidos representados na elite. Na realidade – e como era de esperar, considerando os recursos de poder das grandes agremiações no Parlamento –, a participação conjunta dos Congressistas desses dois partidos na elite (54,6%)[141] superou a sua alocação de cadeiras no CN (em média, 45%), como mostram as tabelas 1 e 2. Em contrapeso, observou-se maior participação dos representantes da esquerda no interior da elite, comparativamente a sua correspondente ocupação de cadeiras no Parlamento. De fato, entre os anos de 1989 e 1994 a taxa média de alocação de cadeiras do Congresso pela esquerda foi de 15,8%, enquanto sua participação percentual na elite chegou a 22,8%. É certo que a existência de uma orientação político-ideológica mais definida nesses partidos, principalmente no PT e nos pequenos partidos de esquerda, aliada à forte identidade e ao compromisso estabelecidos entre esses parlamentares e suas legendas, além da baixa rotatividade partidária existente nos seus quadros, tem muito a informar sobre a significativa participação dos representantes da esquerda na elite parlamentar brasileira.

Em termos da distribuição regional dos membros da elite entre os principais partidos, nota-se que no interior desse grupo os parlamentares do PFL, PSDB, PDT e PT eram majoritariamente representantes de seus principais redutos eleitorais. Isso significa que os membros do PFL na elite eram predominantemente Congressistas nordestinos (68,2%), enquanto os parlamentares do PSDB, PDT e PT representavam em primazia o Sudeste (respectivamente, 70%, 50% e 91%). Quanto aos Congressistas do PMDB, PTB e PDS, verifica-se a não-correspondência direta entre a representação regional dos membros da elite desses partidos e as suas maiores bases eleitorais. Assim, a despeito da variedade regional dos parlamentares do PMDB na elite, igualmente observada no CN, eram os representantes nordestinos os que se encontravam em maior número (40%). É possível afirmar que tal configuração esteja relacionada ao percentual considerável de senadores nordestinos do PMDB na elite, correspondente a sua respectiva supremacia no Senado[142]. Também o PTB e o PDS apresentavam prioritariamente na elite representantes do Sudeste (50% e 45,4%), enquanto suas principais bases eleitorais não se concentravam ao longo da maior parte do período nessa Região (tabelas 3 e 4).

Pode-se, enfim, traçar sumariamente o perfil da elite parlamentar brasileira do pós-Constituinte como um grupo restrito no qual se reproduziu, de forma semelhante ao que se configurava no CN, a supremacia de parlamentares naturais do Nordeste e do Sudeste do país. De maneira similar, embora em maiores proporções do que no Congresso como um todo, observam-se a prevalência dos grandes partidos de contorno ideológico conservador e o predomínio de Congressistas detentores de nível superior, com ampla predominância numérica dos bacharéis em Direito. A ocupação de cargos do alto escalão da burocracia do Estado fez igualmente parte da carreira política desses Congressistas, ainda que de forma bem mais intensa em relação à observada entre os demais parlamentares. A não-linearidade hierárquica de suas carreiras profissionais também revela-se característica comum em comparação com os outros membros do Congresso, apesar de que na elite a conquista de cargos eletivos tidos como superiores foi mais incidente. Em contraste com o CN, houve na elite maior participação de Congressistas pertencentes aos partidos de esquerda e a presença muito mais significativa de representantes do Sudeste e das capitais dos Estados. Ressalte-se ainda que as trajetórias políticas dos membros da elite distinguiam-se pelos baixos índices de rotatividade partidária, pela experiência de vida parlamentar no âmbito nacional e pela ampla conquista de cargos-chave no Legislativo.

Internamente à elite surgiram certas distinções quanto ao perfil e à trajetória política de seus membros. No que diz respeito à naturalidade, verificou-se entre os parlamentares nordestinos e sulistas da elite a preponderância daqueles oriundos do interior dos Estados, enquanto entre os nortistas e os do Sudeste a primazia era dos metropolitanos. Dentre os nordestinos registrou-se movimento migracional mais intenso, principalmente em direção ao Sudeste do país. Em relação ao grau de instrução e às profissões mais freqüentes dos parlamentares da elite, percebeu-se maior diversidade dos níveis de educação formal entre os membros do Sudeste, assim como entre estes, em relação aos nordestinos, maior variedade de profissões.

Quanto às suas trajetórias políticas, os representantes do Sudeste e Sul foram os que mais conquistaram postos considerados "top de linha" na administração do Estado, ao passo que os nordestinos, além de terem colocação respeitável em relação à conquista de cargos importantes nas administrações estaduais e municipais, assumiram o primeiro lugar na ocupação de postos gravitantes em torno dos chefes do Executivo em seus três níveis. Também foram os nordestinos os membros da elite que mais investiram na construção de suas carreiras políticas dentro do Parlamento, ocupando grande número de cargos-chave na estrutura organizacional do CN, com destaque para a conquista dos postos que compõem as mesas diretoras de ambas as Casas e as autorias de projetos relevantes. Os representantes do Sudeste destacaram-se pela preponderância na ocupação das lideranças partidárias, presidências de comissões e relatorias de projetos. De modo semelhante, a trajetória política trilhada no interior do Parlamento pelos congressistas do Sul concentrou-se mais na ocupação das presidências de comissões e relatorias de projetos-chave para a agenda do Legislativo.

A experiência de vida parlamentar revelou-se mais longa entre os representantes nordestinos da elite, enquanto os Congressistas do Sudeste reuniam o maior número de calouros. Eram nordestinos os membros da elite que compunham a maior parte da bancada dos dois principais partidos do CN, enquanto nas demais agremiações a supremacia era dos parlamentares do Sudeste.

Finalmente, os Congressistas do Sul e os do Sudeste na elite foram os mais fiéis às suas agremiações de origem, em oposição aos nordestinos, que apresentaram elevadas taxas de troca de partido.

Esses dados apontam continuidades e descontinuidades entre o perfil e a trajetória política dos membros da elite do CN no pós-Constituinte e o tipo padrão de parlamentar brasileiro predominante durante esses anos. Para além disso, revelam certas diferenças de atuação e caracterização entre os próprios membros da elite. Resta verificar, portanto, como essas similitudes e diferenças se refletem ou não nas proposições legislativas dos membros da elite do CN e em seus posicionamentos diante dos acontecimentos políticos mais marcantes do período.

2. Produção legislativa e posicionamentos políticos

De acordo com o art. 59 da Constituição, o processo legislativo compreende a elaboração das seguintes espécies normativas: decretos legislativos, resoluções, emendas à Constituição, leis complementares, leis ordinárias, leis delegadas e medidas provisórias. À exceção das duas últimas normas, cuja iniciativa é exclusiva do Executivo, e das duas primeiras – as quais, conforme o caso, têm entre os membros ou órgãos do Parlamento a reserva de sua iniciativa –, as demais espécies normativas podem ser apresentadas tanto por representantes de um ou de outro Poder, com restrições específicas, como por diferentes grupos e instituições políticas. Para os fins desse estudo, concentrar-se-á a análise nas espécies normativas cuja iniciativa parlamentar não seja constitucional nem regimentalmente vetada, possibilitando desse modo a investigação comparativa entre o exercício da função legislativa do CN e o da elite parlamentar no período em foco.

Entende-se por leis ordinárias as que se destinam a regular matérias de competência normativa ordinária do Poder Legislativo e que devem ser submetidas, após a sua aprovação no CN, à sanção do presidente da República. A iniciativa dessas leis e das leis complementares cabe a qualquer membro ou comissão do Congresso ou de cada uma de suas Casas, ao presidente da República, ao Supremo Tribunal Federal, aos Tribunais Superiores, ao procurador-geral da República e aos cidadãos, na forma prevista pelo texto constitucional. Dependendo da natureza da matéria, as votações das leis ordinárias são realizadas em sessões bicamerais ou unicamerais, e a sua aprovação exige quorum da maioria absoluta dos Congressistas da Câmara e do Senado, além da maioria simples dos votos.

As leis complementares regem diferentes matérias para as quais a Constituição estabelece expressamente disciplina por intermédio de tal instrumento. Tramitam separadamente em cada uma das Casas, exigindo para a sua deliberação a presença da maioria absoluta dos deputados e senadores, estando também sujeitas a sanção ou veto presidencial.

As emendas à Constituição só podem ser apresentadas por um terço do total de deputados, pelo Senado Federal, pelo presidente da República ou por mais da metade das assembléias legislativas estaduais. Na condição de proposta, não poderão conter dispositivos que atentem contra a forma federativa do Estado nem proponham a abolição do voto direto, secreto, universal e periódico, a separação dos Poderes ou os direitos e garantias individuais[143]. Sua tramitação apresenta rito especial: a proposta é submetida a dois turnos de discussão e votação no interior de cada uma das Casas, sendo exigidos para a sua aprovação três quintos dos votos dos membros da Câmara e do Senado em processo de votação nominal. Para a sua promulgação, ordena-se sessão bicameral.

Os decretos legislativos regulam matérias de competência exclusiva do CN, elencadas no art. 49 da Constituição[144], e dispensam o crivo do presidente da República para a sua normatização. Sua iniciativa é reservada aos parlamentares de ambas as Casas, assim como às comissões técnicas e Mesas. Para serem aprovados, tais decretos necessitam dos votos da maioria dos congressistas da Câmara e do Senado.

As resoluções disciplinam matérias privativas ao Congresso ou a cada uma de suas Casas relacionadas a aspectos políticos, processuais, legislativos ou administrativos, quais sejam: perda de mandato parlamentar; criação de CPIs e suas conclusões; matéria regimental; assuntos administrativos e de sua economia interna; e conclusões sobre representações, petições ou reclamações da sociedade civil[145]. A iniciativa dos projetos de resolução e as exigências para a sua aprovação acompanham as regras estabelecidas para os decretos legislativos, salvo os casos expressamente determinados nos Regimentos, os quais prescrevem quorum especial de deliberação[146].

As tabelas 25 e 26 informam acerca da produção legislativa do Congresso entre os anos de 1989 e 1994. A tabela 25 indica o total de projetos e propostas de iniciativa dos parlamentares passíveis de se tornarem espécies normativas, enquanto a tabela 26 apresenta somente as proposições que efetivamente se transformaram em normas jurídicas ao longo do referido intervalo de tempo[147].

Tabela 25
Proposições de iniciativa dos Congressistas apresentadas ao Congresso Nacional
Brasil – 1989 a 1994

(em número absoluto)

Tipos de Proposição	Ano						
	1989	1990	1991	1992	1993	1994	Total
Projeto de Lei Ordinária	3163	1572	2549	998	851	488	9621
Projeto de Lei Complementar	323	122	213	73	37	28	796
Proposta de Emenda à Constituição	43	25	105	66	37	19	295
Projeto Decreto Legislativo	39	32	51	33	21	24	200
Projeto de Resolução	40	42	104	56	48	28	318
Total	3608	1793	3022	1226	994	587	11230

Fonte: Prodasen.

Tabela 26
Proposições de iniciativa dos parlamentares do Congresso Nacional transformadas em
Norma Jurídica
Brasil – 1989 a 1994

(em número absoluto)

Tipos de Proposição	Ano						
	1989	1990	1991	1992	1993	1994	Total
Leis Ordinárias	15	12	14	18	26	38	123
Leis Complementares	2	2	1	1	4	1	11
Emendas à Constituição	–	–	–	2	2	–	4
Decretos Legislativos	1	3	–	1	2	5	12
Resolução	13	15	10	16	23	9	86
Total	31	32	25	38	57	53	236

Fonte: Prodasen.

Ao comparar as informações das tabelas 25 e 26, observa-se inicialmente o número restrito de espécies normativas aprovadas (236), diante do volume de proposições apresentadas pelos parlamentares ao longo desses anos (11.230). Em termos percentuais, isso significa que apenas 2,1% das proposições introduzidas pelos Congressistas obtiveram aprovação no CN, o que a princípio se afigura como proporção bastante reduzida, mas deve ser relativizada, já que durante o período focalizado o CN legislou amplamente sobre matérias de iniciativa do Executivo. Em termos mais precisos, 79,2% das leis ordinárias sancionadas entre os anos de 1989 e 1994 foram de iniciativa do Poder Executivo, 14% foram de responsabilidade do Legislativo e 6,8%, do Judiciário. Logo, considerando as leis ordinárias sancionadas de iniciativa dos três Poderes, chega-se[148] à proporção média de aprovação de 12,6% do total dos projetos de lei apresentados ao CN. Esse é sem dúvida um percentual consideravelmente mais elevado que o registrado para as leis ordinárias aprovadas de iniciativa parlamentar (1,3%). Mais que isso, detendo-se novamente na relação entre o número de leis ordinárias sancionadas e o montante de projetos introduzidos, confirma-se outra vez a preponderância do Executivo como agente legislador *de facto* no CN. Isso porque, enquanto apenas 1,3% dos projetos de lei de iniciativa dos congressistas obteve sanção, entre os projetos enviados pelo Executivo verifica-se um índice de aprovação de 48,3%[149]. Mesmo considerando que o volume de projetos de lei ordinária apresentados pelo Executivo tenha sido bem menor que os de iniciativa dos parlamentares, é inconteste, frente às informações aqui apresentadas, a enorme capacidade do Executivo para garantir a aprovação de seus próprios projetos.

Ainda sobre o volume da produção legislativa do CN brasileiro, deve-se apontar que, no cotejo com o Congresso norte-americano – outro Parlamento de intensa atividade propositiva –, notam-se igualmente grandes desproporções entre o número de leis ordinárias sancionadas de iniciativa parlamentar e o número total de projetos apresentados pelos congressistas. De acordo com Figueiredo e Limongi[150], durante o período de 1963 a 1989 o Congresso norte-americano apresentou percentuais de aprovação de projetos de lei variáveis de 3,5% a 6,5%. Essa informação reforça a tese de que, tomados isoladamente, nem a intensidade da atividade propositiva dos congressistas nem o volume de leis aprovadas são suficientes para uma avaliação rigorosa da *performance* dos Parlamentos. Isso porque a quantidade de proposições legislativas nada informa sobre a sua real importância para a sociedade. Ademais, uma produção de leis muito elevada pode indicar até mesmo a inadequação e fragilidade da legislação vigente, ou quiçá das próprias instituições democráticas.

O reduzido número de leis complementares aprovadas é revelador da fraca disposição do CN para legislar sobre matérias cuja própria Constituição ordena regulação. Em verdade, a Carta de 1988 prescreve a elaboração de 51 leis complementares[151]. A maioria delas deve regular dispositivos constitucionais relacionados principalmente a matérias de ordem fiscal e tributária, a organização do Poder Judiciário Federal e os de competência legislativa exclusiva da União (art. 22 CF). Não obstante, ao longo dos anos em foco somente 20 leis complementares foram aprovadas, sendo apenas onze delas de iniciativa parlamentar. Ressalte-se contudo a disposição de muitos parlamentares para apresentar projetos que viessem a regular os dispositivos constitucionais demandantes de legislação complementar. Como se evidencia na tabela 25, foram apresentados 796 projetos de lei complementar entre 1989 e 1994, mas somente 1,4% chegaram a ser sancionados. A fraca produção de leis complementares no período indica, enfim, que tanto o Executivo quanto o Legislativo não se interessaram muito em legislar sobre matérias cujo conteúdo polêmico e complexo – em particular as de natureza fiscal e tributária – requereria amplas e difíceis negociações, as quais poderiam desgastar ainda mais a imagem já profundamente debilitada de ambos os Poderes, especialmente naqueles anos.

Os projetos de emenda à Constituição também obtiveram aprovação bastante reduzida. Somente quatro dos projetos de emenda apresentados por parlamentares foram sancionados. Ao contrário do que se alardeia a respeito das contradições e idiossincrasias existentes no texto constitucional – as quais dificultariam a governabilidade do país – e, apesar dos pré-requisitos para a apresentação e aprovação de tais proposições, parece que o Congresso do pós-Constituinte não se mostrou muito afeito a propor, e muito menos a aprovar, matérias que visassem a alterar a Constituição Federal.

Quanto aos decretos legislativos e às resoluções, observam-se índices de aprovação de seus projetos bem mais expressivos que entre as demais espécies normativas, respectivamente de 6% e 27%. A explicação para isso reside na própria natureza e no conteúdo das matérias reguladas por essas proposições, cuja competência é privativa do CN ou de cada uma de suas Casas. Ao tratarem de forma não exclusiva, mas em grande parte – especialmente as resoluções – de assuntos relacionados ao funcionamento e à organização interna do CN, dispensando assim a sanção do presidente da República e não estando sujeitos ao seu veto, os projetos de decreto legislativo e os de resolução apresentam condições mais favoráveis de tramitação e aprovação.

Detendo-se no conteúdo das normas jurídicas sancionadas[152] (tabela 27) surgem importantes informações acerca da produção legislativa do período. De início, há que destacar a variedade de conteúdos dos projetos e propostas aprovados, particularmente entre as leis ordinárias. Os cinco principais assuntos tratados nessas leis são a regulamentação de políticas setoriais (17,1%); as alterações na legislação trabalhista (13,8%), a regulamentação de direitos e deveres individuais e coletivos (11,4%), as alterações na legislação de seguridade social (9,8%) e a prestação de homenagens (7,3%).

À exceção do conteúdo "prestação de homenagem", que remete a ações de cunho mais ornamental e personalista, os conteúdos de maior incidência entre as leis ordinárias de iniciativa parlamentar são as temáticas de caráter universal, ainda que estejam também presentes normas relacionadas ao atendimento de demandas específicas de certas categorias sociais e/ou profissionais[153]. Esse quadro contrapõe-se não só à imagem corrente acerca do predomínio de leis de cunho clientelista e corporativista na produção legislativa do CN[154], como também aos conteúdos mais freqüentes das proposições apresentadas pelos congressistas.

Tabela 27
Conteúdos das proposições de iniciativa dos parlamentares transformadas em Norma Jurídica no Congresso Nacional
Brasil – 1989 a 1994

Conteúdos das Proposições	Tipos de Conteúdo*														
	a	b	c	d	e	f	h	i	j	k	l	n	o	q	Total
Leis Ordinárias	17	6	12	6	21	8	5	6	14	5	6	-	9	8	123
Leis Complementares	-	7	-	3	1	-	-	-	-	-	-	-	-	-	11
Emendas à Constituição	-	1	-	2	-	-	-	-	-	-	-	-	-	1	4
Decretos Legislativos	-	-	-	-	2	-	1	1	-	-	-	8	-	-	12
Resolução	-	10	-	-	1	-	-	-	-	-	-	75	-	-	86
Total	17	24	12	11	25	8	6	7	14	5	6	83	9	9	236

Fonte: Prodasen/Banco de Dados da Pesquisa.
* Dentre os conteúdos observados nas emendas das proposições dos parlamentares do CN que se transformaram em Norma Jurídica, como também aqueles verificados nas proposições da elite que não se transformaram em Norma Jurídica, destacam-se:
a) alterações na legislação trabalhista;
b) alterações na legislação fiscal/tributária (receita-despesa/impostos);
c) alterações na legislação de seguridade social (saúde, previdência e assistência social);
d) alterações na legislação eleitoral/partidária (justiça eleitoral, organização/funcionamento dos partidos, propaganda eleitoral etc.);
e) regulamentação de políticas setoriais (educação, informática, habitação, meio ambiente, indústria, agricultura, transportes, sistema financeiro etc.);
f) regulamentação da política salarial/preços (tarifas públicas);
g) solicitação de ações de controle e fiscalização dos gastos públicos (ações do Tribunal de Contas da União e propostas de fiscalização e controle);
h) reforma do Estado (privatização, quebra ou manutenção de monopólios, extinção de órgãos públicos);
i) regulamentação de ações/funcionamento de órgãos e empresas públicas (atribuições, estrutura administrativa, remoção de funcionários, atuação do servidor público etc.);
j) regulamentação de direitos e deveres individuais e coletivos;
k) regulamentação de ações da iniciativa privada;
l) solicitação/regulamentação de ações públicas de interesse estadual/municipal;
m) solicitação de informações ao Poder Executivo/Judiciário (por escrito e/ou convocação de membros do poder público para dar informações);
n) regulamentação de matérias privativas do CN/Câmara/Senado (arts. 49, 51 e 52 da CF, processo legislativo, criação de CPIs, solicitação de estudo de matérias pelas Comissões etc.);
o) prestação de homenagem (mudança de nomes de monumentos/estradas/parques, solenidades, pensões especiais);
p) transcrições de textos jornalísticos/discursos para os Anais da Câmara, do Senado, ou do CN;
q) outros (alterações de dispositivos constitucionais, leis ou códigos anteriores a 1988 e diversos).

Ressalte-se, todavia, que na tabela 27 encontram-se expressos os conteúdos das normas jurídicas aprovadas e não os referentes às proposições que foram introduzidas no CN pelos parlamentares. Isso significa dizer que os conteúdos das proposições sancionadas podem não coincidir com aqueles que estão na maioria dos projetos oferecidos à tramitação. Na realidade, eles não são coincidentes.

O que se depreende, então, dessa assertiva? Por um lado, a prevalência das leis de substrato mais universalista entre as normas jurídicas introduzidas pelos Congressistas aponta uma "percepção" mais ampla entre eles[155] – e maior do que em geral se reconhece – das necessidades sociais e dos direitos de cidadania. Aliás, a Constituição Federal de 1988 é o exemplo mais ilustrativo disso. Por outro lado, embora as leis de iniciativa parlamentar aprovadas no CN indiquem a configuração de um Parlamento mais representativo, o conteúdo majoritário das proposições apresentadas parece contradizer tal movimento.

> *"São conhecidos na Câmara e classificávamos esses projetos de estatísticos. A imprensa facilmente definia o trabalho parlamentar de duas formas: ou o sujeito era considerado um parlamentar autêntico, que trabalhava no Plenário, debatia, que era o meu caso, estava sempre presente nos processos decisórios, sempre presente nas discussões de tudo que era projeto. Mas tinha o grupo que o Doutor Ulysses chamava de vale dos caídos, é a linguagem que a gente usava. É o baixo clero, que era o pessoal que ficava na 7ª, na 10ª ou 20ª cadeira do plenário da Câmara, ficava na parte sombria, onde tem aquela parte de cima, aquilo ali nós chamávamos de vale dos caídos. Era o sujeito que não tinha espaço, que não conseguiu espaço. Como a imprensa julgava o trabalho parlamentar pelo número de projetos que apresentava, então tu tinhas a necessidade de apresentar projetos, que era para atender a estatística... Você vai encontrar deputados com mais de 1.000 projetos, encomenda para Câmara e faz. Só interessa ao parlamentar para efeito de tramitação. Você também vai encontrar projetos que eu chamava de projetos Região, o candidato regional precisa ter projetos que possa dizer: estou trabalhando pela Região. Então você tinha dois grandes tipos de projetos, ... com algumas variações, mas tu tinhas dois grandes tipos, curiosíssimo: um eram os projetos autorizativos para universidade, projeto de lei autorizando o poder Executivo instalar na cidade de Santa Maria a universidade de não sei o quê. O que também não é um projeto para tramitar. Era um projeto para que o deputado pegasse o avulso e levasse o avulso para a sua base eleitoral, e diz: olha aqui, ó."* (Nelson Jobim)

> *"Você pode ter um deputado de um grande projeto só, por exemplo, o Dante de Oliveira. O Dante de Oliveira foi o autor da emenda das diretas, que acabou não sendo aprovada, mas notabilizou a carreira política dele. E você pode ter parlamentares que apresentem 20 projetos por dia, que são esses estatísticos, que buscam uma divulgação na Voz do Brasil, agora na TV Câmara, por terem apenas tido a iniciativa."* (Miro Teixeira)

Existe, portanto, entre a maioria dos Congressistas, duas perspectivas distintas a recobrir a elaboração de suas proposições legislativas. Há uma produção que serve para a demonstração pública de seu interesse para com as suas bases eleitorais, ou mesmo a satisfação de trabalho junto à imprensa, e outra dirigida a problemas e questões mais amplas, nacionais, que é objeto privilegiado de discussão no Parlamento e merece por parte de seus autores acompanhamento e divulgação intensos. Na realidade está-se na presença de práticas políticas diferenciadas. Como bem salienta Bezerra[156], como membros do CN e partícipes do processo legislativo, os parlamentares acabam majoritariamente por engendrar frentes diversas de atuação: uma delas os aproxima da condição de políticos nacionais, que participam da discussão e tomada de posição diante dos principais problemas do país e cujas atribuições encontram-se definidas constitucionalmente; a outra os remete à condição de políticos locais (representantes do Estado, do município, da comunidade e dos eleitores), a quem cabe a defesa dos interesses de suas bases eleitorais.

Essas práticas não são excludentes, porém cruzam concepções peculiares acerca das funções parlamentares de legislação e representação: "Legislar é uma atividade dirigida para a nação, representar e ser representante é algo relacionado ao Estado"[157]. Essa é, em geral, uma percepção compartilhada pelos Congressistas e suas bases eleitorais. Atuar em favor de suas bases, representando-as, significa dar provas explícitas de interesse e dedicação, seja produzindo enxurradas de projetos de lei ou emendas ao orçamento que as beneficiem, seja atendendo as suas demandas, que variam desde a obtenção de verbas federais até a prestação de pequenos favores particulares. Cria-se dessa forma uma rede de expectativas e obrigações associadas ao desempenho parlamentar, que reforça e traduz certa concepção de política como "um saber fazer que se objetiva em favores e obras"[158], ou na demonstração de esforços concretos para a consecução desses fins. Nesse sentido, tomando-se por referência o senso comum, tem-se que o parlamentar eficiente é aquele que luta, briga e manifesta de forma clara o seu empenho na obtenção de recursos para os seus Estados e municípios e para o atendimento das demandas de suas bases eleitorais. Ineficientes e omissos são os incapazes de conseguir verbas federais, ou os que não demonstram interesse e persistência nessa direção, além daqueles que não valorizam os vínculos locais por não concederem benefícios particulares nem construírem relações políticas em termos pessoais.

Não há dúvida de que essa concepção sobre a atuação dos representantes do povo e dos Estados no CN, ainda que tenha muita força entre os Congressistas e nas suas respectivas bases eleitorais, não é unânime no CN e nem mesmo na sociedade. Como será aprofundado, muitos dos integrantes da elite, assim como diversos outros parlamentares não-pertencentes a esse grupo, atuam politicamente de forma distinta da direção acima apontada. Ademais, no interior da própria sociedade estão cada vez mais presentes concepções e práticas políticas diferentes da perspectiva da troca de favores e da dependência pessoal. De qualquer modo, é preciso ter em mente que a manutenção de relações políticas calcadas no clientelismo e no pessoalismo não pode ser vista como uma excrescência, ou um resquício de uma ordem oligárquica que já deveria ter sido superado. Na verdade, e em concordância com Bezerra, tais relações são parte constitutiva do universo político nacional e vêm se reproduzindo porque ordenam e medeiam interesses e vínculos entre partes que se reconhecem como participantes de um jogo de troca, embora com poderes de autoridade desigual. Envolvem, portanto, concepções específicas acerca do que é a representação política e sobre as dimensões do público e do privado.

Ainda com relação às informações contidas na tabela 27, nota-se a prevalência das normas fiscais/tributárias entre os conteúdos das leis complementares de iniciativa parlamentar, com destaque para as que se destinam a regrar os fundos de participação dos Estados e Distrito Federal e os dos municípios. Já as emendas à Constituição sancionadas tratam de ordenar privilegiadamente dispositivos relacionados à legislação eleitoral, em particular aqueles vinculados à organização do plebiscito que decidiu a forma e o sistema de governo do país e sobre alterações no prazo para a entrada em vigor de leis modificadoras do processo eleitoral[159].

No que se refere aos decretos legislativos e às resoluções, predominam matérias de competência privativa do CN. Entre essas, e no que tange ao conteúdo dos decretos, verifica-se a supremacia de normas disciplinadoras das relações jurídicas decorrentes de medidas provisórias e daquelas que regulam a indicação de ministros do TCU pelo Congresso Nacional. Quanto às resoluções, sobressaem as que ordenam acordos internacionais (criação de grupos parlamentares multinacionais) e o processo legislativo. No caso dos primeiros, a iniciativa coube por completo aos deputados federais, ao passo que os senadores preocuparam-se mais em legislar sobre alterações no funcionamento e organização do CN.

Ao comparar a produção legislativa de iniciativa dos membros do CN com a elaborada pela elite parlamentar do pós-Constituinte (tabela 28), observa-se de imediato que porção considerável das leis aprovadas durante o período foi de iniciativa dos parlamentares da elite. Com efeito, os membros da elite aqui selecionados foram responsáveis pela introdução de cerca de 31% das proposições de iniciativa dos Congressistas transformadas em norma jurídica durante os anos de 1989 a 1994[160]. Tal informação confirma a suposição de que a elite parlamentar não só detém o controle do processo legislativo, mas atua decisivamente na produção das leis.

Não se observam grandes diferenças entre os principais conteúdos das normas jurídicas introduzidas pela elite e os mais incidentes na produção legislativa do CN (tabela 27). A regulamentação de matérias privativas ao CN/Câmara/Senado e de políticas setoriais, assim como alterações nas legislações fiscal/tributária e trabalhista, foram também os assuntos cujas proposições contaram com os maiores índices de aprovação.

Entretanto, quando se estende a análise da atuação propositiva dos membros da elite para além dos projetos e propostas que se tornaram norma jurídica e daqueles passíveis de se transformarem em leis[161], surgem diferenças tanto entre a atuação propositiva da elite e a predominante no CN quanto no interior da própria elite, uma vez considerado o seu recorte em termos regionais.

Tabela 28

Conteúdos das proposições de iniciativa da elite transformadas em Norma Jurídica no CN

Brasil – 1989 a 1994

(em número absoluto)

Tipos de Proposição	Tipos de Conteúdo											
	a	b	c	d	e	f	i	j	n	o	q	Total
Leis Ordinárias	7	3	2	2	8	3	2	5	-	2	4	38
Leis Complementares	-	3	-	2	-	-	-	-	-	-	-	5
Emendas à Constituição	-	-	-	2	-	-	-	-	-	-	1	3
Decretos Legislativos	-	-	-	-	-	-	1	-	2	-	-	3
Resolução	-	2	-	-	-	-	-	-	23	-	-	25
Total	7	8	2	6	8	3	3	5	25	2	5	74

Fonte: Prodasen.
a) alterações na legislação trabalhista;
b) alterações na legislação fiscal/tributária (receita-despesa/impostos);
c) alterações na legislação de seguridade social (saúde, previdência e assistência social);
d) alterações na legislação eleitoral/partidária (justiça eleitoral, organização/funcionamento dos partidos, propaganda eleitoral etc.);
e) regulamentação de políticas setoriais (educação, informática, habitação, meio ambiente, indústria, agricultura, transportes, sistema financeiro etc.);
f) regulamentação da política salarial/preços (tarifas públicas);
i) regulamentação de ações/funcionamento de órgãos e empresas públicas (atribuições, estrutura administrativa, remoção de funcionários, atuação do servidor público etc.);
j) regulamentação de direitos e deveres individuais e coletivos;
n) regulamentação de matérias privativas do CN/Câmara/Senado (arts. 49, 51 e 52 da CF, processo legislativo, criação de CPIs, solicitação de estudo de matérias pelas Comissões etc.);
o) prestação de homenagem (mudança de nomes de monumentos/estradas/parques, solenidades, pensões especiais);
q) outros (alterações de dispositivos constitucionais, leis ou códigos anteriores a 1988 e diversos).

As tabelas 29 e 30 apresentam o volume e o conteúdo das proposições apresentadas pelos parlamentares da elite durante os anos de 1989 a 1994 e aqueles relativos à totalidade de suas proposições ao longo de suas carreiras no CN.

Em termos proporcionais, o volume da produção legislativa da elite (74) entre 1989 e 1994, em relação ao total de proposições de sua autoria passíveis de se tornarem normas jurídicas (888)[162], foi significativamente mais expressivo (8,3%) que o observado para o CN como um todo (2,1%). De fato, o controle do processo legislativo e o prestígio dos membros da elite garantiram indubitavelmente condições mais favoráveis para a sanção de suas proposições.

Há, contudo, grande dissimilitude em termos do volume das proposições apresentadas por cada parlamentar, o qual transcende diferenças regionais e tipo de representação. Ou seja, encontram-se entre os representantes de uma mesma Região diferenças profundas quanto a sua disposição propositiva[163], como também entre os senadores e deputados tomados isoladamente. Isso leva a supor que a diversidade em relação ao volume das proposições apresentadas pelos Congressistas acha-se diretamente vinculada às convicções que estes têm a respeito do exercício das funções parlamentares. Para compreendê-las, faz-se necessário investigar o conteúdo de suas respectivas proposições, já que é a partir dele, e não do volume, que afloram aproximações e distanciamentos entre as formas de atuação legislativa dos membros da elite.

Se é evidente a grande variedade das proposições da elite, é também notória a efetiva correspondência da maior parte de seu conteúdo com as três principais

Tabela 29a

Conteúdos das proposições da elite, por região eleitoral – Brasil – 1989 a 1994

(em número absoluto)

Região Eleitoral	Tipos de Conteúdos																		Total
	a	b	c	d	e	f	g	h	i	j	k	l	m	n	o	p	q		
Norte	3	3	4	3	4	1	-	-	3	-	1	-	1	4	7	8	-		42
Nordeste	34	29	35	40	48	11	1	4	40	13	10	4	104	73	47	64	23		580
Sudeste	71	49	28	18	43	11	3	9	44	29	18	2	165	61	28	23	20		622
Sul	8	22	9	7	16	6	10	1	26	9	7	3	81	21	6	18	14		264
Total	116	103	76	68	111	29	14	14	113	51	36	9	351	159	88	113	57		1.508

Fonte: Prodasen/Banco de Dados Pesquisa.

Tabela 29b

Conteúdos das proposições da elite, por região eleitoral – Brasil – 1989 a 1994

(em %)

Região Eleitoral	Tipos de Conteúdos																		Total
	a	b	c	d	e	f	g	h	i	j	k	l	m	n	o	p	q		
Norte	7,1	7,1	9,5	7,1	9,5	2,4	-	-	7,1	-	2,4	-	2,4	9,5	16,7	19,0	-		100,0
Nordeste	5,9	5,0	6,0	6,9	8,3	1,9	0,2	0,7	6,9	2,2	1,7	0,7	17,9	12,6	8,1	11,0	4,0		100,0
Sudeste	11,4	7,9	4,5	2,9	6,9	1,8	0,5	1,4	7,1	4,6	2,9	0,3	26,5	9,8	4,5	3,7	3,2		100,0
Sul	3,0	8,3	3,4	2,6	6,1	2,3	3,8	0,4	9,8	3,4	2,6	1,1	30,7	7,9	2,3	6,8	5,3		100,0
Total	7,7	6,8	5,0	4,5	7,4	1,9	0,9	0,9	7,5	3,4	2,4	0,6	23,3	10,5	5,8	7,5	3,8		100,0

Fonte: Prodasen/Banco de Dados da Pesquisa.

a) alterações na legislação trabalhista;
b) alterações na legislação fiscal/tributária (receita-despesa/impostos);
c) alterações na legislação de seguridade social (saúde, previdência e assistência social);
d) alterações na legislação eleitoral/partidária (justiça eleitoral, organização/funcionamento dos partidos, propaganda eleitoral etc.);
e) regulamentação de políticas setoriais (educação, informática, habitação, meio ambiente, indústria, agricultura, transportes, sistema financeiro etc.);
f) regulamentação da política salarial/preços (tarifas públicas);
g) solicitação de ações de controle e fiscalização dos gastos públicos (ações do Tribunal de Contas da União e propostas de fiscalização e controle);
h) reforma do Estado (privatização, quebra ou manutenção de monopólios, extinção de órgãos públicos);
i) regulamentação de ações/funcionamento de órgãos e empresas públicas (atribuições, estrutura administrativa, remoção de funcionários, atuação do servidor público etc.);
j) regulamentação de direitos e deveres individuais e coletivos;
k) regulamentação de ações da iniciativa privada;
l) solicitação/regulamentação de ações públicas de interesse estadual/municipal;
m) solicitação de informações ao Poder Executivo/Judiciário (por escrito e/ou convocação de membros do poder público para dar informações);
n) regulamentação de matérias privativas do CN/Câmara/Senado (arts. 49, 51 e 52 da CF, processo legislativo, criação de CPIs, solicitação de estudo de matérias pelas Comissões etc.);
o) prestação de homenagem (mudança de nomes de monumentos/estradas/parques, solenidades, pensões especiais);
p) transcrições de textos jornalísticos/discursos para os Anais da Câmara, do Senado, ou do CN;
q) outros (alterações de dispositivos constitucionais, leis ou códigos anteriores a 1988 e diversos).

Tabela 30a
Conteúdos das proposições da elite, por região eleitoral ao longo de toda a carreira no Congresso Nacional - Brasil

(em número absoluto)

Região Eleitoral	Tipos de Conteúdos																	Total
	a	b	c	d	e	f	g	h	i	j	k	l	m	n	o	p	q	
Norte	5	5	7	3	7	1	-	1	8	-	3	-	2	5	23	17	6	93
Nordeste	128	81	169	107	177	50	7	6	198	42	33	32	141	140	108	122	92	1633
Sudeste	712	116	289	49	201	46	5	13	176	141	77	19	237	144	76	43	224	2568
Sul	49	46	26	16	21	11	12	1	40	16	20	7	95	28	15	19	19	441
Total	894	248	491	175	406	108	24	21	422	199	133	58	475	317	222	201	341	4735

Fonte: Prodasen/Banco de Dados Pesquisa.

Tabela 30b
Conteúdos das proposições da elite, por região eleitoral ao longo de toda a carreira no Congresso Nacional - Brasil

(em %)

Região Eleitoral	Tipos de Conteúdos																	Total
	a	b	c	d	e	f	g	h	i	j	k	l	m	n	o	p	q	
Norte	5,4	5,4	7,5	3,2	7,5	1,1	-	1,1	8,6	-	3,2	-	2,1	5,4	24,7	18,3	6,4	100,0
Nordeste	7,8	5,0	10,3	6,5	10,8	3,1	0,4	0,4	12,1	2,6	2,0	1,9	8,6	8,6	6,6	7,5	5,6	100,0
Sudeste	27,7	4,5	11,2	1,9	7,8	1,8	0,2	0,5	6,8	5,5	3,0	0,7	9,2	5,6	2,9	1,8	8,7	100,0
Sul	11,1	10,4	5,9	3,6	4,8	2,5	2,7	0,2	9,1	3,6	4,5	1,6	21,5	6,3	3,4	4,3	4,3	100,0
TOTAL	18,9	5,2	10,4	3,7	8,6	2,3	0,5	0,4	8,9	4,2	2,8	1,2	10,0	6,7	4,7	4,2	7,2	100,0

Fonte: Prodasen/Banco de Dados da Pesquisa.
a) alterações na legislação trabalhista;
b) alterações na legislação fiscal/tributária (receita-despesa/impostos);
c) alterações na legislação de seguridade social (saúde, previdência e assistência social);
d) alterações na legislação eleitoral/partidária (justiça eleitoral, organização/funcionamento dos partidos, propaganda eleitoral etc.);
e) regulamentação de políticas setoriais (educação, informática, habitação, meio ambiente, indústria, agricultura, transportes, sistema financeiro etc.);
f) regulamentação da política salarial/preços (tarifas públicas);
g) solicitação de ações de controle e fiscalização dos gastos públicos (ações do Tribunal de Contas da União e propostas de fiscalização e controle);
h) reforma do Estado (privatização, quebra ou manutenção de monopólios, extinção de órgãos públicos);
i) regulamentação de órgãos/funcionamento de órgãos e empresas públicas (atribuições, estrutura administrativa, remoção de funcionários, atuação do servidor público etc.);
j) regulamentação de direitos e deveres individuais e coletivos;
k) regulamentação de ações da iniciativa privada;
l) solicitação/regulamentação de ações públicas de interesse estadual/municipal;
m) solicitação de informações ao Poder Executivo/Judiciário (por escrito e/ou convocação de membros do poder público para dar informações);
n) regulamentação de matérias privativas do CN/Câmara/Senado (arts. 49, 51 e 52 da CF, processo legislativo, criação de CPIs, solicitação de estudo de matérias pelas Comissões etc.);
o) prestação de homenagem (mudança de nomes de monumentos/estradas/parques, solenidades, pensões especiais);
p) transcrições de textos jornalísticos/discursos para os Anais da Câmara, do Senado, ou do CN;
q) outros (alterações de dispositivos constitucionais, leis ou códigos anteriores a 1988 e diversos).

funções parlamentares, quais sejam: representação, legislação e fiscalização. Tomando os três principais conteúdos das proposições da elite apresentadas entre 1989 e 1994 e ao longo da carreira desses Congressistas, tem-se que para o primeiro período enfocado as proposições mais incidentes foram as seguintes: solicitação de informações ao Poder Executivo ou Judiciário (23,3%), regulamentação de matérias privativas do CN/Câmara/Senado (10,5%) e alterações na legislação trabalhista (7,7%). Quanto ao segundo período, o destaque foi para as propostas de alterações na legislação trabalhista (18,9%), alterações na legislação de seguridade social (10,4%) e solicitação de informações do Poder Executivo ou Judiciário (10%).

A predominância de matérias de cunho fiscalizador ao longo do pós-Constituinte é facilmente compreensível, tendo em vista o quadro político turbulento configurado no país durante aqueles anos. Na mesma direção, justifica-se, em parte, a incidência de proposições relativas a assuntos privativos do CN/Câmara/Senado, dado que cabe exclusivamente à Câmara dos Deputados instaurar processo contra o presidente da República, ao Senado Federal, processá-lo e julgá-lo, e ao Congresso, fiscalizar todos os atos do Executivo. O montante considerável de matérias dirigidas ao público trabalhador revela a preocupação dos Congressistas da elite em atender não só aos reclames de determinados segmentos profissionais, como também expandir os direitos da classe trabalhadora, principalmente a partir de propostas de modificação da Consolidação das Leis do Trabalho (CLT).

Tendo em vista que a fiscalização do Executivo pelo Legislativo se faz formalmente via solicitação de informações aos responsáveis pelos primeiros escalões da administração federal, ou mediante a elaboração de propostas de fiscalização e controle – as quais podem ou não contar com o auxílio técnico do TCU –, deve-se ressaltar que, embora consideráveis e dentre os de maior freqüência nos dois períodos enfocados, os percentuais relativos às solicitações de informações são realmente expressivos apenas durante o pós-Constituinte (23,3%). Quanto às propostas de fiscalização e controle[164], seus percentuais são indiscutivelmente irrisórios em ambos os períodos (0,9% e 0,5%).

Se não havia durante a ditadura nem nos anos anteriores à promulgação da nova Constituição dispositivos legais que permitissem efetiva fiscalização dos atos do Executivo, tal circunstância não pôde mais ser utilizada como justificativa para uma atuação deficiente do Legislativo nessa área a partir outubro de 1988. Encontra-se expresso no texto constitucional (art. 50 e art. 72) que o Congresso e suas respectivas Casas, pela iniciativa dos parlamentares e comissões, podem convocar ministros de Estado e titulares de órgãos públicos a prestar esclarecimentos sobre assuntos relacionados a matéria em tramitação pertinente às atribuições do CN ou sujeita a sua fiscalização. Da mesma forma, podem os Congressistas apresentar proposições que se destinem ao exercício do controle pelo Legislativo de atos do Executivo, as quais englobam aspectos financeiros, orçamentários, contábeis, operacionais e patrimoniais da União sob suspeita quanto a sua legitimidade, economicidade e outros atributos que o autor da proposição julgue relevante. Esses são, inegavelmente, instrumentos poderosos disponíveis aos parlamentares para uma eficiente fiscalização dos atos e fatos ocorridos na administração federal.

Todavia, eles não foram utilizados pela elite de forma tão intensa quanto se poderia supor, mesmo num contexto de efervescência política marcado pelo *impeachment* e pela CPI do Orçamento. Na realidade, seria ilusório esperar que muitos desses parlamentares agissem contra si próprios, tendo em vista que grande parte deles constituía a base de apoio ou eram líderes dos Governos da ocasião, e alguns encontravam-se até mesmo envolvidos nas denúncias de corrupção que grassavam no CN. Na prática, coube aos membros da oposição, em particular àqueles mais identificados ideologicamente com a esquerda ou centro-esquerda, maior disposição para propor medidas fiscalizadoras das ações do Executivo.

Um outro exemplo da "benevolência" da elite para com o Executivo revela-se na sua inexpressiva atuação propositiva diante dos assuntos relacionados à reforma do Estado e à regulamentação das políticas salarial e de preços. Em conjunto, tratavam desses temas menos de 2% das proposições da elite durante o pós-Constituinte e menos de 3% ao longo de suas carreiras. Tal quadro leva a supor a existência de certa crença no Parlamento, aparentemente de longa duração, de que há assuntos específicos, ainda que não constitucionalmente definidos, para a iniciativa legislativa dos poderes.

Merece também destaque o número de proposições relacionadas à regulamentação das ações e ao funcionamento de órgãos públicos e de políticas setoriais. Em ambos os períodos, cada um desses conjuntos ocupou, respectivamente, a 4ª e 5ª colocação entre os conteúdos mais freqüentes das proposições da elite. Matérias referentes à atuação dos servidores públicos e à criação e redistribuição de funções entre os diversos organismos da administração federal predominaram no primeiro conjunto de proposições, enquanto prevaleceram os projetos ligados ao tema da educação no segundo.

Interessante observar que proposições às quais podem estar vinculadas mais claramente ações de cunho clientelista figuram entre as menos incidentes da elite (15ª e 14ª colocações). Ainda que se considere a completude de suas carreiras no CN, verifica-se atuação propositiva distinta dos membros da elite em comparação à caracterizada como preponderante no Parlamento. Em outras palavras, se para grande parte dos Congressistas a elaboração de projetos visando benfeitorias diretas aos seus municípios e Estados era condição *sine qua non* para a sua sobrevivência política, entre os membros da elite – tomados em sua totalidade – tal prática não se fez prevalecer ao longo de sua trajetória no CN. Dessa constatação depreende-se que a elite parlamentar era composta principalmente de Congressistas cuja representação ultrapassava seu berço político.

Isso não chega a surpreender, pois muitos desses parlamentares venceram eleições majoritárias que exigiram do candidato votações bastante diversificadas no que tange aos tipos de eleitor e distritos eleitorais. Não obstante, mesmo entre aqueles que apenas disputaram eleições proporcionais, parece que quanto maior a visibilidade e influência de sua atuação no CN, maior o raio de sua representação e menor a necessidade de preservar ligações locais de forma tão estreita. Esse fato não resultou, porém, no afastamento por completo do jogo político local, mas sem dúvida, numa remodelação das relações com as bases. Como aponta Bezerra, quando um parlamentar se insere na política nacional ele finda por estabelecer um certo distanciamento em relação às políticas municipal e estadual, ainda que preliminarmente tal afastamento possa ser apenas físico. De qualquer forma, e especialmente entre aqueles cujo prestígio político está fundado em relações pessoais, isso implica grave ameaça à sua sobrevivência política, que pode contudo ser amenizada caso ele continue atendendo às demandas municipais e estaduais, preferencialmente com base na inclusão de emendas ao orçamento da União, da prestação de favores particulares a eleitores e do controle e distribuição de cargos públicos em suas localidades eleitorais.

Como se vê, relações clientelistas podem assumir várias facetas, muitas delas inclusive de difícil registro. Entretanto, o que se observa à luz da atuação propositiva dos membros da elite no CN e de seus relatos acerca de suas trajetórias políticas é que, se muitos – especialmente os de perfil mais conservador – ainda mantêm relações políticas do tipo pessoal para com seus representados, essa não é a principal fonte de sustentação de suas carreiras no Parlamento.

Acredita-se que os membros da elite, justamente por se encontrarem em tal condição e dela fazerem uso, vivenciam situações de poder privilegiadas, as quais não só facilitam a articulação dos benefícios e verbas governamentais, mas também a própria divulgação dessas ações. Daí se compreende o porquê de a maioria dos entrevistados da elite (87%) ter admitido um relacionamento indireto com o seu eleitorado. Seja porque muitos deles, em função mesmo de suas longas carreiras, dispunham de um reconhecimento imediato de sua figura pública pelo eleitor e já haviam consolidado redes políticas sólidas, as quais sustentavam a reprodução de suas candidaturas, seja porque construíram sua história política no sentido do fortalecimento de uma representação calcada preponderantemente na defesa de idéias e interesses, e não na prestação de favores pessoais, configurava-se entre tais parlamentares relativa liberação de um trabalho "corpo a corpo" e regular com seu eleitorado. Sendo assim, o relacionamento e a prestação de contas da elite para com seus eleitores dava-se prioritariamente por meio de sua exposição na mídia e pela realização de conferências, palestras e reuniões com os grupos formadores de opinião[165].

> *"Eu não represento segmento social. Eu sou um deputado que defende as bandeiras gerais, a opinião pública, os interesses gerais da cidadania. Eu não defendo bandeiras específicas. (...) Meu relacionamento com o meu eleitorado se dá primeiramente pela mídia. Segundo, pelos instrumentos de escuta no Congresso que as pessoas acompanham. E, terceiro, pelos debates que eu faço. Então, eu faço muitos debates e seminários. Eu participo de muitos debates."*
> (José Genoíno)

> *"Já no primeiro período em que estive na Câmara, aquele de 1975 a 1983, eu passei a ter uma atuação muito nacional. Na condição de líder da bancada, eu fui perdendo a posição localizada. Quer dizer, outros parlamentares do Estado atendiam mais aos interesses paroquiais do que eu, porque eu estava mais na*

posição nacional. Depois fiquei aqueles oito anos fora, depois da eleição de vice-governador e senador e voltei, sem dúvida nenhuma, numa posição social nacionalizada. Quer dizer, tratar da questão da agricultura, já tratava com enfoque nacional, menos com enfoque paroquial. Fui presidente de uma CPI, investigando fechamento de algumas agências do Banco do Brasil, fui membro da CPI do PC Farias, fui membro da CPI do endividamento agrícola, que era global, e fui vice-presidente da Comissão do Orçamento ... Então isto fez com que eu tivesse presença natural na mídia, embora eu não gostasse de forçar a presença na mídia, mas tinha a presença natural na mídia, mas sem condição de atendimento mais paroquial. Então comecei a cair na votação na minha região de origem. Os outros candidatos do partido começaram a ter votação mais expressiva, mas eu aumentava minha votação nos grandes centros. (...) Então, essa atuação menos paroquializada e mais estadualizada, mais com visão nacional, e tratando de assuntos nacionais, me tirou votos da minha região de origem e me deu votos na área do eleitor de opinião."(Odacir Klein)

"Eu hoje já ultrapassei com meu eleitorado todas essas situações. É quase que uma relação do patriarca em relação às pessoas. Então eu já não tenho aquela relação que tinha quando deputado, do aliciamento, do voto, de ter que estar atento a isso. Quer dizer, eu hoje já tenho uma posição muito mais acima de todos esses problemas." (José Sarney)

Embora se verifique a supremacia de conteúdos mais universais nas proposições dos parlamentares da elite, muitos deles, em particular os senadores, dirigiam boa parte de sua atuação no CN para a feitura de propostas de cunho ornamental, relacionadas à prestação de homenagens e à solicitação de transcrição para os Anais do CN de documentos ou discursos de representantes de outro Poder ou mesmo de matérias publicadas na imprensa. Com efeito, entre os senadores da elite, durante os anos de 1989 a 1994, as proposições com tais conteúdos ocuparam a 2ª e a 4ª colocações entre as mais freqüentes. Em contrapartida, os deputados da elite não propuseram nenhuma inserção de matérias nos Anais da Câmara. Mesmo as solicitações de homenagens foram bem mais restritas, ocupando o último lugar entre todos os conteúdos selecionados. Essa distinção na atuação propositiva de senadores e deputados reforça a imagem do Senado como Casa legislativa cujo trabalho se concentra muitas vezes na produção de ações de potencial realizador insignificante.

Detendo-se nas distinções regionais, observa-se a predominância, nos dois períodos enfocados, dos conteúdos ornamentais no meio das proposições mais freqüentes dos Congressistas nortistas e sua elevada incidência entre as proposições dos nordestinos. Matérias relacionadas à regulamentação de matérias privativas do CN/Câmara/Senado também assumiam destaque na produção legislativa desses últimos, principalmente no que diz respeito a modificações nos regimentos internos de ambas as Casas. Em contrapartida, tendo como referência as carreiras dos parlamentares sulistas e as do Sudeste (tabela 30), verifica-se entre eles maior aproximação quanto aos principais conteúdos de suas proposições, especialmente no que se refere àqueles relativos à fiscalização dos atos do Executivo.

Durante os anos de 1989 a 1994 o volume de solicitações de informações ao Poder Executivo e Judiciário foi significativo entre parlamentares da elite de todas as regiões, à exceção dos nortistas. Todavia, não resta dúvida de que a grande incidência de proposições de controle do Executivo entre os representantes da elite do Sul e Sudeste está diretamente relacionada à maior concentração nessas Regiões de parlamentares de oposição aos governos do período.

De qualquer maneira, ao comparar as informações contidas nas tabelas 29 e 30, em relação aos três principais conteúdos das proposições de iniciativa da elite, observa-se maior regularidade nas proposições dos membros do Sul e do Sudeste em comparação com os representantes nordestinos.

De fato, entre os parlamentares nordestinos da elite não se evidencia regularidade quanto aos tipos de proposição elaborados ao longo de suas carreiras e durante o pós-Constituinte, mas no seio dos congressistas sulistas predominaram a elaboração de matérias de fiscalização do Executivo e propostas de alteração na legislação fiscal e tributária, enquanto entre os do Sudeste foram igualmente significativas as proposições de fiscalização e de mudança na legislação trabalhista. As alterações na legislação fiscal e tributária sugeridas por diversos membros do Sul recobriram projetos variados que tinham por objetivo tanto regulamentar a distribuição da arrecadação entre a União, os Estados e municípios, como estabelecer limites ou isenções de pagamentos de impostos para diferentes segmentos sociais. As propostas visando às modificações na Legislação trabalhista, em grande volume nas proposições dos representantes do Sudeste, aludiam fartamente a matérias dirigidas à ampliação de direitos dos trabalhadores.

O número elevado de matérias ornamentais e relacionadas ao funcionamento interno do CN entre as proposições dos parlamentares nordestinos mostra-se condizente com a trajetória de suas carreiras políticas, mais direcionadas para o interior do Parlamento. Entretanto, também se evidencia entre as suas principais proposições preocupação com a feitura de projetos voltados à expansão do desenvolvimento regional para diferentes setores socioeconômicos. Como se confirma nas tabelas 29 e 30, a regulamentação de políticas setoriais entre os nordestinos da elite ocupa a 2ª colocação entre as proposições mais incidentes ao longo de suas carreiras no CN e a 4ª colocação durante o pós-Constituinte. Na mesma direção, e a despeito de seu número reduzido, nota-se que os projetos relativos à execução de ações públicas em determinados Estados e municípios encontravam-se majoritariamente presentes (55%) entre as proposições nordestinas (tabela 30). Ainda que a preocupação em propor matérias de interesse eminentemente regional ou local possa estar direcionada principalmente ao atendimento de reclames de ordem clientelista, sua maior incidência entre os nordestinos é também reveladora de um vínculo mais "umbilical" entre eles e sua "aldeia". Tal relação também se identifica no seio dos representantes da elite do interior da Região Sul do país, embora exercida de maneira distinta[166].

Os posicionamentos dos membros da elite diante dos acontecimentos políticos mais marcantes entre os anos de 1989 e 1994 também demonstraram certos distanciamentos e proximidades entre seus membros. No entanto, tais distinções foram primordialmente ditadas pela orientação político-ideológica seguida por cada Congressista, ultrapassando identidades regionais e até mesmo partidárias[167].

Para investigar essa outra face da atuação política da elite parlamentar do pós-Constituinte, foram selecionados quatro temas centrais e polêmicos da agenda do CN durante aqueles anos: a reforma do Estado, a privatização, a reforma da previdência e a reforma tributária. Além, é claro, da discussão cronológica dos fatos políticos mais importantes do período – a eleição direta para presidente da República (1989), o *impeachment* do Presidente Fernando Collor de Mello (1992), o Plebiscito sobre a forma e o sistema de governo (1993), a Revisão Constitucional (1993), a CPI do Orçamento (1993), o Plano Real (1994) e as eleições presidenciais de 1994.

A reforma do Estado, entendida como a reorganização da administração federal a partir da extinção e criação de órgãos públicos e de mudanças no regime jurídico de seu funcionalismo, foi um dos assuntos que geraram as maiores contendas nos plenários da Câmara e do Senado. Ainda que no seio da elite tenham predominado posições favoráveis a um "enxugamento" do aparelho estatal e à eliminação de certos direitos adquiridos pelos servidores públicos, houve sempre disputas acirradas entre os defensores e opositores dessa tese. No primeiro grupo encontravam-se majoritariamente os parlamentares de postura ideológica e partidária mais próxima às tendências de centro e de direita que julgavam a reforma do Estado um processo irreversível de modernização de suas estruturas e de rompimento com setores corporativistas. No pólo oposto estavam aqueles mais identificados com a esquerda, os que compartilhavam visões nacionalistas sobre o desenvolvimento, ou mesmo os que defendiam a redução do Estado, porém não da forma como ela vinha sendo construída no país. Interessante observar que, embora a elite parlamentar tenha apoiado diversos projetos relacionados a essa temática, muitos dos que admitiram concordância com a reforma não se dispuseram a explicitá-la com seus respectivos votos, preferindo não comparecer às votações dos projetos tidos como os mais polêmicos. É preciso lembrar que algumas das principais votações envolvendo a reforma do Estado realizaram-se em anos eleitorais, o que explica em parte o receio de certos parlamentares da elite – especialmente os de centro e os comprometidos com as causas do funcionalismo público – de votar pela aprovação de medidas que pudessem abalar o seu prestígio junto ao eleitorado.

> *"... Se você olhar os votos na Constituinte, muitas vezes tem ausência minha e do Serra. Ausência porque não queríamos votar a favor e nem podíamos votar contra. Vale a pena analisar as medidas em que nós nos abstivemos. Não é ausência, abstenção por não estar no plenário. Às vezes, o Serra ia para a minha sala porque não dava para votar, era demais, era bom 'aspas' para o povo, pensavam que era e não era."* (Fernando Henrique Cardoso)

"Aqueles que votaram em medidas que ferem direitos adquiridos, eles vão ter as suas contas ajustadas nas urnas. Ninguém se coloca impunemente contra os direitos adquiridos." (Paes de Andrade)

Posturas cautelosas diante da política de privatização governamental do período também se refletiram nos discursos e nas votações dessas matérias no CN. De forma geral, os parlamentares da elite defenderam a manutenção do monopólio da União em certos setores definidos na Constituição[168], mas postularam pela abertura de alguns deles à iniciativa privada. A favor da instalação de um amplo processo de privatização, colocaram-se de forma clara os representantes da elite identificados com a direita e alguns de perfil ideológico de centro. Favoráveis à expansão do referido processo, porém resguardadas áreas estratégicas e de fomento social, posicionavam-se a maioria desses Congressistas. Contrários à privatização, ou críticos ferozes quanto à forma como ela vinha sendo empreendida pelos governos da ocasião, encontravam-se os membros da esquerda e os nacionalistas da elite. Curioso notar que, mesmo estando configurada uma conjuntura propícia à difusão de idéias econômicas de contornos liberais, e tendo sido elas bem acolhidas no CN, não se atingiu na prática grandes avanços no processo de privatização durante o período. De certo modo, tal postura desvela um antigo "mal-estar" provocado pelas inúmeras tentativas de adoção do ideário liberal em sua face política ou econômica em nossa sociedade. Dos clássicos do pensamento social brasileiro às obras mais recentes[169], vem sendo travada longa discussão acerca da possibilidade de adequação da ideologia liberal a uma sociedade tão avessa aos seus fundamentos. Existe, contudo, certo consenso de que – bem ou mal aclimatado a nossa sociedade e, apesar das deformações sofridas – o liberalismo amoldou-se à ordem vigente, sendo adotado há longa data como referência modelar do sistema político, e não por tanto tempo de sistema econômico. Como explicar, então, o comportamento cauteloso da elite e do próprio Congresso na aprovação de medidas privatizantes, ou mesmo direcionadas à redução do aparelho do Estado e à supressão de direitos adquiridos pelo funcionalismo público?

Uma das possíveis respostas a essa questão encontra-se relacionada ao histórico uso instrumental do liberalismo político e econômico na sociedade brasileira, dirigido para a legitimação de determinadas práticas sociais, políticas e econômicas que em nada se coadunam com os princípios fundadores da referida doutrina. Para Faoro, "tanto o liberalismo político quanto o econômico entraram no país como ideologia"[170]. Para Hollanda, a sociedade brasileira só assimilou dos princípios liberais aquilo que coincidia "com a negação de uma autoridade incômoda"[171]. Enquanto para Schwarz, a despeito da incompatibilidade do ideário liberal com a "cultura do favor"[172] – chave de nossa vida ideológica – e explícita inconciliação com o escravismo, operou-se a adoção voraz do liberalismo no país. Tal absorção, ainda que sob a égide de um padrão particular, não só funcionou como legitimação para uma série de práticas umbilicalmente vinculadas à cultura brasileira, ao atribuir-lhes explicações "racionais", mas também como adorno para ilustrar pessoas e práticas.

Guardada a devida distância em termos do recorte temporal sobre o qual se detêm privilegiadamente tais obras, e mesmo levando em conta as profundas transformações ocorridas na sociedade brasileira desde que aqui aportaram as primeiras idéias liberais, não se deve desprezar o quanto ainda hoje a adoção de premissas do liberalismo continua a garantir uma roupagem hodierna e modernizante a certas relações profundamente enredadas na cultura nacional e frontalmente antagônicas aos princípios liberais clássicos. Do contrário, como entender, sob a perspectiva do liberalismo econômico, que, ao lado de diversas preleções privatistas registradas no seio da elite e no CN, mantenham-se por parte dos mesmos parlamentares claras resistências a respeito da extinção de agências públicas de desenvolvimento regional, muitas delas há longo tempo deficitárias? Como explicar que, simultaneamente à defesa férrea de medidas liberalizantes para o mercado haja projetos requisitando ações estatais fortemente reguladoras da economia?

Na verdade, parece que os posicionamentos dos membros da elite a respeito de temáticas caras à cartilha liberal, como a privatização e a reforma do Estado, orientaram-se diretamente, a par de suas convicções ideológicas, pelas conseqüências que tais medidas podiam vir a produzir sobre seu eleitorado, além do grau de dependência construído para a manutenção de suas carreiras políticas em relação ao controle de cargos públicos e influência em certos órgãos e empresas estatais.

> *"Quando você começa a discutir a privatização do Banco do Brasil, a privatização da Petrobras, a privatização da Caixa Econômica, quer dizer, isso encontra uma reação da própria índole do povo brasileiro àquilo que representou poder. O Banco do Brasil é uma instituição secular, a Caixa Econômica também, com quase dois séculos de funcionamento, vai se privatizar dois organismos como esses? Então, o exagero da privatização encontra realmente a reação da opinião pública brasileira. E nós nos situamos também neste posicionamento, admitindo porém que outros setores possam ser privatizados nessa linha de diminuir o tamanho da máquina estatal."* (Mauro Benevides)

> *"Eu sempre tive uma posição livre, agora claro que com um mínimo de realismo político, porque eu ia assumindo posições que também não fossem contrárias ao meu interesse de reeleger, de ter votos. Então, sempre procurei manter uma atuação vinculada a essa realidade política e eleitoral que todo político tem de ter."* (Prisco Viana)

No que se refere às temáticas das reformas previdenciária e tributária, as suas principais votações realizaram-se após o período aqui enfocado, embora os debates acerca desses assuntos tenham dominado a agenda do CN no pós-Constituinte. Em relação à primeira reforma, havia certa unanimidade entre os membros da elite quanto à urgência na implementação de mudanças no sistema previdenciário público brasileiro. Predominava a idéia de que reformulações no texto constitucional eram inevitáveis, sendo que a proposta que contava com a maior adesão referia-se à criação de um novo sistema previdenciário que continuasse a combinar idade com tempo de serviço, mas que permitisse aumento gradual da idade mínima, preservando os direitos dos trabalhadores em vias de se aposentar. A manutenção da previdência social pública era o pensamento que prevalecia entre a maioria dos Congressistas da elite, ainda que os parlamentares de perfil mais alinhado à direita defendessem claramente a parcial ou total privatização do sistema. Contava também com vários aliados – em particular, representantes do centro e da esquerda – a proposta relacionada à preservação da previdência social pública, desde que implantada a co-gestão com a participação de organizações da sociedade civil.

Quanto à reforma tributária, essa era vista como a mais complexa de todas, por cruzar interesses muitos distintos que remontam ao próprio pacto federativo. Em concordância, todos os membros da elite se posicionaram pela necessidade de discutir não apenas os critérios para a arrecadação e distribuição dos tributos entre os entes da Federação, mas também as medidas concretas para a simplificação da cobrança de impostos no país. A progressividade dos tributos, prevista no § 1º do art. 145 da CF[173], era apoiada pela maioria dos Congressistas da elite, à exceção dos representantes da direita e alguns do centro, os quais se colocavam a favor da supressão do referido parágrafo do texto constitucional ou, no caso de sua permanência, pela fixação de limite máximo às alíquotas progressivas.

Os posicionamentos da elite parlamentar do pós-Constituinte diante dos principais fatos políticos do período revelam mais uma vez a importância da atuação desses agentes na história política recente do país. Todos os membros da elite participaram de forma mais ou menos decisiva do desenrolar desses acontecimentos, influenciando os seus rumos.

Com base nas informações obtidas nas entrevistas e nos resultados das votações referentes a esses fatos políticos[174], constatam-se entre os membros da elite avaliações semelhantes acerca da conjuntura política do pós-Constituinte, ainda que recortadas por julgamentos distintos quanto à valoração dos resultados desses acontecimentos para a história do país.

Partindo das eleições presidenciais de 1989, observa-se consenso no seio da elite quanto à relevância desse momento para a vida nacional. A característica atípica dessas eleições foi bastante ressaltada como expressão do desejo popular de participação e de renovação das lideranças políticas após tantos anos de autoritarismo. Contudo, a vitória de Fernando Collor de Mello foi majoritariamente percebida como um "grande equívoco", resultado da fragilidade das estruturas partidárias brasileiras e da falta de tradição democrática no país. Embora todos os entrevistados tenham feito questão de frisar sua distância em relação ao ex-presidente, alguns comentários denunciam vínculos muito mais estreitos e maiores entre certos Congressistas da elite e o governo Collor do que esses gostariam de ver lembrados.

> *"O Collor foi, na verdade, um dos equívocos monumentais produzidos na história desse país. Com uma coisa extremamente curiosa e até paradoxal, ele que fez a revolução. A sua forma descuidada de tratar dos problemas brasileiros*

produziu uma abertura absolutamente descuidada também, produzindo enormes inconvenientes, mas certamente pôs o Brasil... Ligou o plug do Brasil no mundo que estava mudando. " (Delfim Netto)

"O meu candidato foi o candidato do partido, Aureliano Chaves, mas... Fiquei até o fim com o Aureliano. Nem todo mundo fica, mas eu fiquei, fiquei com o Aureliano até o fim. Depois ele perdeu a eleição, e no segundo turno eu apoiei o Collor. Mas fiz um apoio mais formal, porque não cheguei a fazer nenhum comício com ele, nada. " (Marco Maciel)

Nessa mesma linha foi que se deu a defesa unânime do *impeachment*, considerado o momento de afirmação da democracia no país e de sintonia do Congresso com a opinião pública. De forma indireta, porém, alguns dos antigos colaboradores ou simpatizantes do ex-presidente fizeram a defesa dele, atribuindo sua queda à "inexistência de uma base parlamentar ampla" no CN, a qual lhe desse sustentação política, ou mesmo em razão da perda de importantes fontes de apoio na sociedade, ao ter "contrariado demais os interesses de setores políticos dominantes"[175]. A incompetência política do ex-presidente também foi salientada por muitos dos entrevistados como resultado de sua vaidade exacerbada e certeza de impunidade.

"O Collor é uma pessoa... o Collor é uma pessoa muito vaidosa. Nunca passou pela cabeça dele que ele ia ser cassado. Isso é uma coisa interessante. Ele não movimentou uma palha para evitar a CPI do Impeachment. *Ele caiu com a maior dignidade. Ele não fez nada, nada. Abriu as portas do Banco Central, Banco do Brasil, Procuradoria, Polícia Federal, tudo que podia ser feito foi feito. Ele não evitou. Se ele tivesse evitado, se ele tivesse botado a máquina dele para impedir, a CPI não teria funcionado.* " (Pedro Simon)

"É muito difícil tirar um presidente, há tantas formas, há tantos meios de manobrar politicamente, de compor politicamente, que só um incompetente como Collor e com aquela retaguarda do ponto de vista moral..."
(Prisco Viana)

No que se refere ao plebiscito sobre a forma e o sistema de governo realizado em abril de 1993, observa-se na elite ampla maioria de partidários do modelo republicano parlamentarista. De forma geral, todos admitiram que a divulgação e a discussão do plebiscito com a sociedade foram mal conduzidas pela frente parlamentarista, além de terem sido atropeladas pelos escândalos oriundos da CPI do Orçamento e pelas eleições de 1994. Na realidade, os parlamentaristas da elite mencionaram a falta de partidos fortes e bem definidos ideologicamente no país como o principal impedimento para a implementação desse sistema no Brasil, admitindo porém que a manutenção do atual sistema de governo alimenta a caotização da estrutura partidária. Do lado dos parlamentares da elite defensores do presidencialismo, em sua maioria representantes nordestinos, preponderou a tese de que outro sistema de governo não se coaduna com as tradições nacionais porque o país possui "vocação presidencialista". Depreende-se dessa assertiva a crença – na verdade compartilhada maciçamente pela sociedade brasileira – de que o brasileiro "quer votar em quem vai decidir, em quem vai mandar"[176], não admitindo transferir essa responsabilidade a um Congresso no qual não confia nem respeita. A tendência à alta personalização do sistema político nacional, somada às expectativas de redenção que encobrem os mandatos de certos governantes foi de fato muito bem explorada na campanha da frente presidencialista, tendo garantido a sua vitória no plebiscito de 1993.

> *"É muito difícil fazer convencer a população do parlamentarismo. Porque a população não gosta dos partidos, não gosta dos deputados, não gosta do Congresso e quer ter um poder forte, um pai, essa coisa. É muito abstrato para o povo entender. Então, nós íamos lá com nossos argumentos... Mas os argumentos a favor são argumentos racionais e são argumentos para quem tem uma politização, não são argumentos que o povo se sensibilize com eles. Os outros, o que é que eles falavam? 'O que é que vocês querem? Vocês não vão mais eleger o presidente diretamente, vão ficar na mão de quem vocês não sabem quem é. É esse Congresso.' Era muito difícil."* (Fernando Henrique Cardoso)

A maneira como se desenvolveu a Revisão Constitucional no interior do Parlamento foi também motivo de frustração para grande parte dos Congressistas da elite. De acordo com os entrevistados, havia a princípio elevada expectativa quanto à feitura de mudanças efetivas no texto Constitucional. Confirma essa disposição a já referida pesquisa do Diap – intitulada *A Cabeça do Congresso: quem é quem na Revisão Constitucional* –, no que alude ao julgamento dos parlamentares quanto à abrangência ideal da Revisão. Para a maioria dos membros da elite, a Revisão Constitucional deveria ser "ampla, geral e irrestrita" ou, no máximo, ter como único limite a preservação das cláusulas pétreas inscritas no § 4º do art. 60 da CF, anteriormente citado. Entretanto, a profusão de assuntos constantes da agenda política de 1993, particularmente a CPI do Orçamento e as eleições de 1994, somada ao desinteresse do Executivo e do próprio Legislativo em propor alterações significativas à Constituição, resultou no que a própria elite definiu como o "fracasso" da Revisão Constitucional.

> *"Fracassou totalmente, pelo momento em que nós vivíamos, e por entendermos que não houve vontade política de fazê-la. O próprio Executivo não deu nenhuma contribuição e nenhuma coisa tão profunda, mais forte, acontece neste país sem a participação efetiva dos três poderes da República, um ou dois poderes juntos não realizam."* (Inocêncio de Oliveira)

"Infelizmente não foi possível, porque fatores endógenos e exógenos perturbaram a Revisão. Se frustrou, aprovaram-se seis emendas sem maior significação. Foi uma pena. Perdemos a grande oportunidade de fazer uma verdadeira Revisão. E eu sei que acontecimentos muito exógenos... A possibilidade do pleito em 94... A Revisão começou em 93. O pouco interesse do Executivo nessa Revisão também foi... e depois as questões endógenas, a CPI do Orçamento, que afetou muito o andamento da Casa." (Marco Maciel)

A CPI do Orçamento instaurada em 20 de outubro de 1993 foi apontada pela elite como um dos momentos mais dramáticos da história do Congresso brasileiro. Pela primeira vez na história do país o CN teria de investigar e julgar seus próprios pares. Foram 94 dias em que 43 parlamentares estiveram sob investigação, sendo dezoito deles incluídos na lista dos cassáveis, catorze inocentados e onze arrolados como suspeitos e colocados sob a mira de novas investigações. Havia Congressistas da elite inseridos em cada uma das três situações e também na condição oposta de investigadores[177]. O impacto das investigações da CPI do Orçamento no Congresso foi tão profundo que as expressões mais utilizadas pela elite para se referir ao episódio desvelam alta carga de dramaticidade, como por exemplo: "revelar as entranhas", "cortar a própria carne", "mostrar as vísceras", "autoflagelo", "auto-imolação" e "autopunição".

Não obstante, vários entrevistados de perfil ideológico alinhado à direita e ao centro apontaram a ocorrência de certos abusos ao longo dos trabalhos da CPI. Segundo eles, movidos principalmente por posturas radicais e vaidade soberba, alguns parlamentares, em particular os de esquerda, promoveram o que denominaram de verdadeira "caça às bruxas", acabando por denegrir a imagem de parlamentares tidos como inocentes e não merecedores do achincalhe sofrido. Da parte dos Congressistas de esquerda da elite, a CPI do Orçamento, mesmo tendo sido de fundamental importância para a execução de uma "faxina ética" no CN, não cumpriu plenamente o seu papel. Isso porque não permitiu a realização de investigações mais profundas sobre certas denúncias, as quais poderiam atingir número bem maior de parlamentares e revelar com maior clareza as relações "promíscuas" estabelecidas entre membros do Parlamento, do Governo e da iniciativa privada na elaboração do Orçamento da União. Além disso, afirmam que, com as provas disponíveis, poucos Congressistas envolvidos nas irregularidades apuradas foram inseridos na lista de cassação[178].

"Aquela CPI, ela conseguiu acabar com os sete anões da Comissão do Orçamento e mudar o perfil da Comissão do Orçamento. Agora, do outro lado, houve um processo de caças às bruxas que fazia mal para quem não tem estômago para prejudicar pessoas. Ficou uma confusão entre a necessidade de punição de quem tinha que ser punido e a necessidade de brilhatura de alguns membros da CPI." (Odacir Klein)

"Acho que houve uma vontade majoritária na casa de fazer o corte da própria carne. Se não fizemos tudo o que era necessário... Mas foi um momento importante. Eu

acho que esses processos, eles não se completaram porque nós não fizemos a segunda parte, que era exatamente a reforma na maneira de fazer o Orçamento, a reforma da imunidade parlamentar, a reforma no sigilo bancário e fiscal. Quer dizer, a gente fez um trabalho no sentido de tirar o tumor, mas não fizemos a assepsia do ponto de vista preventivo. " (José Genoíno)

Finalmente, a implantação do Plano Real e as eleições presidenciais de 1994 foram percebidas pelos parlamentares da elite como processos profundamente imbricados, ao ponto de terem relacionado unanimemente o resultado do segundo enquanto decorrência previsível do sucesso do primeiro. Como era de esperar, os parlamentares governistas fizeram defesas veementes do Plano Real e da eleição de Fernando Henrique Cardoso para a Presidência da República. De qualquer maneira, não deixaram de apontar – principalmente aqueles que ocupavam ou já haviam ocupado cargos do alto escalão do Executivo – a adequação do momento de implantação do Plano Real numa conjuntura de fragilidade e desarticulação do poder Legislativo.

Todavia, muitos participantes da base parlamentar de apoio ao presidente não pouparam críticas quanto ao tipo de orientação econômica assumida pelo Governo nos últimos anos, principalmente no que diz respeito à rigidez da política cambial, aos cortes nos investimentos sociais, à recessão e ao desemprego. Na posição de críticos contumazes da política econômica governamental colocaram-se os representantes de esquerda da elite, posto que não vislumbraram no Plano Real nem em seus desdobramentos um projeto de desenvolvimento construtivo para o país.

"Qualquer que fosse o candidato lançado pelo sistema, seria eleito. Noventa e quatro era o ano do sonho do Plano Real, a eleição de 94 é parecida com a eleição do Cruzado em 1986. Qualquer candidato seria eleito, o Fernando Henrique foi eleito naquele processo de euforia do Plano Real de 94 e em 98, dizendo que a reeleição era necessária para garantir a estabilidade, que em janeiro foi quebrada, logo depois da eleição." (Miro Teixeira)

"Só se faz um plano de estabilização no Brasil quando a política está de pernas para o ar e, diga-se de passagem, eu percebi uma coisa agora, quanto mais CPI, melhor. Do ponto de vista que os políticos estão brigando com essa bobajada, nós temos que fazer outras coisas, vender, como estamos fazendo, bônus do Tesouro lá fora, a dois bilhões, baixar os juros. Aproveitar para fazer o que normalmente o jogo político não permite, porque existem os interesses enraizados. Agora é diferente, mas naquela época foi assim. Se não houvesse a CPI dos anões nós não teríamos força para fazer, para impor ao Congresso uma disciplina. Eu fui ao Congresso muitas vezes, briguei muito. Eu era senador e isso ajudava. Conseguimos na Comissão do Orçamento cortar 50% do orçamento, o que não é brincadeira. Só conseguimos porque os donos do orçamento estavam foragidos ou estavam amedrontados por causa da CPI."
(Fernando Henrique Cardoso)

Não cabe aqui apurar a veracidade das declarações dos parlamentares da elite em termos de coerência em relação às suas respectivas atuações políticas dentro e fora do Parlamento. Mesmo porque, para os fins a que se destina este trabalho tal avaliação mostra-se pouco relevante. O que realmente interessa é compreender o sentido do discurso político para quem o emite e desvelar alguns dos princípios valorativos fundadores das representações desses agentes. É nesta perspectiva que se tratará na próxima seção das expressões simbólicas mais insistentemente enfatizadas no discurso da elite parlamentar do pós-Constituinte, aquelas que de fato parecem organizar, distinguir e dar significado às suas práticas concretas.

3. Representações

A compreensão das representações da elite parlamentar do pós-Constituinte impõe o tratamento de certas questões empíricas e analíticas que levam necessariamente à consideração das formas de identidade tecidas por esse segmento político. O discurso, enquanto objetivação da identidade social de um grupo, incorpora outras construções discursivas num movimento dinâmico de explicitação e reconhecimento das diferenças. Desse modo, ao falarem de si e de suas práticas os atores demarcam suas singularidades.

Nessa perspectiva, a reflexão proposta acerca do universo das representações da elite parlamentar não caminha no sentido de afirmar que essas construções caracterizam-se por ser mera mistificação, tampouco admite o seu caráter auto-evidente. De outra feita, o universo das representações – formado na mediação da prática coletiva – absorve, reproduz e ressignifica expressões culturais de longa duração, o que o torna passível de ser tratado pela vertente dos estudos dedicados aos fenômenos da mitificação.

Os mitos, particularmente os mitos políticos, constituem narrativas legendárias as quais, segundo Girardet, recobrem três dimensões: a ficção, a explicação e a mobilização[179].

Enquanto fabulação, o mito político deforma objetivamente o real, ao passo que em sua função explicativa fornece "certo número de chaves para a compreensão do presente", proporcionando inteligibilidade ao caos reinante no universo social. De seu caráter explicativo redunda sua potência mobilizadora, "por tudo o que veicula de dinamismo profético "em momentos decisivos de rompimento do meio histórico. A concomitância do surgimento e/ou reafirmação dos mitos políticos em situações de traumatismo social corresponde a sua terminante função de reestruturação do tecido societário. Ao devolver à história presente a coerência perdida, o mito torna disponíveis para aquele que nele se enreda novos elementos de compreensão e adesão à realidade. É, pois, fruto e instrumento de sua reconstituição.

Os mitos políticos caracterizam-se ainda por seus inerentes polimorfismo e ambivalência. Uma mesma série de imagens pode ser difundida por diferentes mitos, ao passo que um mesmo mito pode oferecer numerosas significações e invocar inúmeras ressonâncias. Sua ambivalência se expressa nas oposições que o recobrem, as quais se referem ao movimento constante de reversibilidade dos símbolos e imagens por ele veiculadas[180].

A forte logicidade e a capacidade de reprodução no universo social conferem ao mito caráter aparentemente a-histórico. Entretanto, como aponta Barthes, "o mito é uma fala escolhida pela história"[181], e é no desenrolar desta que lhe são atribuídos os seus significados. Enfatize-se, ademais, que a permanência do mito político resulta também de sua capacidade de reter "apenas algumas dimensões da realidade e desprezar aquelas que poderiam introduzir ruídos estridentes e dilaceradores da sua harmonia"[182]. Daí se depreende que, no discurso mítico, "enquanto *opus operatum* [que] encobre por meio de suas significações reificadas o momento constitutivo da prática"[183], encontram-se presentes não só princípios coerentes e compatíveis com as condições objetivas, mas elementos de controle e manipulação. No momento de sua emissão, acham-se assim imbricados significados de complexa distinção que aludem tanto a elaborações simbólicas compartilhadas quanto a instrumentos de uso ideológico.

Fluidez é outra característica essencial associada aos mitos, já que eles não podem ser abarcados em sua plenitude e não é possível estabelecer com precisão seus respectivos contornos. Qualquer tentativa nesse sentido finda por se transformar numa "operação conceitualizante, obrigatoriamente redutora, que sempre se arrisca a traí-lo ou a dele dar apenas uma versão empobrecida, mutilada, destituída de sua riqueza e de sua complexidade"[184]. Nessa difícil empreitada de "transcrever o irracional na linguagem do inteligível", faz-se necessário o apelo à intuição do investigador e a um contínuo exercício de humildade. Isso porque só quem vive intensamente o mito pode efetivamente compreendê-lo, mas em tais circunstâncias não se consegue explicá-lo racionalmente. Resta ao pesquisador dar-se conta de que existem limites intransponíveis para o conhecimento do mito e de que múltiplos aspectos de uma construção mítica escaparão à mais rigorosa das análises. Reconhecer essas limitações, ainda que não impeça, pode conter a tentação de criar falsas aproximações e de efetuar generalizações arbitrárias.

Feitas tais considerações, pode-se admitir a existência de certos elementos míticos recorrentes no imaginário político das sociedades ocidentais amplamente invocados nos movimentos sociais e nas doutrinas filosóficas de diferentes orientações, surgidas particularmente ao longo dos dois últimos séculos. Reportam-se na verdade a certas "constelações" míticas que se imbricam e interpenetram-se, criando múltiplas expressões potenciais. Entre as que poderiam ser classificadas "clássicas"[185] situam-se aquelas sob o domínio dos temas do Salvador, da Idade do Ouro, da Conspiração e da Unidade.

No que diz respeito à primeira constelação mítica, a do Salvador, cabe destacar inicialmente a longevidade dessa construção na história. Suas emissões não cessam de se reproduzir e de repercutir nos momentos de ruptura e reconstituição da teia social. Seja para instaurar, seja para subverter a ordem, o "homem providencial" encarna em torno de si as esperanças coletivas. Reconhece-se a autoridade do

Salvador e nela se redescobre, na medida em que "graças (a ele) e através dele, existem, para um certo número de homens, as mesmas emoções a compartilhar, os mesmos fervores e as mesmas esperanças"[186]. Terminam, pois, por reencontrar a si mesmos quando identificam em outros necessidades semelhantes de proteção e orientação, funções essas incorporadas e reconhecidas na figura do líder, do chefe ou do guia. Em verdade, a heroificação de um líder encontra-se diretamente relacionada à compatibilidade de seus "dons pessoais" com as necessidades sociais vigentes. Tanto pode estar investido da condição de "guardião da normalidade", ao ser (ou estar) dotado das qualidades da sabedoria, firmeza, experiência, prudência e moderação para o exercício da atividade política; quanto pode encontrar-se afinado com os atributos da coragem, audácia, determinação e clarividência. Independentemente da forma como se apresenta, a imagem do Salvador varia de acordo com as necessidades sociais candentes num dado momento histórico[187].

Deve-se admitir que o esplendor do mito do Salvador se dá justamente na ocasião de predomínio do modelo de dominação política indicado por Weber como carismático. Em suas palavras: "Se algumas pessoas se abandonam ao carisma do profeta, do chefe de tempo de guerra, do grande demagogo que opera no seio da *ecclesia* ou do Parlamento, isso quer dizer que estes passam por estar interiormente 'chamados' para o papel de condutores de homens e que a eles se dá obediência não por costume ou devido a uma lei, mas porque neles se deposita fé"[188]. A devoção de seus seguidores encontra-se assim fundada nos dotes (sobrenaturais) exclusivamente pessoais do "chefe", os quais se encontram diretamente relacionados às suas faculdades mágicas, demonstrações de heroísmo, poder intelectual ou oratória[189]. Detendo-se no tipo de líder carismático que mais diretamente interessa a esse estudo, o demagogo, cabe inicialmente salientar que ele é, segundo Weber, uma invenção típica do Ocidente e apresenta-se nos Estados Constitucionais sob a forma de líder partidário parlamentar. O poder da oratória é a fonte primordial, embora não exclusiva, do carisma do demagogo, o que não chega a surpreender, considerando que o *locus* de sua atuação é o Parlamento. Com efeito, para Weber o domínio das palavras constitui uma das virtudes necessárias para o político profissional. Mais que isso, se bem utilizadas, as palavras são "espadas contra os inimigos; mal utilizadas, porém, voltam-se contra aquele mesmo que as proferiu, à parte o conteúdo de verdade ou ético que elas possuam"[190].

Diversas são as repercussões da constelação mítica do Salvador evidenciadas no discurso político da elite parlamentar do pós-Constituinte. O primeiro elemento mítico mais claramente identificável remonta à condição de "escolhidos", no sentido de portadores de um "dom" especial e de uma missão a ser cumprida. Para grande parte dos integrantes da elite, e de forma mais explícita no discurso dos representantes nordestinos, ser político é uma "vocação" no sentido da predestinação, e o exercício da política configura um dever ao qual os agraciados com essa virtude não podem se furtar de desempenhar. O caráter profético e religioso que envolve tal discurso político vê-se ainda reforçado por outras expressões, também de intensa conotação mítica, relacionadas às noções de privação e sacrifício. O político é percebido como um indivíduo cuja vida marca-se por sofrimentos e abdicação, já que, como "missionário", acaba por não estabelecer limites claros entre sua vida pessoal e profissional. Além disso, é subjugado a contínuas frustrações, pois – apesar do sacrifício de uma vida marcada pela indistinção de papéis – não há por parte da sociedade o reconhecimento de sua dedicação à causa política, vista essencialmente como a "busca do bem comum".

> *"É um apostolado de dedicação exclusiva, não há domingo, não há feriado, não há nenhum instante em que o político que é essencialmente político não tem de estar preocupado com a temática política... e eu sempre fui essencialmente político.* (Mauro Benevides)

> *"Só os vocacionados exercem bem a política. Vamos fazer uma definição que talvez não seja realista, mas enfim, idealista, porque eu sempre procurei seguir esses ideais. É alguém que está preocupado com o bem comum, a felicidade geral, o bem do país, o bem do povo e que não tem outros objetivos a não ser esses. (...) Alguém que tem de ser muito honesto. Eu acho que o político tem de ter muito cuidado, ser muito rigoroso no seu comportamento pessoal, porque a função política tem uma função pedagógica para os jovens, para as crianças. O seu comportamento acaba sendo um parâmetro. Então o político tem de se privar de muitas coisas para dar o exemplo. Lamentavelmente, nem sempre é assim. Mas eu acho que ele tem de estar imbuído disso, porque é uma função nobre que, para exercê-la, tem de saber que tem de ter um tipo de comportamento correto do ponto de vista ético, moral. Tem de ser correto nas suas posições, nas suas atitudes. (...) Eu fiz confundir com a instituição o meu destino."*
> (Prisco Viana)

> *"Aí estava a minha vocação e por aí eu andei caminhando. Uma longa caminhada por cima de espinhos e até muitas vezes ferindo as mãos e sangrando os pés."*
> (Paes de Andrade)

> *"Ser um político no Brasil é ser julgado diariamente por suas atitudes. Você tem a necessidade de fazer sempre, diariamente, sempre fazendo positivamente. Minha atuação eu diria que é aquilo que eu poderia dar de mim, porque eu procuro dar o máximo de esforço. (...) Eu sou um adepto de DeGaulle quando ele diz que o sonho de todo político é transformar sonhos em realidade."*
> (Inocêncio de Oliveira)

> *"O político já nasce. É uma coisa que vem, que está no DNA da gente. A atividade política é uma ação missionária, é uma atitude de vida, insisto nisso, é incompatível com outra atividade. (...) Então, sob o ponto de vista mais particular, significa muita renúncia também. Ela retira muito da liberdade da gente. (...) Porque em política não basta parecer, o político tem de ser um exemplo para a sociedade."* (Marco Maciel)

"Todo cargo público na verdade é um ônus público. (...) Esses trinta anos de vida pública foram, na verdade, no nível pessoal e no nível da família, um sacrifício. (Odacir Klein)

De acordo com Arruda, a noção do sacrifício em política vincula-se a um "universo simbólico arcaico, que intenta reforçar o coletivo contra o individual"[191]. Daí se compreende a constante necessidade dos entrevistados de distinguir o "bom" do "mau" político, incluindo-se obviamente entre os primeiros. O bom político é aquele que pensa coletivamente e vive para a política, enquanto o "mau político" é o que se aproveita da política para realizar seus interesses pessoais.

Ainda que tais manifestações correspondam a uma retórica rica em jargões políticos cujos significados contradizem freqüentemente a ação de muitos desses parlamentares, elas são igualmente reveladoras de identidades político-culturais distintas. Em outros termos, para além da dimensão de mitificação, a presença mais ativa e explícita de fortes componentes míticos no discurso político de determinados representantes da elite alude diretamente ao universo simbólico no qual esses Congressistas se construíram e se reproduzem enquanto políticos, e de onde afloram conteúdos plenamente reconhecíveis para quem os compartilha.

Embora não se observem de forma tão evidente no discurso político de alguns dos participantes da elite, especialmente dos membros do Sudeste, os elementos míticos acima apontados em torno do tema do Salvador, disso não resulta a ausência de tais significados nos seus discursos. Ao contrário, verificam-se reelaborações típicas dessas construções simbólicas, assim como novas ressonâncias do mito do Salvador.

A condição de "escolhidos" e de "portadores de uma missão" apresenta-se novamente enunciada no discurso dos parlamentares da elite, quando evocam para si a responsabilidade exclusiva pelo "êxito" de empreendimentos políticos de grande porte, superdimensionando o seu papel em momentos decisivos da história política recente do país.

"Aí, numa certa altura eu vi o seguinte: ou eu era candidato ou então não ia haver o Plano Real, porque o Itamar não tinha em quem apostar." (Fernando Henrique Cardoso)

"Eu era o único sujeito que tinha organização, o resto tudo era uma esculhambação, e eles perdiam com isso, porque aparecia muito a dependência que tinham da assessoria parlamentar. (...) Eu aproveitei esse espaço, que eu vi que era um espaço que eu podia usar, e era um espaço que para mim não tinha dificuldade, que era a minha formação profissional. Então eu acabei sendo, me tornando relativamente indispensável em tudo, seja como assessor do regimento, seja na elaboração da Constituinte, e aí fui crescendo... O regimento interno fui eu que fiz. (...) Eu era o cara que trabalhava, ou seja, que redigia, que organizava. Era o cara que fazia as coisas, não era o cara que aparecia com tudo feito, eu era o amanuense." (Nelson Jobim)

"Nós começamos... O impeachment *foi feito praticamente no meu gabinete. Eu coordenei todo aquele trabalho."* (Pedro Simon)

"Cassei três mandatos: Anaireves Moura, I. Takaiama, parece, e o outro foi o Nobel Moura, e fiz a CPI do Orçamento, o presidente do Senado tinha sido citado, eu encabecei o movimento para fazer a CPI mista e disse que todos seriam julgados." (Inocêncio de Oliveira)

As manifestações de onipotência e vaidade que encobrem as emissões citadas desvelam mais uma vez o personalismo dominante na cultura política brasileira. Ainda que a vaidade seja, como aponta Weber, um sentimento muito humano – embora "inimiga mortal de qualquer devoção a uma causa"[192] – e tenha no meio político um espaço propício para o seu alastramento, não há como deixar de salientar a dificuldade da maioria dos nossos políticos, de se reconhecerem como co-partícipes do processo de construção dessa sociedade, e não os seus grandes protagonistas.

Na realidade, tais demonstrações de personalismo – refletidas em inúmeras ações públicas, tanto as de cunho claramente assistencialista como aquelas despojadas de qualquer compromisso social – terminam por alimentar certa imagem da sociedade civil brasileira como que composta, parafraseando Carvalho, de milhões de "bestializados"[193]. Mesmo reconhecendo o papel desproporcional que assume um círculo restrito de lideranças, detentor de recursos políticos relevantes, na organização da vida pública de qualquer país[194], são inegáveis os avanços ocorridos no Brasil em direção ao fortalecimento de uma sociedade civil mais autônoma e participativa. Como aponta Moisés, evidenciam-se, particularmente nos últimos trinta anos, mudanças significativas na cultura política brasileira relacionadas à formação de uma opinião pública mais atenta aos processos políticos, a um "maior reconhecimento da importância das instituições democráticas *per se*" e a uma maior "adesão normativa à democracia", conquanto tal movimento não venha evoluindo[195]. Há que reconhecer, contudo, que tais avanços não vieram se processando de maneira uniforme em todas as regiões do país, nem mesmo entre os diferentes grupos e classes sociais. Portanto, talvez seja mais adequado remeter-se às mudanças nas diferentes subculturas políticas que propriamente à totalidade definida como cultura política nacional. De qualquer forma, o que decerto se verifica é que no âmbito da elite parlamentar do pós-Constituinte, e de forma abrangente, o referido processo ainda não operou a ruptura de certos padrões de comportamento e discursos pouco afeitos à ordem democrática.

Curioso observar que junto das demonstrações personalistas manifestas no discurso da elite surgem como contraponto expressões claramente opostas, ancoradas na modéstia. Elas abarcam tanto conteúdos intencionalmente construídos quanto manifestações subjetivas que tecem o discurso. Isso significa que entre tais emissões despontam tentativas de escamoteação de posturas personalistas, de práticas moralmente questionáveis ou mesmo denunciantes de recursos de poder distintos.

Lembre-se, entretanto, que as manifestações de modéstia coadunam-se igualmente à condição de "missionários" apontada por muitos desses parlamentares, na qual se configura a desaprovação da soberba, por entrar em conflito com os seus princípios valorativos estruturantes.

"Talvez pelo meu próprio temperamento de ser um homem do diálogo, uma pessoa que não desejava impor nada, que não tinha nenhum objetivo secundário... Muitas vezes pensavam que era uma coisa de fraqueza... Não, eu achava que o presidente devia ser fraco para que o Estado brasileiro, o povo ficasse mais forte. (...) Eu acho que eu contribuí com um pouquinho, com o meu trabalho, com a minha visão, para que todos esses avanços ocorressem. Fui uma peçazinha pequena, mas..." (José Sarney)

"Esse negócio de elite é história. Não existe essa liderança, essa idéia de que oito sujeitos determinam o que o Congresso faz. É tudo mentira, é tudo história. Aqui cada um é quinhentos e treze avos. O voto de cada um é rigorosamente igual ao voto do outro." (Delfim Netto)

"Eu nunca lutei muito na vida para as coisas. Isso é ruim. Não estou dizendo como uma coisa boa não. Eu nunca lutei muito para obter coisas. E, na carreira intelectual, também. Quer dizer, eu fui dando saltos, fui para cá, fui para lá, sem nunca realmente ter me empenhado. A coisa veio meio que um pouco de graça, o que é ruim. Eu poderia ter sido mais brigador, mais treinado para a briga." (Fernando Henrique Cardoso)

Todas as emissões da elite parlamentar até aqui descritas revelam a importância da retórica na vida política. Como ressalta Teixeira[196], a retórica é parte essencial do jogo político. Mais que em qualquer outra esfera, o que muitas vezes aparentemente se mostra como "verborragia desnecessária" constitui na verdade prática fundamental estabelecedora de vínculos, (con)firmadora de lealdades e demarcadora de singularidades, tanto entre pares como entre esses e a instituição parlamentar, e mesmo nas relações instituídas entre representantes e representados. Isso ajuda a compreender a grande identificação e preferência dos membros da elite para exercerem no Parlamento atividades diretamente relacionadas à capacidade de oratória e ao uso da retórica política. Para a maioria dos entrevistados, o debate, a negociação e a articulação são as ações parlamentares em que atribuem o seu melhor desempenho, e é a tribuna o local onde se sentem mais à vontade no Congresso.

Visibilidade, polêmica e poder de convencimento; embora sejam múltiplas as determinações que envolvem esses aspectos na política, é também possível relacioná-los a uma das três qualidades do homem político indicadas por Weber, isto é, a paixão[197]. Paixão no sentido de "devoção apaixonada a uma "causa", ao Deus ou ao demônio que a inspira"[198]. Podendo-se acrescentar, paixão na perspectiva do prazer pelo "jogo de cena", o qual afirma o seu pertencimento, ao mesmo tempo em que o distingue no seio da comunidade política.

Ainda sobre esse aspecto, deixam-se entrever de novo certas distinções entre os membros da elite. Enquanto se observa no meio dos congressistas nordestinos a utilização de uma retórica mais carregada de elementos míticos em que abundam citações de célebres figuras e pensadores da política, predomina no discurso dos parlamentares do Sudeste e do Sul uma locução a qual se pretende mais técnica, menos empolada e talvez menos "romântica" acerca de quem são e o que fazem.

Mais uma vez, identidades regionais diferenciadas demarcam comportamentos e estilos diversos de fazer política em que a tradição assume inegavelmente papel importante na definição desses modelos. É, pois, significativo que entre os parlamentares nordestinos o exercício do mandato parlamentar seja prática há longo tempo reproduzida no seio de suas famílias[199], ao passo que entre os representantes de outras regiões existe número considerável que inaugurou com seu mandato a experiência familiar nessa área. Nesse sentido, mesmo que procurem intencionalmente encobrir mais do que revelar, o apelo à prolixidade e o uso corrente de expressões ornamentais ou a adoção de um estilo de oratória mais conciso e pretensiosamente objetivo são produtos da vida sociocultural. Em tal universo, emergem continuamente novos significados e muitos não cessam de ser reeditados – ainda que sob nova roupagem – de maneira a garantir a sobrevivência e demarcação de identidades.

> "Eu sou muito a formação do meio de onde eu venho, Caxias do Sul, principalmente há 50, 60 anos atrás, que era uma cidade de porte médio. Então, eu sou muito filho dessa formação, dessa maneira de ser, de valorizar as nossas coisas, as nossas raízes, a guerra, a religião católica. Os princípios morais eram muito definidos, o valor do trabalho era absoluto. Então, eu sou muito diferente de outras regiões onde essas coisas não funcionam." (Pedro Simon)

> "É evidente que existem diferenças entre os políticos nordestinos e os de outras regiões. O Nordeste ao longo da nossa história tem sido discriminado, há um processo brutal de discriminação das políticas econômicas... Diante ali no Nordeste se ergueu sempre e ainda se ergue o pau dos martírios coletivos. Gustavo Barroso, um homem indiscutivelmente de direita, mas brilhante e uma espécie de devoto da terra nordestina, analisando o quadro da seca deixou este pensamento: 'Enquanto outras regiões do Brasil se orgulham de feitos antigos e de riquezas modernas, a glória do Nordeste é como a dos santos e dos mártires, feita de dores e de provações'." (Paes de Andrade)

> "O paulista é o mais cosmopolita de todos os políticos brasileiros. É o único que não pensa só em São Paulo, porque os outros só pensam em seus estados." (Delfim Netto)

Mais que reafirmarem identidades regionais, essas manifestações dos membros da elite demonstram como realidades e práticas distintas fundam e se alimentam de certas construções míticas que, ao serem constantemente ressignificadas e incorporadas por quem as vivencia, recebem estímulos sucessivos para a sua permanência. Além disso, sendo a construção da identidade social de um grupo ou de uma coletividade um processo de auto-representação, reconhecimento e diferenciação, esta se consolida no cotejo com outras práticas simbólicas assentadas em representações similares, complementares, ou mesmo antagônicas às suas. Estabelece-se, assim, o conflito entre o mesmo e o diverso, em que cada um percebe a si próprio na comparação com os demais.

Encontram-se também presente nesses discursos outros elementos míticos importantes, porém mais diretamente relacionados à segunda constelação mítica apontada – a Idade do Ouro.

Referente a uma época em geral não datada, "o tempo de antes"[200], que afirma a oposição entre um passado fulguroso e um presente tido como decadente, a constelação mítica da Idade do Ouro funda-se num momento que inspira nostalgia e esperança de retorno. Dois são os valores fundamentais a garantir coerência e longevidade ao mito: a expectativa de resgate da "pureza das origens" e da "solidariedade"[201]. Pureza e inocência encontradas particularmente no meio rural, domínio ainda não corrompido pela expansão urbana, a qual solapa formas elevadas de sociabilidade. Remete-se ainda ao lugar sacralizado de origem, a "aldeia" para onde se deve sempre retornar em busca da revitalização do corpo e da alma. A Idade do Ouro é também um "tempo" em que não há conflito, quando se configuram, enfim, a harmonia e a comunhão entre os homens.

> *"Eu digo sempre que a pátria começa no enxame em que se habita, e é na terra em que a gente vive que a gente encontra estímulo... Para usar a expressão de Joaquim Nabuco, o arrocho do berço. É onde também a gente retempera nossas forças na adversidade. (...) Até faz-me lembrar um texto meu em que eu cito Bernardo Pereira Vasconcelos, que é um pouco nessa linha. 'Ninguém pode agir sem ter presente assuntos longe de sua infância. Ali onde a gente cresce e ali, sem saber, onde a gente não consegue se libertar dessas raízes'."* (Marco Maciel)

> *"Antes parece que havia mais ética na política... Seriedade, dedicação."* (Prisco Viana)

> *"Nenhum ser humano pode fugir de sua terra do nascimento, de suas vinculações, sobretudo quem nasceu em cidade pequena. É muito mais marcante do que quem nasce em cidade grande. Eu nasci numa pequena cidade, quase que uma vila, de 2 mil habitantes, em 1930, que não tinha nenhum equipamento urbano, nem estrada, nem médico. Isso marca muito a vida da gente, a terra em que nasceu..."* (José Sarney)

O sentimento nostálgico suscitado pelas imagens da constelação da Idade do Ouro evoca uma das principais características do mito, que é a de trazer à tona certa maneira de ler a história, "com seus esquecimentos, suas rejeições e suas lacunas, mas também com suas fidelidades e suas devoções, fonte jamais esgotada de emoção e fervor"[202]. Outrossim, alude a sensações primárias, as quais remontam a um período absolutamente decisivo na formação do indivíduo, a sua infância, e toda a complexidade e riqueza de significados daí advindos. "Passado individual vivido e passado histórico reconstituído"[203] interpenetram-se na busca do resgate da felicidade e segurança primeiras que, embora há muito distantes, nunca deixam de criar expectativas quanto ao seu retorno.

Não causa espécie verificar que o culto à "aldeia" e a determinados momentos da vida nacional surjam de forma mais recorrente no discurso dos representantes nordestinos e sulistas da elite, especialmente os oriundos do interior dessas regiões. Sendo esses locais onde vige uma ação mais expandida de controle social e onde os valores comunitários encontram-se menos difusos e sujeitos a um ritmo menos frenético de mutação, constituem-se terrenos propícios à propagação e resistência das construções míticas.

O terceiro grande conjunto dos mitos políticos clássicos reporta-se ao tema da Conspiração. Instigando a demonização de um grupo social, real ou imaginário – aquele que por não se identificar e não ser identificado com o todo é responsabilizado pelas mazelas da sociedade –, o mito do Complô acaba por assumir função social explicativa das mais importantes. Ao reduzir a uma única causalidade os acontecimentos desconcertantes e incômodos, finda por lhes restituir a inteligibilidade, minimizando a terrível angústia provocada pelo desconhecido. A personificação do mal (judeus, maçons, comunistas, imigrantes) permite o seu fácil reconhecimento e, por conseguinte, a vigilância e o combate. Ademais, encontrando-se encarnado, o mal reafirma a identidade dos grupos sociais majoritários ao se posicionar como a antítese da "normalidade". Desse modo, fornecendo resposta ao que não se compreende ou ao que não se aceita na história, e exercendo papel importante na reafirmação de identidades sociais, a "idéia" de uma Conspiração termina funcionando como instrumento poderoso para a exclusão dos diferentes e justificador de fracassos.

A narrativa mítica do Complô – ainda que mantenha vínculos com dados factuais, inerentes a toda construção mitológica – estabelece, contudo, uma verdadeira transformação qualitativa da realidade, já que na maioria das vezes não só ultrapassa qualquer ordem cronológica, como abdica da relativização dos fatos e situações históricas. Aqui, novamente, porém de forma mais visível, o hiato entre o substrato histórico dos fatos e a sua leitura mítica atinge amplitude considerável.

Uma das fontes desse mito localiza-se na incapacidade das comunidades políticas de lidar com a heterogeneidade, seja ela de cunho étnico, religioso, econômico, político ou ideológico. Como lembra Hannah Arendt, enfatizando mais diretamente a intolerância à diversidade étnica: "O 'estranho' é um símbolo assustador pelo fato da diferença em si, da individualidade em si, e evoca essa esfera [da vida privada] onde o homem não pode atuar nem mudar e na qual tem, portanto, uma definida tendência de destruir"[204]. Medo e impotência diante do incompreensível num contexto de grande frustração social – aí se encontra o cadinho para a experiência totalitária.

O apelo ao mito do Complô está também presente no discurso dos integrantes da elite parlamentar, aflorando – como não poderia deixar de ser – justamente nos momentos em que necessitam de algo ou alguém a quem possam atribuir suas derrotas e decepções. Em tal conjuntura, reputam a determinados grupos a responsabilidade pelos flagelos que os assombram, ou que atemorizaram suas carreiras políticas. Nessa perspectiva, as derrotas eleitorais são resultados de "complôs maquiavélicos", e a incapacidade de levar adiante determinadas ações políticas reduz-se a impedimentos relacionados à intervenção de "forças ocultas". Por fim, as críticas às suas atuações no Congresso representam, para a maioria desses parlamentares, produtos de maldosas campanhas difamatórias, orquestradas por quem eles julgam ser o atual "vilão" da vida política brasileira: a imprensa.

> *"Em 1982 eu fui candidato a governador. Entre aspas 'perdi', mas na realidade ganhei e não levei, porque eu fui... Verifiquei a mesma fraude que o Brizola teve no Rio de Janeiro, quando ele se elegeu em 1982 e que a Embaixada da Alemanha nos avisou que ia ter... Aqui eu não fui avisado, não tivemos força e se consumou."* (Pedro Simon)

> *"As eleições presidenciais de 1989... Não houve um processo legítimo. O processo foi ilegítimo, foi uma eleição marcada pela fraude. É notório que se fraudou aquela eleição no primeiro turno. E ficou tudo por isso mesmo. (...) Não tenho dúvida alguma de que o Brizola teria ido para o segundo turno. Aqueles 300 mil votos neste universo, sem a máquina de votar naquela época... Não tenho dúvida alguma e tenho informações de como se deu no Pará, no Amazonas, em Minas Gerais e em Goiás. Tenho informações não, temos. Eu e nosso partido temos informações de como se deu."* (Miro Teixeira)

> *"Quando o Congresso era fraco, a imprensa estava censurada. Só existirá democracia com um Congresso forte, e tem setores da imprensa que não se dão conta disso. Trabalham parece que visando ao fechamento do Congresso, ou a antipatia do Congresso pela população. Trabalham instintivamente numa postura antidemocrática, aí tudo isso faz com que haja esse desgaste de marketing."* (Odacir Klein)

> *"A imprensa tende, normalmente, a dar mais divulgação às ações distorcidas dos parlamentares do que aos fatos positivos. De modo que faz com que cresça mais essa imagem negativa do Congresso."* (Francisco Dornelles)

Tirante o conteúdo fabuloso das narrativas acima, merecem ser todavia discutidos alguns de seus fundamentos objetivos, mais especificamente o que se refere ao papel desempenhado pela imprensa brasileira nos últimos anos. Nas sociedades democráticas, a imprensa assume a função de mediadora entre os homens públicos e a sociedade. Tendo poucos recursos para o acompanhamento mais diligente da política institucional, os cidadãos acabam por depender dos mecanismos da "imagem e do relato" produzidos pela imprensa para o julgamento da função pública. Em outras palavras,

> *"o cidadão não interpreta os signos num diálogo com a convenção e o ambiente cultural em que se insere. Ele o faz através da lente da imprensa e o faz, na maioria das vezes, como se essa mediação não interferisse. (...) A imprensa tornou-se (...) o Terceiro, o equivalente da cultura e da tradição enquanto relato autorizado de uma época"*[205].

Daí se compreende a enorme importância desse meio de comunicação como instrumento de legitimação e controle da ação pública.

Longe de subtrair a importância do trabalho desempenhado pela imprensa brasileira nos recentes acontecimentos políticos da vida nacional, há que se distinguir contudo a prática do jornalismo político investigativo do mero "denuncismo". Como aponta Weber, "o sentimento de responsabilidade de um jornalista honrado em nada é inferior ao de qualquer outro intelectual"[206]. Entretanto, na atualidade assiste-se com freqüência a diversas demonstrações de falta de senso de responsabilidade por alguns desses profissionais, a despeito do enorme poder destruidor de suas "matérias" em relação à vida das pessoas e instituições. Sendo produtora do "relato autorizado", tudo que se noticia pelos canais da imprensa imediatamente torna-se fato, e tentativas de reparo ao que foi noticiado dificilmente conseguem reproduzir o mesmo impacto da matéria original. Além disso, a prática do "denuncismo" revela outra face da imprensa moderna: a de empresa comercial, em que o escândalo e a polêmica apresentam-se como ingredientes fundamentais para o incremento das vendas de seus produtos.

Tratando-se do jornalismo político no Brasil, o que se verifica, por um lado, é a atuação corajosa de muitos desses profissionais na defesa dos direitos de cidadania e do fortalecimento das instituições democráticas. Por outro lado, constatam-se também diversas práticas irresponsáveis de jornalistas cujas matérias denegriram ou mesmo aniquilaram com carreiras políticas, imputando aos mandatários "crimes" que não foram suficientemente esclarecidos e talvez nem sequer tenham chegado a existir[207].

Desse modo, embora a tensão entre a imprensa e os políticos seja um problema intrínseco à vida pública, ela assume alta intensidade no Brasil, tendo em vista que seus representantes diretos, assim como a sociedade brasileira, encontram-se ainda em pleno processo de aprendizagem de convivência democrática.

Todas as três constelações míticas do imaginário político até aqui apontadas, além de interpenetrarem-se, cruzam necessariamente um quarto conjunto mitológico também onipresente no universo da política: a Unidade. Afinal, a imagem passada ou futura de uma sociedade harmônica e indivisível é uma aspiração detectada em qualquer projeto político e em toda organização social. O mito do Complô, ao atribuir a uma "vítima expiatória" a responsabilidade pela desintegração societária, concentra a violência difusa num "inimigo externo"[208], reforçando assim na sociedade o sentimento de resgate de uma unidade preexistente. O anseio pelo Salvador reproduz a expectativa do surgimento de um ser capaz de encarnar a vontade do todo, superando dissensos sociais relacionados a interesses particulares. A Idade do Ouro, por seu turno, reproduz a nostalgia de momentos em que o conflito não existe e a sociedade encontra-se protegida de grandes perturbações e distúrbios. Na exaltação da unidade perdida ou da que há de vir encontram-se então configurados os elementos centrais do imaginário mítico: "o Bem, o Mal e o resultado da luta"[209].

Se o apelo à unidade preexistente ou futura perpassa todos os mitos políticos, isso acaba por se reproduzir continuamente nas doutrinas e nos discursos políticos, em especial naqueles que tendem a hipostasiar entes como o "Estado", a "Nação" e o "povo". Apesar de serem repositários de significações muito diferentes, essas entidades adquirem tamanha magnitude que termina por encobrir a multiplicidade de seus elementos constitutivos. Talvez um dos principais exemplos dessa tendência na política contemporânea encontre-se expresso na famosa passagem do *Leviatã* acerca da concepção hobbesiana de representação: "Uma multidão de homens transformada em uma pessoa, quando é representada por um só homem ou pessoa, de maneira que tal seja feito com o consentimento de cada um dos que constituem essa multidão. Porque é a unidade do representante, e não a unidade do representado, que faz com que a pessoa seja una. E é o representante o portador da pessoa, e só de uma pessoa. Esta é a única maneira como é possível entender a unidade de uma multidão" [210].

Aqui, como ressalta Lima Júnior, mostra-se viva a correlação entre o mito cristão do mistério da Santíssima Trindade e a idéia de unidade do todo representando partes distintas, que só existem em sua integração no todo[211].

É também em nome da unidade que sobejam, no discurso da elite parlamentar, expressões relacionadas à prática da conciliação e o temor a posturas tidas como radicais:

> *"Eu não sou pessoa de criar dificuldades em função de temperamentos. Isso é até um defeito, não gosto de gente radical e exaltada e eles não gostam de mim, preferem outros estilos. Mas isso me ajuda também a agregar. (...) Eu nunca aceitei sectarismo. Eu estou falando com relação à direita, quando eu estava na oposição. E isso vale para tudo. No que depender de mim, não tem dificuldade. Alguns líderes de oposição, quase todos, ou são meus amigos, ou foram. Aí, tem um outro lado. Eu gosto de falar, como está se vendo. E gosto também de ouvir, eu não tenho preconceitos."* (Fernando Henrique Cardoso)

> *"A relação da política não é de amigo e inimigo, a relação da política é de aliado e adversário. O inimigo é uma situação excluída do meu dicionário, porque se a gente está numa atividade pública, a gente tem de estar admitindo que quer fazer o bem comum, realizar o bem comum. Então a gente não pode ver isso como uma coisa de inimigos. A gente tem de ver que pode ter pessoas*

que divirjam do que a gente pensa e a gente pode também divergir do que outras pessoas pensam. Mas o objetivo nunca deve ser o inimigo. O território do inimigo sai do território da política, aí passa para o plano da guerra e a guerra é a morte da política... Eu acho que quando ocorre a guerra é porque os instrumentos da política falharam. Então é isso. Então o meu relacionamento com outros partidos é bom, eu acho que é um dever que seja bom, que sejamos capazes de discutir e de encontrar caminhos que gerem convergência para a solução dos conflitos." (Marco Maciel)

O tema da conciliação mostra-se historicamente recorrente na política brasileira e quase sempre vinculado à questão da unidade nacional, em momentos de turbulência na sociedade. Segundo Arruda, a defesa de posicionamentos conciliatórios[212] encontra-se em geral envolta no "véu do conservadorismo", quando visam a conter e absorver dissensões em vez de reconhecê-las e administrá-las como parte legítima do "jogo político". Outrossim, o elogio à conciliação encobre novamente demonstrações de excessivo personalismo, já que os méritos das ações dessa natureza são atribuídos a certos políticos cujas qualidades excepcionais particulares os tornam "talhados" para esse ofício.

Ao lado do conteúdo conservador que normalmente tolda atitudes conciliatórias, aflora também sua face dinâmica. Se a política é a "arte da negociação", ela é supostamente um espaço de compromisso em que interesses em confronto precisam ser administrados para que se alcance o que Weber denomina de "ganho em termos relativos"[213]. A relatividade do ganho em política encontra-se justamente relacionada à exigência da composição de interesses, tendo em vista a dificuldade – pelo menos nas sociedades democráticas – da pura e simples eliminação de uma das partes em conflito.

Política é, então, essencialmente luta[214], campo de divergência e competição de contrários. A imagem da harmonia absoluta presente em todos os mitos políticos corresponde à "morte" da política, na medida em que esta só existe enquanto persistirem os conflitos. Dessa concepção aproxima-se o pensamento de Barthes, quando define o mito como uma "fala despolitizada"[215]. Eliminando a história e o conflito, as narrativas míticas operam o deslocamento para o plano simbólico daquilo que é produto da ação humana e não da ordem da natureza. Tendem, portanto, a desconectar os liames que unem suas falas ao movimento histórico no qual se originam.

A apresentação do discurso político da elite parlamentar do pós-Constituinte sob a ótica dos mitos políticos clássicos acabou se revelando uma opção analítica privilegiada. Isso porque não só permitiu o desvelamento do caráter essencial de permanência e repetitividade de certos conteúdos simbólicos no universo da política, como também desnudou formas particulares de sua apropriação pelas diferentes identidades regionais. Diante do número e da diversidade das expressões potenciais que inundam o imaginário político desses parlamentares, e ante a impossibilidade de recenseá-las e classificá-las em sua completude, resta concordar com a lição de humildade de Girardet, na qual insere que "a extensão e a amplitude dos horizontes entrevistos vêm muito derrisoriamente sublinhar a estreiteza do caminho percorrido"[216].

IV - Considerações Finais

O Parlamento é o espaço público por excelência da representação no mundo ocidental. A adoção do princípio representativo como fonte central de sua existência não pressupõe, todavia, a uniformidade das formas de sua estruturação e funcionamento nas sociedades.

No Brasil, mudanças profundas nos modelos de organização e atuação do Poder Legislativo vêm se configurando historicamente, como reflexos da complexidade de institucionalização da ordem democrática no país. Há que reconhecer, entretanto, que durante o lento processo da "transição democrática" e após a promulgação da Constituição de 1988 foram sendo elaboradas e normatizadas as regras de procedimento próprias do jogo democrático.

Particularmente, no que se refere ao Poder Legislativo a nova Carta dedicou-lhe especial atenção, restituindo e ampliando os poderes formais que lhe haviam sido subtraídos ao longo da ditadura militar. No entanto, o restabelecimento dessas prerrogativas não significou a eliminação de uma série de preceitos criados durante os Governos militares com o intuito de facilitar a intervenção direta do Executivo no processo legislativo. Entre as prerrogativas do Executivo que se mantiveram ou adquiriram nova roupagem sem alteração drástica de suas funções destacam-se: a exclusividade para propor matérias orçamentárias, o recurso à legislação extraordinária (medidas provisórias, em especial) e a faculdade de requerer urgência na tramitação de projetos de sua iniciativa. A regulamentação do "Colégio de Líderes" na Câmara e a manutenção do voto de liderança no Senado e no Congresso reforçaram a centralização dos trabalhos legislativos, constituindo-se também instrumentos facilitadores da ação do Executivo na definição do ritmo e conteúdo da agenda legislativa.

Os dados apresentados acerca do volume das leis de iniciativa do Executivo sancionadas no pós-Constituinte, somados àqueles referentes ao regime e ao tempo de tramitação a que foram submetidos, desvelaram a posição desse Poder como agente legislador *de facto*. Tal condição sustentou-se, porém, à custa de difíceis negociações que espelharam os limites e as deformações da estrutura político-partidária brasileira.

A profusão de agremiações partidárias no Congresso Nacional durante o pós-Constituinte e a efemeridade de suas existências expressavam não só a alta fragmentação partidária existente no sistema político do país, como também o descompromisso de muitos parlamentares em relação às legendas pelas quais se elegeram e ao eleitorado que representavam. A fragilidade dessa estrutura não é um fenômeno recente na história política brasileira e encontra-se diretamente relacionada com as rupturas constitucionais que redundaram em longos períodos de autoritarismo, com a crescente centralização do poder no âmbito do Executivo, em oposição ao fortalecimento dos outros Poderes e dos demais canais de representação e com a permissividade e as distorções existentes na legislação partidária e no sistema eleitoral em vigor.

A despeito da alta fragmentação partidária evidenciada no Congresso, poucos foram os partidos que influenciaram diretamente a definição da agenda do Legislativo. Os partidos com maiores bancadas no Parlamento detiveram – de acordo com as prerrogativas constitucionais e regimentais – o controle da organização dos trabalhos legislativos e o poder decisório no interior do CN. Foram os seus representantes que ocuparam a maioria dos cargos-chave detentores dos recursos de poder mais expressivos, além de disporem de privilégios em relação à importância de seus requerimentos, encaminhamentos, apresentação de emendas e destaques. Mais uma vez, o sistema eleitoral colaborou para o fortalecimento dos grandes partidos no Congresso, seja em função do modelo de representação proporcional adotado no Brasil (favorecedor dos maiores partidos no cálculo da distribuição das cadeiras da Câmara dos Deputados), seja em relação às distorções observadas na magnitude dos distritos eleitorais, refletidas na problemática da sobre e da sub-representação de certos Estados no Parlamento.

Sob a égide desse modelo político-institucional, e num período de grande efervescência política no país, foram eleitos os representantes do povo e dos Estados membros da Federação no pós-Constituinte. A composição do Congresso Nacional ao longo das duas legislaturas em foco, no que diz respeito ao perfil social e político dos deputados e senadores participantes, revelou o predomínio de Congressistas filiados aos grandes partidos de orientação ideológica mais claramente identificada com o centro e a direita. Preponderaram ainda parlamentares naturais do interior do Nordeste e do Sudeste do país, detentores de nível superior, com destaque para aqueles de formação profissional em Direito. A supremacia dos bacharéis no Congresso, embora corresponda ao tradicional perfil profissional dos políticos brasileiros, foi acompanhada pelo alargamento da participação de representantes de outras categorias profissionais mais diretamente vinculadas a interesses sociais organizados. A ocupação de cargos públicos também distingue a trajetória política desses parlamentares e relaciona-se a uma prática de longa duração no país, que se apresenta – em função dos recursos de poder que recobre e da visibilidade que propicia – como um mecanismo importante para a aquisição e renovação de mandatos. O traçado não-linear nem hierárquico na conquista dos cargos eletivos, aliado à intensa rotatividade partidária e à inexperiência parlamentar em âmbito nacional, marcou igualmente a carreira política dos Congressistas do pós-Constituinte.

Ao comparar as características de perfil, trajetória política e produção legislativa dos parlamentares do Congresso com as observadas entre os membros da elite do pós-Constituinte, verificou-se no seio deste grupo tanto a reprodução como o rompimento de certos aspectos qualificadores do tipo padrão de parlamentar brasileiro.

Na elite parlamentar do pós-Constituinte, tal como observado no CN, configurou-se o predomínio dos Congressistas representantes das maiores agremiações partidárias no Parlamento. Entretanto, além de contar com número proporcionalmente superior de representantes dos grandes partidos de orientação ideológica mais conservadora, a elite parlamentar encerrou percentual mais significativo de Congressistas filiados aos partidos posicionados à esquerda brasileira. As prerrogativas dos grandes partidos na definição da agenda e na distribuição dos postos-chave do Congresso justificavam amplamente a prevalência de seus representantes na elite, da mesma forma que, embora não lhes fossem exclusivos, os saberes específicos, as habilidades políticas especiais[217] e a fidelidade às suas agremiações tenham muito a informar sobre a presença considerável de membros da esquerda na elite.

Guardando semelhança com o que se verificou no Congresso, a elite parlamentar do pós-Constituinte se compunha predominantemente de parlamentares naturais das regiões Sudeste e Nordeste, conquanto fosse comparativamente muito superior a presença de parlamentares oriundos das capitais dos Estados. A grande proporção dos metropolitanos na elite foi determinada em boa parte pela supremacia dos representantes do Sudeste em sua composição. Esta, por sua vez, indicou a participação significativa dos representantes das metrópoles nacionais, São Paulo e Rio de Janeiro. Junto com os representantes gaúchos, os respectivos Congressistas desses Estados constituíam a maioria da elite parlamentar brasileira. Fatores relacionados ao grau de desenvolvimento econômico dessas regiões, ao nível de organização política dos grupos sociais, à diversidade cultural e à tradição na vida pública do país tornam inteligível a alta proporção de parlamentares desses Estados no seio da elite.

No cotejo com o CN verificou-se igualmente no interior da elite o predomínio de Congressistas detentores de nível superior e dos bacharéis em Direito. Todavia, em relação a ambos os aspectos a superioridade numérica em termos proporcionais na elite foi incontestável. Na realidade, a educação superior, aliada ao compartilhamento de habilidades e conhecimentos provenientes de uma mesma formação profissional, forneceram elementos poderosos de unificação interna e de distinção desse grupo no Parlamento. Em particular, a formação em Direito, além de ser uma tradição na elite política brasileira, oferece a esses Congressistas instrumentos relacionados ao domínio da retórica e ao saber jurídico, que se mostraram fundamentais para a sua ação política e condição de elite.

No que se refere às trajetórias políticas dos membros da elite, em relação aos demais parlamentares do CN, constatou-se também que a ocupação de cargos públicos foi decisiva para a carreira política da maioria deles. No entanto, no seio da elite a conquista de postos na burocracia do Estado não só se fez mais freqüente como esteve concentrada principalmente nos cargos localizados no topo da administração pública. Ao lado da visibilidade e dos recursos de poder que recobrem a ocupação de cargos públicos de relevância na estrutura do Estado, assume importância o aspecto do treinamento que a circulação de políticos entre o Executivo, o Legislativo e, em menor escala, o Judiciário proporcionou aos membros da elite parlamentar. A experiência e o conhecimento acerca da organização e do funcionamento dos Poderes, o acesso a informações privilegiadas, a vivência das limitações e dificuldades no manejo do aparato público e a profissionalização da arte da negociação política em espaços de poder distintos foram atributos identificados na maioria dos membros da elite.

A não-linearidade hierárquica na ocupação de cargos eletivos observada entre os parlamentares do CN foi verificada ainda como característica comum na trajetória política dos membros da elite. Entretanto, a conquista de postos eletivos superiores na hierarquia do Executivo e do Legislativo foi mais incidente no interior desse seleto grupo. A concentração de políticos com maior experiência e destaque na vida pública do país é própria à condição de elite parlamentar, além de ser expressão do movimento de circulação de elites entre os Poderes.

Entre os aspectos que distinguem claramente a trajetória política dos membros da elite em relação aos demais participantes do Congresso sobressaíram: a experiência de vida parlamentar no âmbito nacional, a fidelidade partidária e a ocupação de cargos-chave na estrutura organizacional do Legislativo.

A experiência e a continuidade na vida legislativa revelaram-se importantes para a formação da maioria dos membros da elite do CN. Anos de trabalho no Parlamento propiciam aos parlamentares, além da maturidade política, conhecimento mais profundo das regras regimentais que orientam as ações em ambas as Casas, e cuja compreensão capacita-os a intervir diretamente nos rumos do processo legislativo. Na mesma direção revelou-se a importância da baixa rotatividade partidária entre os representantes da elite do pós-Constituinte. A continuidade da filiação desses parlamentares aos seus partidos foi condição fundamental para o fortalecimento de suas carreiras políticas, assim como para o seu reconhecimento como lideranças. Finalmente, a ocupação de postos-chave no CN mostrou-se crucial para que a maioria absoluta dos integrantes da elite ascendessem e/ou permanecessem nesse grupo. Os recursos de poder inerentes a essas posições facultam a certos parlamentares a capacidade de influenciar terminantemente as principais decisões do Congresso, embora não garantam a continuidade de sua participação na elite caso não estejam acompanhados de outros atributos reconhecidos como próprios desse grupo.

No que alude à produção legislativa do CN e à de iniciativa particular da elite, merece inicialmente destaque o baixo índice de aprovação das proposições apresentadas pelos parlamentares, em comparação ao registrado entre os projetos de iniciativa do Executivo. A par da preponderância deste último Poder na elaboração das leis do país, outro fator explicativo para a reduzida aprovação dos projetos de iniciativa parlamentar relacionava-se à profusão de matérias que serviam para a demonstração pública do interesse dos Congressistas para com o "bem-estar" de suas bases eleitorais, ou mesmo enquanto prestações de contas em termos da intensidade do trabalho por eles desenvolvido no interior do CN.

Todavia, com relação à aprovação de projetos os Congressistas acabaram por sancionar aqueles de conteúdo mais universal, revelando práticas políticas diferenciadas que engendravam frentes diversas de atuação, não necessariamente excludentes, mas que perpassavam acepções particulares acerca das funções parlamentares. Encontravam-se aí importantes distinções entre o conteúdo e a destinação das proposições da elite e dos demais participantes do CN. As proposições legislativas da elite obtiveram índice de aprovação bem mais significativo que aquele registrado para as do conjunto dos parlamentares do CN, correspondendo a parcela significativa das normas jurídicas sancionadas no período. Ademais, os conteúdos dessas proposições recobriram principalmente matérias de cunho mais universal, as quais refletiam formas particulares de relacionamento da elite com o seu eleitorado. Com efeito, a visibilidade e influência de suas atuações no CN, aliadas à consolidação de suas redes políticas e à construção de vínculos representativos fundados na defesa de idéias e interesses, liberaram de certa forma os Congressistas da elite de uma exposição regular e direta – mediante a elaboração de projetos de interesse local – de seus compromissos para com suas bases eleitorais.

Para melhor compreender as diferenças internas à elite e o modo como esses parlamentares concebiam e faziam a política, empreendeu-se como recurso analítico o recorte desse grupo em termos da representação regional de seus integrantes. Tal escolha pautou-se na constatação de que, embora compartilhassem de características e ações comuns que os particularizavam enquanto membros da elite do Congresso Nacional, esses parlamentares provinham de identidades culturais distintas, sob as quais construíram suas carreiras políticas e que moldaram suas práticas e representações.

Nessa perspectiva, tiveram lugar no seio da elite parlamentar do pós-Constituinte três agrupamentos regionais que foram classificados da seguinte maneira: o agrupamento da elite do Nordeste, o do Sudeste e o do Sul. O primeiro agrupamento comportava em sua maioria representantes dos grandes partidos de orientação ideológica de centro ou de direita. Os parlamentares nordestinos eram oriundos do interior da Região e pertencentes a famílias com larga tradição de vida parlamentar. Possuíam nível superior completo e eram principalmente advogados ou empresários. Em suas carreiras políticas conquistaram postos importantes nas administrações estaduais e municipais, além de terem ocupado cargos que gravitavam em torno dos chefes dos Executivos em suas três dimensões. Investiram fortemente na construção de suas carreiras políticas dentro do Parlamento, sobretudo no que se refere à conquista de cargos-chave na estrutura organizacional do CN, com destaque para suas participações nas mesas diretoras de ambas as Casas e na autoria dos principais projetos do período. Apresentavam em sua maioria vasta experiência de vida parlamentar, embora não tenham traçado trajetórias políticas lineares em termos da ocupação hierárquica de cargos eletivos. Foram, porém, dentre os representantes da elite, os que ocuparam cargos eletivos de maior expressão, embora apresentassem também as mais elevadas taxas de rotatividade partidária. Na sua produção legislativa, assumiram destaque os projetos dirigidos à expansão do desenvolvimento da Região, assim como as proposições relacionadas ao funcionamento interno do Congresso e as de conteúdo mais ornamental. Na dimensão das representações simbólicas desse grupo abundavam construções míticas expressas em seu discurso político rico em figuras de retórica.

O agrupamento da elite do Sudeste, afora contar com o maior número de integrantes, apresentava a maior diversidade de filiação partidária entre os seus membros. Eram majoritariamente naturais das capitais dos Estados, embora em seu meio houvesse número considerável de parlamentares não nascidos na Região, migrantes nordestinos em sua maioria. Nesse conjunto de parlamentares observou-se a maior diversidade de níveis de escolaridade e tipos de formação profissional dentre os diversos participantes da elite. O grau de instrução superior e as profissões de advogado e professor eram preponderantes. A ocupação de cargos públicos considerados "top de linha" foi freqüente entre esses Congressistas, com destaque para as conquistas de posições do alto escalão das empresas e dos órgão públicos. Os representantes do Sudeste da elite ocuparam em larga escala cargos-chave do Legislativo, mas principalmente os relacionados às lideranças partidárias, às presidências de comissões e à relatoria de projetos. Reuniu-se, ainda, nesse agrupamento o maior número de calouros na vida parlamentar e de Congressistas fiéis às suas agremiações de origem. Na produção legislativa dos representantes do Sudeste prevaleceram proposições relacionadas à fiscalização das ações do Executivo e à ampliação dos direitos trabalhistas. Seu discurso político revelou-se moldado por um estilo de oratória mais conciso e técnico, porém igualmente articulador de elementos míticos.

Finalmente, os membros do agrupamento da elite do Sul eram predominantemente representantes do Estado do Rio Grande do Sul e do grande partido de orientação ideológica de centro. Provinham do interior dessa Região, detinham grau de instrução superior e formação profissional em Direito. As trajetórias políticas desses Congressistas guardavam muita semelhança com as observadas entre os representantes do Sudeste. Isso porque a conquista de cargos do topo da administração pública federal e os relativos ao comando de órgãos e empresas públicas também caracterizaram sua carreira política. No interior do Parlamento, eles ocuparam privilegiadamente as presidências de comissões e relatorias de projetos-chave para a agenda do Legislativo. Dispunham de experiência de vida parlamentar e foram os Congressistas que apresentaram as menores taxas de rotatividade partidária. Sua produção legislativa direcionava-se sobretudo para a fiscalização dos atos do Executivo e o reordenamento da legislação fiscal e tributária. Por serem predominantemente naturais do interior de um Estado com forte tradição política na vida pública do país, no qual os valores culturais e comunitários foram menos absorvidos pelo ritmo frenético das mutações, afloravam no discurso político desse parlamentares múltiplas ressonâncias de constelações míticas, acompanhadas todavia de uma retórica menos recorrente a jargões políticos clássicos.

No conjunto, crê-se ter contemplado ao longo da análise as questões propostas no início deste trabalho quanto à definição dos atributos que recobriram o perfil e as práticas dos membros da elite parlamentar do pós-Constituinte, assim como os mecanismos institucionais que possibilitaram a existência e a reprodução desse seleto grupo. Para além desses objetivos estritos, procurou-se fornecer elementos analíticos que possam vir a fomentar o debate acerca da importância da investigação da dimensão sociocultural e, associada a ela, dos papéis desempenhados pela elites parlamentares no entendimento do sistema político brasileiro. Dimensões dessa ordem não têm sido muitas vezes consideradas analiticamente relevantes para a compreensão das formas como se concebe e realiza a política no país. Entretanto, aí reside uma agenda renovada e imprescindível para a construção de novas abordagens na seara dos estudos afeitos à sociologia política do Brasil.

Lista de Tabelas

Tabela 1: Composição partidária da Câmara dos Deputados 47

Tabela 2: Composição partidária do Senado Federal 48

Tabela 3: Índice da força relativa da representação partidária na Câmara Federal, por região, após as eleições de 1986 50

Tabela 4: Índice da força relativa da representação partidária na Câmara Federal, por região, após as eleições de 1990 51

Tabela 5: Distorção representativa na Câmara dos Deputados, por região, e legislatura 56

Tabela 6a: Composição do Congresso Nacional, por legislatura e naturalidade 59

Tabela 6b: Composição do Congresso Nacional, por legislatura e naturalidade 59

Tabela 7: Composição do Congresso Nacional, por legislatura, região eleitoral e naturalidade 59

Tabela 8: Composição do Congresso Nacional, por legislatura e grau de instrução 61

Tabela 9: Composição do Congresso Nacional, por legislatura e profissão 62

Tabela 10: Composição do Congresso Nacional, por legislatura e ocupação de cargos públicos 64

Tabela 11: Composição do Congresso Nacional, por legislatura e ocupação de cargos eletivos 64

Tabela 12: Distribuição do Congresso Nacional, por rotatividade partidária 65

Tabela 13: Distribuição do Congresso Nacional, por rotatividade partidária ao longo da carreira 65

Tabela 14: Composição do Congresso Nacional, por número de mandatos e legislatura 66

Tabela 15: Composição da elite, por naturalidade 71

Tabela 16: Composição da elite, por naturalidade e região eleitoral 71

Tabela 17: Composição da elite, por região eleitoral e grau de instrução 74

Tabela 18: Composição da elite, por profissão e região eleitoral 75

Tabela 19: Composição da elite, por ocupação de cargos públicos e região eleitoral 77

Tabela 20: Composição da elite, por ocupação de cargos-chave no legislativo e região eleitoral 82

Tabela 21: Composição da elite, por região eleitoral e ocupação de cargos eletivos 87

Tabela 22: Composição da elite, por mandatos no Congresso Nacional e região eleitoral 89

Tabela 23: Composição da elite, por rotatividade partidária e região eleitoral (87-94) 90

Tabela 24: Composição da elite, por rotatividade partidária e região eleitoral ao longo da carreira 90

Tabela 25: Proposições de iniciativa dos Congressistas apresentadas ao Congresso Nacional .. 95

Tabela 26: Proposições de iniciativa dos parlamentares do Congresso Nacional transformadas em Norma Jurídica 95

Tabela 27: Conteúdos das proposições de iniciativa dos parlamentares transformadas em Norma Jurídica no Congresso Nacional 98

Tabela 28: Conteúdos das proposições de iniciativa da elite transformadas em Norma Jurídica no CN 102

Tabela 29a: Conteúdos das proposições da elite, por região eleitoral 103

Tabela 29b: Conteúdos das proposições da elite, por região eleitoral 103

Tabela 30a: Conteúdos das proposições da elite, por região eleitoral ao longo de toda carreira no CN 104

Tabela 30b: Conteúdos das proposições da elite, por região eleitoral ao longo de toda carreira no CN 104

Lista de Abreviaturas

AI	–	Ato Institucional
CPI	–	Comissão Parlamentar de Inquérito
CN	–	Congresso Nacional
MP	–	Medida Provisória
PC do B	–	Partido Comunista do Brasil
PCB	–	Partido Comunista Brasileiro
PCN	–	Partido Comunitário Nacional
PDC	–	Partido Democrático Cristão
PDS	–	Partido Democrático Social
PDT	–	Partido Democrático Trabalhista
PFL	–	Partido da Frente Liberal
PJ	–	Partido da Juventude
PL	–	Partido Liberal
PLP	–	Partido Liberal Progressista
PMDB	–	Partido do Movimento Democrático Brasileiro
PMN	–	Partido da Mobilização Nacional
PP	–	Partido Popular
PPB	–	Partido Progressista Brasileiro
PPR	–	Partido Progressista Reformador
PPS	–	Partido Popular Socialista
PRN	–	Partido da Reconstrução Nacional
PRONA	–	Partido da Reedificação da Ordem Nacional
PRP	–	Partido Republicano Progressista
PSB	–	Partido Socialista Brasileiro
PSC	–	Partido Social Cristão
PSD	–	Partido Social Democrático
PSDB	–	Partido da Social Democracia Brasileira
PST	–	Partido Social Trabalhista
PSTU	–	Partido Socialista dos Trabalhadores Unificado
PT	–	Partido dos Trabalhadores
PTB	–	Partido Trabalhista Brasileiro
PTR	–	Partido Trabalhista Renovador
PV	–	Partido Verde
RICD	–	Regimento Interno da Câmara dos Deputados
RISF	–	Regimento Interno do Senado Federal

NOTAS

[1] Weber, Max. *Parlamento e Governo na Alemanha reordenada: crítica política do funcionalismo e da natureza dos partidos.* Petrópolis: Vozes, 1993. p.68.

[2] Compartilham dessa perspectiva, entre outros: Bottomore, Tom. *As elites e a sociedade.* Rio de Janeiro: Zahar, 1965; Michels, Robert. *Os partidos políticos.* São Paulo: Senzala, 1968; Laswell H. e Kaplan, A. *Power and society.* New Haven: Yale Univiversity Press, 1961; Lamounier, Bolivar e Souza, Amaury de (Orgs.). *As elites brasileiras e a modernização no setor público em debate.* São Paulo: Sumaré/Fapesp/Fundação Ford, 1992; Figueiredo, A. e Limongi, F. "Congresso Nacional: organização, processo legislativo e produção legal". Cadernos de Pesquisa Cebrap, n. 5, 1996; Lima Júnior, Olavo B. e Camargo, M. B. "O Legislativo mineiro: democratização, perfil sociopolítico e decisões legislativas (1983-1998)". Trabalho apresentado no XX Encontro Anual da ANPOCS. Caxambu, Minas Gerais, 1996; Aragão, Murillo de. *Elite parlamentar na Câmara dos Deputados.* Mimeo, 1998; Góes, Walder de. *Revisão constitucional: tendências do Congresso, atores-chaves, emendas em tramitação.* Mimeo, 1993; "Os 'Cabeças' do Congresso Nacional". Boletim do DIAP, Informativo do Departamento Intersindical de Assessoria Parlamentar. Edição Especial, março de 1994; Netto, Wladimir. "Olho no Congresso". *Folha de S.Paulo,* 22 de março de 2000. Caderno Especial.

[3] Ver a concepção de "carisma" em Weber, a qual remete a "qualidades excepcionais" reconhecidas em um líder, cuja autoridade se obedece somente enquanto lhe forem atribuídos "dotes sobrenaturais". Weber, Max. *Economia y sociedad.* México: Fondo de Cultura Económica, 1974, Tomo II. p. 712.

[4] A expressão "pós-Constituinte" será empregada neste trabalho como sinônima do período que engloba os anos de 1989 a 1994.

[5] A fórmula para o cálculo do tamanho da amostra segundo o Método Proporcional de C.P.Paul é a seguinte:

$$n = \frac{N. Nn. p. (1-p)}{N^2 .\underline{d}^2 + Nn. p. (1-p)}{Z^2}$$

onde: n = tamanho da amostra; N = população; Nn = número do grupo; p = proporção; d = erro máximo aceitável; Z = valor da distribuição. Parel et alli. *Sampling design and procedeurs.* Mimeo. 1973. p.1-53.

[6] Os 47 parlamentares selecionados na amostra foram os seguintes: Ulysses Guimarães, PMDB-SP; Ibsen Pinheiro, PMDB-RS; Genebaldo Correa, PMDB-BA; Nelson Jobim, PMDB-RS; Antônio Brito, PMDB-RS; Bernardo Cabral, PMDB-AM; Luis Carlos Santos, PMDB-SP; Luis Henrique, PMDB-SC; Luis Roberto Ponte, PMDB-RS; Paes de Andrade, PMDB-CE; Prisco Vianna, PMDB-BA; Tarcísio Delgado, PMDB-MG; Roberto Cardoso Alves, PMDB-SP; Odacir Klein, PMDB-RS; José Sarney, PMDB-AP; Humberto Lucena, PMDB-PB; Mauro Benevides, PMDB-CE; Nelson Carneiro, PMDB-RJ; Pedro Simon, PMDB-RS; Severo Gomes, PMDB-SP; José Ignácio Ferreira, PMDB-ES; Ronan Tito, PMDB-MG; Almir Gabriel, PMDB-PA; José Fogaça, PMDB-RS; José Richa, PMDB-PR; Juthahy Magalhães, PMDB-BA; Ricardo Fiúza, PFL-PE; Francisco Dornelles, PFL-RJ; Inocêncio de Oliveira, PFL-PE; José Lourenço, PFL-BA; Luis Eduardo Magalhães, PFL-BA; Reinhold Stephanes, PFL-PR; Roberto Magalhães, PFL-PE; Sandra Cavalcanti, PFL-RJ; Marco Maciel, PFL-PE; Vivaldo Barbosa, PDT-RJ; Brandão Monteiro, PDT-RJ; Miro Teixeira, PDT-RJ; Fernando Lyra, PDT-PE; Jarbas Passarinho, PDS-PA; Roberto Campos, PDS-RJ; Delfim Netto, PDS-SP; José Genoíno, PT-SP; Luís Ignácio Lula da Silva, PT-SP; Eduardo Suplicy, PT-SP; Fernando Henrique Cardoso, PSDB-SP; e José Serra, PSDB-SP.

[7] Esses são os casos de líderes do porte de Lula, José Sarney, Delfim Netto, Cardoso Alves, Brandão Monteiro, Fernando Lyra e Odacir Klein, que, apesar de apresentarem em sua trajetória política, durante o período considerado, participação em apenas um dos critérios estabelecidos, são indiscutivelmente lideranças políticas de renome nacional e fundamentais na história de seus partidos.

[8] Locke, John. *Segundo tratado sobre o governo*. São Paulo: Abril Cultural, 1978; Mill, John S. De como a forma idealmente melhor de governo é a representativa, in *Considerações sobre o governo representativo*. São Paulo: Ibrasa, 1964; Weber, *Parlamento e Governo...*, op.cit.; Habermas, Jürgen. *Mudança estrutural da esfera pública*. Rio de Janeiro: Tempo Brasileiro, 1984.

[9] Somente com referência às citações em destaque são quatro séculos de discussão, embora sua existência concreta, na forma em que normalmente é tomado como referência, remonte aos primórdios da Revolução Francesa e tenha vigência até os nossos dias.

[10] Cotta, Maurizio. Parlamento, in Bobbio, Norberto; Matteucci, Nicola e Pasquino, Gianfranco. *Dicionário de Política*. Brasília: Edunb, 1994. p. 880, v. 2.

[11] Cotta, Maurizio. Representação política, in Bobbio *et alli*, op. cit., p. 1.102.

[12] Cotta aponta, efetivamente, para um valor mínimo característico de difícil precisão, que se refere a uma certa composição básica dos elementos fundamentais das três concepções de representação política apresentadas, abaixo da qual "a atuação da representação ficaria ameaçada em sua eficácia prática quer no seu significado político quer na sua legitimidade psicológica". Id., ibid., p. 1.104.

[13] Weber, op. cit., p. 72.

[14] Esse líder, nas condições políticas das democracias de massa, é o líder carismático. Entretanto, nesse ponto da análise weberiana há "uma reinterpretação antiautoritária do carisma", em que o elemento central da aceitação do líder carismático por seu seguidores dá-se por via eleitoral. A importância que Weber atribui à periodicidade e à formalidade competitiva dos processos seletivos reside em sua crença de que a legitimação pelo voto garante ao líder político maior poder de ação no confronto com outros centros de poder e maior respaldo na tomada de decisões de grande alcance. Possibilita também às massas o direito de destituí-lo em momentos eleitorais democraticamente estabelecidos, caso considerem que falhou em sua missão de dirigente.

[15] Para Weber (op. cit., p. 67), no seio de um domínio meramente burocrático, em que os burocratas eram deixados à vontade, "nunca, em nenhum lugar do mundo, forjaram-se ou desabrocharam qualidades políticas dirigentes. (...) A natureza de um funcionário administrativo moderno é totalmente desfavorável ao desenvolvimento de um pensamento próprio, o que deve ser diferenciado de liberdade individual. Verdadeiramente, a natureza de toda política é, como ainda salientaremos muitas vezes, luta, recrutamento de aliados e de simpatizantes. Para isso, para se exercitar nessa arte difícil, o plano de carreira do nosso funcionalismo não oferece a mínima chance. (...) Para o político moderno, porém, a escola adequada é a vivência do embate parlamentar e da vida partidária, que nada pode substituir, muito menos um sistema que oferece uma estrutura de disputa por promoções. Naturalmente, essa formação terá de ocorrer num parlamento e num partido cujos dirigentes disputem o poder no Estado".

[16] Cotta, op. cit., p. 884.

[17] A discussão dessa temática será aprofundada nas próximas seções.

[18] Em suas palavras: "Neste regime, disse eu na minha última mensagem, a verdadeira força política, que no apertado unitarismo do Império residia no poder central, deslocou-se para os Estados. A Política dos Estados, isto é, a política que fortifica os vínculos de harmonia entre os Estados e a União, é pois, na sua essência, a política nacional. É lá, na soma dessas unidades autônomas, que se encontra a verdadeira soberania da opinião. O que pensam os Estados pensa a União. Se assim é e há de ser no curso normal da vida do país, muito mais agora, que não existe no centro uma organização partidária bastante forte para poder concentrar a autoridade diretora". Campos Sales, apud Ferreira, Waldemar M. *História do Direito Constitucional Brasileiro*. São Paulo: Max Limonad, 1954.

[19] Para mais informações a respeito do coronelismo no Brasil, ver: Leal, Victor N. *Coronelismo, enxada e voto: o município e o regime representativo no Brasil*. Rio de Janeiro: Nova Fronteira, 1997; Faoro, Raymundo. *Os donos do poder: formação do patronato político brasileiro*. Porto Alegre: Globo, 1976, vols. 1 e 2; Carone, Edgar. *A República Velha (Evolução Política)*. São Paulo: Difel, 1971; Queiroz, Maria I. P. de. *O mandonismo local na vida da política brasileira e outros ensaios*. São Paulo: Alfa-Ômega, 1976.

[20] Iglésias, Francisco. *Trajetória política do Brasil: 1500-1964*. São Paulo: Companhia das Letras, 1995.

[21] "Ocorre que o coronel não manda porque tem riqueza, mas manda porque se lhe reconhece esse poder, num pacto não escrito. Ele recebe – recebe ou conquista – uma fluida delegação, de origem central no Império, de fonte estadual na República, graças à qual sua autoridade ficará sobranceira ao vizinho, guloso de suas dragonas simbólicas, e das armas mais poderosas que o governador lhe confia. O vínculo que lhe outorga poderes públicos virá essencialmente do aliciamento e preparo das eleições, notando-se que o coronel se avigora com o sistema da ampla eletividade dos cargos, por semântica e vazia que seja essa operação." Faoro, op. cit., p. 622.

[22] À exceção das mulheres, analfabetos, mendigos e praças de pré. Na prática, estima-se que menos de 5% da população exercia o direito de voto ao longo desse período.

[23] A esse respeito, consultar: Ferreira, op. cit., p. 60- 92; Lima, Rosah R. de M. *O Poder Legislativo na República*. Rio de Janeiro: Livraria Freitas Bastos, 1960.

[24] "Havia os Estados da primeira classe (os que davam presidente da República – São Paulo e Minas), os de segunda classe (davam vice-presidentes ou ministros), os de terceira (davam autoridades menos importantes) e até os de quarta classe, que não davam autoridades e eram escolhidos para eleição de senadores e deputados amigos da situação". Iglésias, op. cit., p. 209.

[25] "A primeira era praticada pelas mesas eleitorais, com funções de junta apuradora: inventavam-se nomes, eram ressuscitados os mortos e os ausentes compareciam: na feitura das atas, a pena todo-poderosa dos mesários realizava milagres portentosos. A segunda metamorfose era obra das Câmaras Legislativas no reconhecimento de poderes: muitos dos que escapavam das ordálias preliminares tinham seus diplomas cassados na provação final." Leal, op. cit., p. 256.

[26] Assis Brasil, apud Leal, op. cit., p. 256-257.

[27] Schwartzman, Simon. *Bases do autoritarismo brasileiro*. Rio de Janeiro: Campus, 1988, p. 123.

[28] Ressalte-se, em particular, os modelos de Mussolini na Itália, de Salazar em Portugal e de Pilsudski na Polônia.

[29] O Plano Cohen foi um documento forjado por militares e integralistas no qual se revelavam estratégias a serem seguidas pelos comunistas para a tomada do poder. Elaborado pelo Capitão Olímpio Mourão Filho, militar do Estado-Maior do Exército e do serviço secreto da Ação Integralista, obteve ampla divulgação nos órgãos oficiais, constituindo-se em instrumento ideológico fundamental para que Vargas instituísse o golpe.

[30] O PSD, como partido majoritário, dispunha de dezenove membros nessa comissão, o que lhe garantia o comando sobre ela. Iglésias, op. cit., p. 259.

[31] A transição democrática é tema de inúmeros livros e artigos, dos quais merecem destaque: Reis, F. W. O'Donnell, G. (Orgs). *A Democracia no Brasil: dilemas e perspectivas*. São Paulo: Vértice, 1988; Diniz, Eli. "Crise política, eleições e dinâmica

partidária no Brasil: um balanço histórico". *Dados,* Rio de Janeiro, v. 32, n. 3, 1989; Diniz, Eli. Boschi, Renato. Lessa, Renato. *Modernização e consolidação democrática no Brasil: dilemas da Nova República.* São Paulo: Vértice, 1989; Moisés, José A. Alburquerque, J. A. Guilhon (Orgs.). *Dilemas da consolidação democrática.* Rio de Janeiro: Paz e Terra, 1989; Fiori, José L. "Transição terminada: crise superada?" *Novos Estudos Cebrap,* São Paulo, n. 28, out. 1990; Lamounier, Bolivar (Org.). *De Geisel a Collor: o balanço da transição.* São Paulo: Sumaré/Idesp, 1990; Sallum Jr, Brasílio. *Labirintos: dos generais à Nova República.* São Paulo: Hucitec, 1996.

[32] Sallum Jr., op. cit., p. 22.

[33] Ver especificamente a esse respeito: Baaklini, Abdo I. *O Congresso e o Sistema Político do Brasil.* Rio de Janeiro: Paz e Terra, 1993, p. 60-68.

[34] As principais restrições impostas ao novo sistema são a exigência de obtenção de 5% dos votos nacionais e um mínimo de 3% dos votos em pelo menos nove estados para que haja o reconhecimento de um partido político, além da proibição de participação dos partidos comunistas.

[35] Segundo Baaklini (op. cit., p. 250), pautando-se na argumentação de vários estudiosos, "O papel do Congresso no processo orçamentário talvez seja a sua principal manifestação de poder. A elaboração do orçamento é talvez o ato legislativo individual mais importante".

[36] Vale dizer que as elevações violentas das taxas de juros internacionais e o segundo choque do petróleo, ambos em 1979, o aumento significativo do déficit público, as perdas substancias das reservas, o endividamento externo contínuo e o crescimento dos índices de inflação inviabilizaram a continuação dessa estratégia de desenvolvimento, pelo menos nos moldes até então configurados. A título de ilustração, em 1980 o déficit público brasileiro correspondia a 5,2% do PIB, o endividamento externo bruto atingira US$ 64,4 bilhões em dezembro daquele ano e a taxa de inflação aumentara de 77% em 1979 para 110% no ano seguinte. Ver Lamounier, Bolivar. *Partidos e utopias: o Brasil no limiar dos anos 90.* São Paulo: Edições Loyola/Ibrades, 1989, p. 34.

[37] Essas dificuldades seriam expressas dramaticamente no atentado ao Riocentro, em abril de 1981, assim como na "solução corporativa" encontrada para o seu desfecho. A chamada "solução corporativa" para o atentado do Riocentro foi a decisão do Exército de suspender as investigações e inocentar de qualquer culpa os militares envolvidos no "acidente", a despeito da oposição de certos setores dentro do próprio Exército liderados pelo General Golberi.

[38] A remoção do "entulho autoritário" deu-se por uma reforma constitucional aprovada em maio de 1985, na qual foram estabelecidas medidas que desestruturaram uma série de regras criadas pela ditadura que impediam a ampla participação dos cidadãos na vida política do país. Destacam-se, entre elas: "a) eleições diretas em dois turnos para presidência da República; b) eleições diretas para prefeitos das capitais, áreas de segurança e estâncias hidrominerais em 1985; c) representação do Distrito Federal na Câmara dos Deputados e no Senado; d) direito de voto dos analfabetos; e) liberdade de organização partidária até mesmo para partidos comunistas; f) direito de partici-

pação nas eleições municipais de 1985 aos partidos em formação; g) redução do prazo de domicílio eleitoral de dois para um ano, e para cinco meses nas eleições de 1985; h) abolição da fidelidade partidária, isto é, da proibição de mudar de partido ou contrariar diretriz partidária sob pena de perda de mandato; i) abolição do voto distrital, introduzido em 1979 mas nunca posto em prática". Sallum Jr, op. cit., p.117-118.

[39] Do lado da direita observam-se, principalmente por meio da atuação do grupo dissidente denominado "centrão", diversas tentativas de anulação de muitas das conquistas sociais já aprovadas, com base na elaboração de proposições que induziam a algo como um novo "começo" para a Constituinte. Do lado da esquerda, verificam-se também, particularmente entre os grupos "radicais", dezenas de manifestações no sentido da desvalorização dos trabalhos constituintes devido à predominância de elementos conservadores na composição da Assembléia.

[40] Múltiplas foram as denúncias difundidas, inclusive na mídia, envolvendo a farta distribuição de concessões de rádio, TV e cargos da administração pública aos parlamentares que votaram a favor da manutenção do presidencialismo e da ampliação para cinco anos do mandato do presidente Sarney.

[41] Exemplo mais ilustrativo dessa situação foi a fixação em 12% do teto máximo da taxa de juros para a economia. Ver Martins, Luciano. "Ação política e governabilidade na transição brasileira". In: Moisés e Albuquerque, op. cit.

[42] Nas eleições de 1986, o PMDB fez 22 dos 23 governadores estaduais, além de ter eleito 306 parlamentares para a Constituinte, ocupando cerca de 55% das cadeiras da Assembléia. No âmbito do Executivo Federal, de acordo com Meneguello, dentre todas as nomeações e substituições de ministros (63) no Governo Sarney, 65,1% delas foram controladas pelo PMDB. Meneguello, Rachel. "Partidos e governos no Brasil contemporâneo (1985-1995)". Trabalho apresentado no XX Encontro Anual da ANPOCS, Caxambu, Minas Gerais, 1996.

[43] Expressão atribuída ao próprio Ulysses Guimarães, líder e Presidente do PMDB durante a transição.

[44] Martins, op. cit., p. 244.

[45] Dahl, Robert. *Poliarquia: participação e oposição*. São Paulo: Edusp, 1997, p. 26.

[46] Ou como bem observa Santos: "A emergência de uma sociedade plural não equivale, obviamente, à instituição de uma sociedade igualitária". Santos, Wanderley G. dos. *Razões da desordem*. Rio de Janeiro: Rocco, 1993, p. 86.

[47] De acordo com o Regimento Interno da Câmara dos Deputados (RICD), serão terminativos os pareceres da Comissão de Constituição e Justiça e de Redação, da Comissão de Finanças e Tributação e, se for o caso, de Comissão Especial (constituída para dar parecer acerca de proposições que versarem sobre matéria de competência de mais de três Comissões). As demais Comissões Permanentes têm poder para aprovar propostas de legislação, dispensada a competência do Plenário (apreciação conclusiva das comissões), caso não haja recurso de um décimo dos membros da Câmara ou do Senado nesse sentido no prazo de cinco sessões a partir da publicação no *Diário da Câmara* ou no avulso da Ordem do Dia. Essa competência não inclui os

projetos de lei complementar; de código; de iniciativa popular; relacionados a matéria que não possa ser objeto de delegação (§ 1º do art. 68 da CF); oriundos do Senado, ou por ele emendados, que não tenham sido aprovados pelo Plenário de qualquer uma das Casas; projetos que tenham recebido pareceres divergentes; e aqueles que se encontrem em regime de urgência (RICD, art. 24, inciso II).

[48] Trata-se dos seguintes trabalhos de A. C. Figueiredo e F. Limongi: "O processo legislativo e a produção legal no Congresso pós-Constituinte". *Novos Estudos Cebrap*, São Paulo, n. 38, 1994, p. 24-37; "Partidos políticos na Câmara dos Deputados: 1989-1994". *Dados*, Rio de Janeiro, v. 38, n. 3, 1995, p. 497-525; "Mudança constitucional, desempenho do Legislativo e consolidação institucional". *Revista Brasileira de Ciências Sociais*, v. 10, n. 29, 1995, p. 175-200; "Congresso Nacional: organização, processo legislativo e produção legal". *Cadernos de Pesquisa Cebrap*, São Paulo, n. 5, 1996; "O Congresso e as medidas provisórias: abdicação ou delegação?" *Novos Estudos Cebrap*, São Paulo, n. 47, 1997, p. 127-154.

[49] Enquanto o decreto-lei entrava em vigor com a sua publicação, não admitia emendas, era convertido em lei se não fosse apreciado em até sessenta dias e, no caso de rejeição, não tinha seus efeitos invalidados durante o período de sua vigência, a medida provisória também vigora desde a sua publicação, pode ser emendada e deve ser apreciada pelo Congresso no prazo de trinta dias. Caso isso não ocorra, perde seu efeito legal. Rejeitando a MP, o Congresso obriga-se a disciplinar as relações jurídicas que se formaram durante a vigência da medida, podendo inclusive declarar nulos seus efeitos desde sua edição. Figueiredo e Limongi, Mudança constitucional..., op. cit., p. 177.

[50] O Colégio de Líderes é formado pelos líderes da maioria, da minoria, dos partidos, dos Blocos Parlamentares e do Governo (RICD, art. 20). Somente os partidos que apresentem representação igual ou superior a um centésimo da composição da Câmara (seis deputados) terão direito à escolha de um líder (RICD, art. 9º).

[51] RICD, art.17, § 1º.

[52] A tramitação de uma proposição em regime de urgência significa a dispensa de algumas exigências, interstícios e formalidades regimentais para que se agilize o processo de apreciação. A urgência pode se dar em virtude da natureza da matéria (é o caso de matérias referentes a calamidades públicas ou defesa da sociedade democrática e das liberdades fundamentais) ou por requerimento aprovado pelo Plenário. O requerimento de urgência somente será submetido à deliberação do Plenário da Câmara se for apresentado: por dois terços dos membros da Mesa, quando se tratar de matéria de competência desta; por um terço dos membros da Câmara, ou líderes que representem esse número; por dois terços dos membros de Comissão competente para opinar sobre o mérito da proposição (RICD, arts. 152 a 154). No Senado, os agentes propositores de requerimento de urgência são aqueles que ocupam nessa Casa os cargos já referidos na Câmara, mas em proporções diferentes (RISF, art. 338). O Presidente da República também poderá requerer regime de urgência para proposições de sua iniciativa; neste caso a Câmara e o Senado devem se manifestar sobre tais proposições em 45 dias, cada

qual, sucessivamente. Se não o fizerem, a matéria será incluída para deliberação na Ordem do Dia, sobrestando-se à apreciação de todas as demais proposições (CF, art. 64).

[53] É a condição "normal" de tramitação de um projeto de lei, tanto na Câmara como no Senado, que pressupõe a deliberação em primeira instância das Comissões Permanentes ou Especiais e posteriormente a deliberação do Plenário nas duas Casas.

[54] "Urgência urgentíssima" é o regime excepcional de tramitação pelo qual determinada matéria pode ser incluída automaticamente na Ordem do Dia e numa sessão já em andamento. Decorre da aprovação de requerimento subscrito pela maioria absoluta dos Deputados (ou líderes de partidos ou blocos partidários que representem esse número), requerimento esse que deve ser aprovado também por maioria absoluta de votos (RICD, art. 155).

[55] Ver a respeito as obras de Figueiredo e Limongi já citadas: Partidos políticos..., Mudança constitucional... e Congresso Nacional...

[56] Além de apresentarem posição prioritária nas votações em plenário, as MPs e os projetos de leis orçamentárias são apreciados por Comissões Mistas (compostas de Deputados e Senadores), cujos pareceres são submetidos à deliberação do Plenário do Congresso Nacional (sessão bicameral).

[57] Este fluxograma tem como base dois gráficos apresentados em Figueiredo e Limongi, Congresso Nacional..., op. cit., p. 6 e 50. Foram feitas algumas modificações sobre os originais a fim de facilitar o entendimento do processo de tramitação dos projetos de lei nas duas Casas.

[58] A categoria das leis econômicas corresponde àquelas "referentes a salários e tributação e as que regulamentavam as atividades econômicas em diferentes áreas (industrial, comercial, financeira etc.)," sendo excluídas desta categoria as Leis orçamentárias e as MPs, em virtude das suas peculiaridades. "As leis administrativas são em grande parte de competência exclusiva do Executivo ou do Judiciário, e referem-se à criação ou extinção de cargos e órgãos públicos; definição de competência, composição e funcionamento de órgãos governamentais; fixação de efetivos de força militar ou policial; fixação de vencimentos e gratificações de funcionários públicos. Foram também incluídas na categoria de leis administrativas as doações e alienações de bens móveis ou imóveis da União, a anistia de dívidas, o estabelecimento de limites entre estados etc. (...) As leis sociais compreendem não só as que se referiam a programas sociais *stricto sensu* em áreas como saúde, habitação, trabalho etc., como também as que regulavam uma gama mais ampla de atividades sociais, tais como meio ambiente, justiça, profissões, direitos civis etc." A categoria outros engloba "as leis político-institucionais que regulam a organização dos poderes, os sistemas eleitoral e partidário, e ... as 'homenagens' que são as leis que dão nome a monumentos, ruas, estabelecem feriados, dias nacionais etc". Id., ibid., p. 12-13.

[59] Em termos numéricos, ao passo que para os projetos do Legislativo sob a condição de urgência foram necessários em média 570 dias até a sanção, para os de origem no Executivo foram gastos 175 dias. Id., ibid., p. 82.

[60] À exceção do texto de Figueiredo e Limongi, O Congresso e as medidas provisórias..., op. cit.

[61] Santos, Maria Helena de C. "Governabilidade, governança e democracia: criação de capacidade governativa e relações Executivo-Legislativo no Brasil pós-Constituinte". *Dados*, Rio de Janeiro, v. 40, n. 3, 1997, p. 335-371.

[62] Id., ibid, p. 362.

[63] Fiori, José L. "Transição terminada: crise superada?" *Novos Estudos Cebrap*, São Paulo, n. 28, 1990; Sallum Jr, op. cit.

[64] Sallum Jr, op. cit., p. 161.

[65] A *débâcle* dos principais partidos da Aliança Democrática, o PMDB e o PFL, encontra-se expressa nas pífias votações obtidas por seus candidatos à Presidência: Ulysses Guimarães e Aureliano Chaves. Eles obtiveram nas eleições de 1989, respectivamente, 4,4 % e 0,8 % dos votos válidos.

[66] De acordo com dados do Ibope, entre o primeiro e segundo turnos cerca de 47% dos eleitores de Collor encontravam-se entre os que detinham renda familiar de até dois salários mínimos mensais e 59% apresentavam no máximo o primário completo. Ver Singer, André. "Collor na periferia: a volta por cima do populismo?" in Lamounier, Bolivar (org.). Democracia e reforma..., op. cit., p. 136.

[67] Verificou-se durante o ano de 1991 clara redução no número de medidas provisórias enviadas ao Congresso Nacional, sendo elas substituídas primordialmente por projetos de leis ordinárias e emendas constitucionais. Foram apresentadas no ano de 1990 76 medidas provisórias, sendo que em 1991 esse número caiu vertiginosamente para nove. Figueiredo e Limongi, O Congresso Nacional e as medidas..., op. cit., p. 144.

[68] Sobre o papel da imprensa durante o processo de *impeachment*, ver: Krieger, G.; Novaes, L. A; Faria, T. *Todos os sócios do Presidente*. São Paulo: Scritta Editorial, 1992.

[69] Desde outubro de 1991, muitas denúncias de irregularidades na Comissão Mista de Orçamento do Congresso Nacional, envolvendo parlamentares de praticamente todos os partidos, vinham sendo divulgadas na imprensa. Tais denúncias levaram à criação de uma Comissão Parlamentar de Inquérito conhecida como "CPI do Orçamento", instalada em outubro de 1993. Esta revelou os contornos do que seria uma "máfia" de parlamentares, os quais, em função da posição que ocupavam na Comissão de Orçamento, barganhavam com o Governo e com grandes empresas e empreiteiras a aprovação de projetos de seu interesse na comissão.

[70] De acordo com Faucher, entre os últimos meses do Governo Collor e durante os primeiros meses do Governo Itamar os preços subiram a uma taxa entre 20% e 80% ao mês, tendo as taxas de juros elevado-se ao montante de 40% ao ano. Faucher, Philippe. Restaurando a governabilidade: o Brasil (afinal) se acertou? *Dados*, Rio de Janeiro, v. 41, n. 1, 1998, p 21 e 24.

[71] O resultado do plebiscito de 21 de abril de 1993 foi o seguinte: República, 66% dos votos válidos; Monarquia, 10,2%; brancos, 10,5%; e nulos, 13,3%. Quanto ao sistema de governo, o presidencialismo obteve 55,4% dos votos válidos; o

parlamentarismo, 24,6%; brancos foram 5,3% dos votos e nulos, 14,7%. O percentual de abstenção foi de 25,76%. Fonte: TSE.

[72] Couto, Cláudio G. "A longa Constituinte: reforma do Estado e fluidez institucional no Brasil". *Dados*, Rio de Janeiro, v. 41, n 1, 1998, p 64-67.

[73] Junto com a redução do mandato presidencial de cinco para quatro anos, a introdução do FSE nas Disposições Constitucionais Transitórias é um dos grandes momentos da Revisão Constitucional. Em verdade, com a aprovação desse Fundo, foi permitido ao Executivo conter parte dos recursos constitucionalmente vinculados; entre esses, aqueles relacionados às verbas para a Educação e às transferências obrigatórias para os Fundos de Participação de Estados e Municípios. Com a retenção de tais recursos, foram criadas condições para a execução de reformas estruturais e para a implantação de um novo plano de estabilização econômica.

[74] Esse é o número total dos planos de estabilização da economia implantados desde a posse do Governo Sarney até a introdução do Real.

[75] Faucher, op. cit., p. 27.

[76] No mês anterior às eleições, a taxa mensal de inflação foi de 1,5 %. Faucher, op. cit., p. 29.

[77] Amaral, Roberto. "A construção conservadora" in: _____ (Coord.). *FHC: Os paulistas no poder*. Rio de Janeiro: Casa Jorge Editorial, 1995.

[78] Id., ibid., p. 61.

[79] Posicionam-se claramente identificados com a primeira tese: Lamounier, B. op. cit.; Kinzo, Maria D'Alva G. *Radiografia do quadro partidário brasileiro*. São Paulo: Fundação Konrad-Stiftung, 1993; Lima Jr., Olavo B. *Democracias e instituições políticas no Brasil dos anos 80*. Rio de Janeiro: Loyola, 1993. Com a segunda tese, coadunam Figueiredo e Limongi, *Partidos políticos...*, op. cit. e Meneguello, op. cit.

[80] "A primeira configuração foi a que contrapôs liberais e conservadores, forças que instrumentalizaram a alternância governamental no parlamentarismo imperial de 1837 a 1889. A segunda foram as máquinas partidárias estaduais da Primeira República (1889-1930), quando as oligarquias dominantes dos grandes Estados ditavam o jogo político e partidos nacionais inexistiam por completo. A terceira foram as inúmeras formações partidárias que emergiram com a Assembléia Nacional Constituinte de 1934 e que desapareceram com o golpe de 1937 e a instauração do Estado Novo (1937-1945). A quarta foi o sistema multipartidário que vigeu durante o regime democrático de 1945-1964, período em que, de fato, assistimos à emergência de partidos na acepção moderna do termo. A quinta foi a configuração partidária de 1964-65 que conservou após o golpe de 1964 o multipartidarismo anterior sob um regime militar-autoritário, até que aquele fosse extinto pelo Ato Institucional nº 2, em outubro de 1965. A sexta foi o bipartidarismo compulsório (Arena x MDB) imposto pelo regime militar. A sétima foi a configuração multipartidária resultante da reforma partidária de 1979, que, ao lado do PDS e do PMDB, sucedâneos, respectivamente, da Arena e do MDB, incluía três novas agremiações: PT, PDT e PTB. Finalmente, a oitava é

o pluripartidarismo vigente, fragmentado e mutante, que emergiu com a Nova República e até hoje parece não possuir feição definitiva." Kinzo, op. cit., p. 5-6.

[81] A título de ilustração, até a promulgação da Lei nº 9.096, de 1995, qualquer partido político podia manter-se em funcionamento provisório por um ano, no Brasil, desde que fizesse uma solicitação de registro no TSE acompanhada de manifesto, programa e estatuto, além da assinatura de 101 fundadores. Para garantir o registro definitivo era necessário que no período de um ano o partido realizasse convenções e elegesse diretórios estaduais e locais em nove estados e em um quinto dos respectivos municípios. Kinzo, op. cit., p. 19-20.

[82] Trata-se dos partidos que participam das coalizões de sustentação dos Governos Federais.

[83] São os partidos que chegaram a ocupar durante o período pelo menos 5% das cadeiras na Câmara dos Deputados ou no Senado Federal e são apontados pela bibliografia especializada, assim como pela imprensa, como as principais forças eleitorais organizadas nacionalmente.

[84] Antes de procederem às votações nominais, os líderes devem realizar o encaminhamento da votação no sentido de informarem e orientarem suas bancadas quanto ao posicionamento oficial do partido. Entre 1989 e 1994, de um total de 1.317 votações nominais em que houve encaminhamento por parte das lideranças, apenas em 33 delas a bancada posicionou-se contrária às indicações dos líderes. Figueiredo e Limongi. *O processo legislativo...*, op. cit., p. 504.

[85] De acordo com os autores, entre os partidos de esquerda (PT e PDT) a coesão interna é garantida independentemente do posicionamento dos demais partidos e da questão em pauta, enquanto para os partidos de direita (PFL, PDS, PTB) e de centro (PMDB, PSDB) a maior ou menor unidade nas votações está diretamente relacionada a esses dois fatores. Id., ibid., p. 508.

[86] Dentre as 136 nomeações e substituições de ministros ocorridas entre os anos de 1985 e 1994, o PMDB ocupou 41 vezes ministérios no Governo Sarney e nove vezes no Governo Itamar. O PFL ocupou 13 vezes no Governo Sarney, seis vezes no Governo Collor e quatro vezes no Governo Itamar. O PDS ocupou três vezes no Governo Collor, e o PSDB, seis vezes no Governo Itamar. Apresentam uma ocupação ministerial no Governo Collor os partidos PL, PRN e PTB, sendo que este último obteve duas ocupações no Governo Itamar. Por fim, tanto o PSB quanto o PP ocuparam um ministério cada um no Governo Itamar. Meneguello, op. cit., p. 53.

[87] Nicolau, Jairo M. *Multipartidarismo e democracia*. Rio de Janeiro: Fundação Getúlio Vargas. 1996.

[88] Expressão de Lima Jr., op. cit., p. 31.

[89] Essa discussão será retomada no próximo capítulo, quando serão tratadas as trajetórias políticas e formas de atuação dos membros da elite parlamentar.

[90] Reproduz-se aqui o relativo consenso existente na literatura política brasileira quanto ao enquadramento das principais siglas partidárias num *continuum* direita/esquerda,

em que se admite que o PMDB e o PSDB encontram-se posicionados no centro da escala, o PFL, PDS, PTB, PRN, PDC e PL distribuem-se no pólo da chamada direita e centro-direita e, finalmente, no campo da esquerda, situam-se o PT, PDT, PSB, PPS e PC do B. Vide as obras já citadas de Lamounier, Lima Jr., Meneguello e de Figueiredo e Limongi (*Partidos políticos...*).

[91] Ao longo dos anos em análise, destacaram-se no PSB os parlamentares: Miguel Arraes, Maria Luísa Fontenelle, Célio de Castro, Jamil Haddad e José Paulo Bisol. No PPS, distinguiram-se: Roberto Freire e Sérgio Arouca. Finalmente, no PC do B sobressaíram Haroldo Lima, Jandira Feghali e Aldo Rebelo.

[92] Desde 1995, com a promulgação da Lei nº 9.096, não é mais permitido o registro provisório dos partidos políticos.

[93] Cabe uma distinção, aqui, entre as "legendas de ocasião" e os "partículos": apesar de ambos abrigarem candidaturas individuais órfãs de sustentação partidária, as primeiras assumem também a função de renovação em bloco de amplos quadros partidários, papel esse que os "partículos" não apresentam condições de assumir.

[94] O art. 45, § 1º, da Constituição Federal de 1988 regulamenta os critérios para a definição do número de cadeiras a ser atribuído a cada Estado da Federação e ao Distrito federal na Câmara dos Deputados. Diz ele: "o número total de Deputados, bem como a representação por Estado e pelo Distrito Federal, será estabelecido por lei complementar, proporcionalmente à população, procedendo-se aos ajustes necessários no ano anterior às eleições, para que nenhuma daquelas unidades da Federação tenha menos de oito ou mais de setenta Deputados".

[95] Kinzo, op. cit., p. 18. Para maiores informações acerca dessa fórmula, ver: Kinzo, M. D'Alva G. *Representação política e sistema eleitoral no Brasil*. São Paulo: Símbolo, 1980; e Nicolau, op. cit.

[96] Id., ibid., p. 50.

[97] Nicolau, J. M. "As distorções na representação dos Estados na Câmara dos Deputados Brasileira". *Dados*. Rio de Janeiro, v. 40, n. 3, 1997, p. 441-464.

[98] Id., ibid., p. 445.

[99] Esses são os casos, por exemplo, do Pará e Santa Catarina, que, comparados respectivamente com Estados menos populosos, como Maranhão e Goiás, possuem um representante a menos na Câmara dos Deputados.

[100] Brasil. MEC. *Educação brasileira: políticas e resultados*. Brasília, 1999.

[101] Para maiores informações sobre o bacharelismo no Império, ver: Freyre, G. *Sobrados e mocambos: decadência do patriciado rural e desenvolvimento urbano*. Rio de Janeiro: Livraria José Olympio, 1981. Cap. XI; Carvalho, J. M. *A construção da ordem: a elite política imperial*. Rio de Janeiro: Campus, 1980; Adorno, Sérgio. *Os aprendizes do poder: o bacharelismo liberal na política brasileira*. Rio de Janeiro: Paz e Terra. 1988.

[102] Holanda, Sérgio B. *Raízes do Brasil*. São Paulo: Companhia das Letras, 1995, p. 156-157.

[103] Weber, op. cit., p. 114-115. Ver, também, a respeito da importância dos advogados na política: Weber, Max. *Ciência e política: duas vocações*. São Paulo: Cultrix, 1993, p. 78.

[104] Idêntico procedimento é adotado por David Fleischer na matéria intitulada: "Perfil parlamentar brasileiro", *Istoé/Senhor*, 13 de março de 1991, p.17, cujas informações tabuladas a respeito da profissão dos parlamentares da 49ª legislatura foram utilizadas por Kinzo e Lima Jr. nas obras já citadas.

[105] A inviabilização de um projeto consistente de Reforma Agrária durante a Constituinte é o exemplo mais claro da eficácia dessa atuação.

[106] De acordo com Carvalho, a elite política imperial era composta de diferentes grupos de homens, os quais efetivamente tomavam as decisões dentro da estrutura do Estado. Desse conjunto faziam parte: os ministros, os senadores, os deputados gerais e os conselheiros de Estado. Carvalho, op. cit., p. 47.

[107] Recursos esses diretamente relacionados à liberação e distribuição de verbas públicas, assim como à execução de ações coletivas e obras de impacto social.

[108] Sobre a dinâmica das relações entre os parlamentares e o Executivo, ver: Bezerra, Marcos O. *Em nome das "Bases": política, favor e dependência pessoal*. Rio de Janeiro: Relume Dumará, 1999.

[109] *Folha de S.Paulo*, 10 de outubro de 1998, p. 23.

[110] Figueiredo e Limongi. *O Congresso Nacional...*, p. 20-28.

[111] Schwartzman, op. cit., p. 51.

[112] Emprega-se o termo "identidade" com o sentido atribuído por Arruda: "a identidade é concebida enquanto síntese de traços sociais produzidos na realidade e incorporados por agentes determinados, e não como expressão acabada do próprio movimento da sociedade. Assim, ... trata-se, ao mesmo tempo, de incorporar os componentes negadores daquela identidade, de tentar percebê-los na sua dinâmica que, no limite, a ultrapassariam". Arruda, Maria A. do N. *Mitologia da mineridade*. São Paulo: Brasiliense, 1990, p. 27.

[113] Em verdade, no universo amostral da pesquisa, e de acordo com os critérios de seleção adotados, não houve o recrutamento de nenhum representante originário do Centro-Oeste da elite parlamentar. Os representantes do Norte não se encontravam em número suficiente para garantir a construção de um tipo ideal de parlamentar da elite do CN dessa região. Contudo, as informações obtidas na pesquisa do perfil, trajetória política e mesmo aquelas referentes à entrevista com representantes nortistas da elite serão utilizadas, como não poderia deixar de ser, na análise geral da elite parlamentar do CN. Deve-se informar, ainda, que foi considerada a Região Nordeste, e não a Região Norte do país, como a Região de representação do senador José Sarney, membro da elite parlamentar na 49ª legislatura. Isso porque, a despeito de o parlamentar ter sido eleito senador pelo Estado do Amapá em 1990, o ex-presidente construiu praticamente toda a sua carreira política no Estado do Maranhão, e tanto sua trajetória pessoal quanto política o aproximam claramente dos representantes nordestinos. Esclareça-se, ademais, o

enquadramento do senador – e posteriormente deputado federal – Roberto Campos como representante da Região Sudeste. Com efeito, durante a 48ª legislatura o parlamentar Roberto Campos era senador pelo Estado do Mato Grosso e na 49ª legislatura foi deputado pelo Estado do Rio de Janeiro. Tendo em vista que o período em foco recobre as duas legislaturas, porém integralmente somente a segunda, optamos por reconhecê-lo como legítimo representante do Sudeste. Acrescenta-se a isso o fato de que o deputado Roberto Campos sempre disputou, desde 1991, cargos eletivos de representação no Estado do Rio de Janeiro.

[114] Para maiores detalhes acerca da participação dos rio-grandenses na política nacional, sobretudo na Primeira República, ver o excelente e fartamente discutido estudo de Love, Joseph L. *O regionalismo gaúcho e as origens da Revolução de 30*. São Paulo: Perspectiva, 1975.

[115] Publicado pela *Folha de S.Paulo*, em 9 de setembro de 1998, no encarte especial intitulado Qualidade de Vida.

[116] Segundo as informações obtidas nas entrevistas, 60% dos entrevistados admitiram ser o exercício parlamentar uma tradição na história de suas famílias.

[117] Para melhores informações sobre a participação dos economistas na vida pública brasileira, ver Loureiro, Maria R. *Os economistas no governo*. Rio de Janeiro, FGV, 1997.

[118] Interessante artigo no qual se discutem os anseios dos Congressistas norte-americanos diante de sua reeleição: Limongi, Fernando. O novo institucionalismo e os estudos legislativos. *Boletim Informativo e Bibliográfico*, Rio de Janeiro, n. 37, 1994, p. 3-38.

[119] Trata-se dos cargos de secretários de Estado e Município e dos de assessor, chefe ou subchefe de gabinete de governador ou prefeito.

[120] Dos que ocuparam tais postos no Sudeste, 57% fizeram-no antes do seu ingresso no CN.

[121] O processo de votação nominal será utilizado sempre que for exigido quorum especial de votação ou por deliberação do Plenário, quando solicitado por qualquer Senador, ou ainda quando houver pedido de verificação da votação (RISF, art. 294).

[122] RICD, § 2º e § 3º do art. 9.

[123] RISF, § 6º do art. 65.

[124] O número de comissões permanentes, tanto na Câmara quanto no Senado, sofreu modificações desde a Constituição de 1988. Contudo, em 1994 a distribuição das comissões permanentes da Câmara dos Deputados era a seguinte: Constituição, Justiça e Redação; Finanças e Tributação; Agricultura e Política Rural; Ciência e Tecnologia, Comunicação e Informática; Defesa do Consumidor, Meio Ambiente e Minorias; Economia, Indústria e Comércio; Defesa Nacional; Educação, Cultura e Desportos; Minas e Energia; Relações Exteriores; Seguridade Social e Família; Trabalho, Administração e Serviço Público; Viação e Transportes, Desenvolvimento Urbano e Interior; Direitos Humanos. No Senado Federal, as comissões permanentes encontravam-se assim configuradas:

Constituição, Justiça e Cidadania; Assuntos Econômicos; Assuntos Sociais; Educação; Relações Exteriores e Defesa Nacional; Serviços e Infra-estrutura.

[125] No projeto de iniciativa popular exige-se o apoio de, "no mínimo, um por cento do eleitorado nacional, distribuído pelo menos por cinco Estados, com não menos de três décimos por cento dos eleitores de cada um deles" (§ 2º do art. 61). Após ser protocolado na Secretaria-Geral da Mesa, o projeto de iniciativa popular passará a ser defendido por deputado cuja indicação deverá estar impressa no próprio documento e ao qual serão conferidos os poderes e atribuições estabelecidos no Regimento aos autores das proposições (RICD, art. 252).

[126] Baaklini, op. cit., p. 87-111.

[127] A composição da Mesa Diretora da Câmara dos Deputados entre os anos de 1989 e 1994 foi a seguinte: (Biênio 89-90) Presidente da Mesa – Paes de Andrade (PMDB-CE)/ 1º Vice-Presidente – Inocêncio de Oliveira (PFL-PE)/ 2º Vice-Presidente – Wilson Campos (PMDB-PE)/ 1º Secretário – Luis Henrique (PMDB-SC)/ 2º Secretário – Edme Tavares (PFL-PB)/ 3º Secretário – Carlos Cotta (PSDB-MG)/ 4º Secretário – Ruberval Pilotto (PDS-SC); (Biênio 91-92) Presidente da Mesa – Ibsen Pinheiro (PMDB-RS)/ 1º Vice-Presidente – Genésio Bernadino (PMDB-MG)/ 2º Vice-Presidente – Waldir Pires (PDT-BA)/ 1º Secretário – Inocêncio de Oliveira (PFL-PE)/ 2º Secretário – Etevaldo Nogueira (PFL-CE)/ 3º Secretário – Cunha Bueno (PDS-SP)/ 4º Secretário – Max Rosenmann (PRN-PR); (Biênio 93-94) Presidente da Mesa – Inocêncio de Oliveira (PFL-PE)/ 1º Vice-Presidente – Adilson Motta (PDS-RS)/ 2º Vice-Presidente – Fernando Lira (PDT-PE)/ 1º Secretário – Wilson Campos (PMDB-PE)/ 2º Secretário – Cardoso Alves (PTB-SP)/ 3º Secretário – Aécio Neves (PSDB-MG)/ 4º Secretário – B. de Sá (PP-PI). Fonte: Secretaria Geral da Mesa da Câmara dos Deputados.

[128] Não se pode afirmar que o PMDB, ao longo do governo Collor, tenha se posicionado como partido governista, já que não participava do bloco parlamentar de sustentação ao governo na legislatura (PFL, PRN, PSC, PMN e PST) nem participou diretamente da distribuição das cadeiras ministeriais. Todavia, tampouco se pode inferir que até o acirramento das denúncias contra o então presidente o PMDB tenha feito oposição sistemática ao governo. Para maiores detalhes acerca do posicionamento dos principais partidos nas votações-chave da política econômica dos Governos Collor e Itamar, ver: Santos, op. cit.

[129] No Senado Federal, a composição de Mesa Diretora entre os anos de 1989 e 1994 foi a seguinte: (Biênio 89-90) Presidente da Mesa – Nelson Carneiro (PMDB-RJ)/ 1º Vice-Presidente – Iram Saraiva (PDT-GO)/ 2º Vice-Presidente – Alexandre Costa (PFL-MA)/ 1º Secretário – Mendes Canale (PMDB-RS)/ 2º Secretário – Divaldo Suruagy (PFL-AL)/ 3º Secretário – Pompeu de Souza (PSDB-DF)/ 4º Secretário – Louremberg Nunes Rocha (PTB-MT); (Biênio 91-92) Presidente da Mesa – Mauro Benevides (PMDB-CE)/ 1º Vice-Presidente – Alexandre Costa (PFL-MA)/ 2º Vice-Presidente – Carlos Alberto De'Carli (PMDB-AM)/ 1º Secretário – Dirceu Carneiro (PMDB-SC)/

2º Secretário – Márcio Lacerda (PMDB-MT)/ 3º Secretário – Saldanha Derzi (PRN-MS)/ 4º Secretário – Iram Saraiva (PDT-GO); (Biênio 93-94) Presidente da Mesa – Humberto Lucena (PMDB-PB)/ 1º Vice Presidente – Chagas Rodrigues (PMDB-PI)/ 2º Vice Presidente – Levy Dias (PPR-MS)/ 1º Secretário – Júlio Campos (PFL-MT)/ 2º Secretário – Nabor Júnior (PMDB-AC)/ 3º Secretário – Júnia Marise (PDT-MG)/ 4º Secretário – Nelson Wedekin (PMDB-SC). Fonte: Secretaria Geral da Mesa do Senado Federal.

[130] Durante o período militar, o mandato dos líderes partidários era de dois anos, sendo permitida a reeleição. O número de eleições partidárias na Câmara foi bem superior ao registrado no Senado, posto que, com o retorno do multipartidarismo em 1979, modificações no quadro partidário da primeira Casa foram logo mais visíveis que na segunda.

[131] Se na ditadura militar os líderes partidários tinham mandato de dois anos, com o advento da Constituição de 1988 tal limite de tempo foi abolido, surgindo períodos de liderança variados de acordo com cada partido. Nesse sentido, visando a facilitar a comparação dos dados com os organizados por Baaklini, optou-se por considerar cada ano legislativo do período de 1989 a 1994 um período de liderança partidária.

[132] Os parlamentares a ocupar as lideranças dos nove principais partidos na Câmara dos Deputados, nas primeiras sessões ordinárias dos anos de 1989 a 1994 foram os seguintes: PMDB - (89-90) Ibsen Pinheiro/RS, (91-92) Genebaldo Correia/BA, (93-94) Tarcísio Delgado/MG; PFL - (89) José Lourenço/BA, (90-91) Ricardo Fiúza/PE, (92 a 94) Luís Eduardo Magalhães/BA; PDS/PPR - (89-90) Amaral Netto/RJ, (91) Victor Faccioni/RS, (92) José Luis Maia/PI, (93-94) Marcelino Machado/SP; PRN - (89-90) Renan Calheiros/AL, (91) Ricardo Fiúza/PE, (92) Luís Eduardo Magalhães/BA, (93-94) José Carlos Vasconcelos/PE; PTB - (89 a 91) Gastone Righi/SP, (92) Nelson Marquezelli/SP, (93-94) Nelson Trad/MS; PP - (93) Salatiel Carvalho/PE (94) Raul Belém/MG; PSDB - (89-90) Euclides Scalco/PR, (91-92) José Serra/SP, (93-94) Arthur da Távola/RJ; PDT - (89) Vivaldo Barbosa/RJ, (90) Doutel de Andrade/RJ, (91) Vivaldo Barbosa/RJ, (92) Eden Pedroso/RS, (93-94) Luís Salomão/RJ; PT - (89) Plínio Arruda Sampaio/SP, (90) Gumercindo Milhomem/SP, (91) José Genoíno/SP, (92) Eduardo Jorge/SP, (93-94) José Fortunati/RS. Fonte: Secretaria Geral da Mesa da Câmara dos Deputados.

[133] Os líderes dos principais partidos no Senado Federal nas primeiras sessões ordinárias dos anos de 1989 a 1994 foram os seguintes: PMDB - (89-90) Ronan Tito/MG, (91-92) Humberto Lucena/PB, (93-94) Mauro Benevides/CE; PFL - (89) Edison Lobão/MA, (90 a 94) Marco Maciel/PE; PDS/PPR - (89) Jarbas Passarinho/PA, (90) Roberto Campos/MT, (91-92) Oziel Carneiro/PA, (93) Esperidião Amin/SC, (94) Epitácio Cafeteira/MA; PRN - (90 a 94) Ney Maranhão/PE; PTB - (89) Carlos Alberto/RN, (90 a 92) Afonso Camargo/PR, (93) Louremberg N. Rocha/MT, (94) Jonas Pinheiro/MT; PSDB - (89 a 92) Fernando Henrique Cardoso/SP, (93-94) Mário Covas/SP; PT - (91 a 94) Eduardo Suplicy/SP. Fonte: Secretaria Geral da Mesa do Senado Federal.

[134] Baaklini, op. cit., p. 111.

[135] Deve-se essa informação a Figueiredo e Limongi, F. *Congresso Nacional...*, op. cit., p. 43.

[136] Como se viu, o único rompimento importante no favorecimento a certas regiões na ocupação de determinados cargos-chave do Legislativo, nos anos enfocados, foi aquele referente à supremacia dos líderes partidários do Sudeste no Senado ao longo da ditadura, situação essa não reproduzida no pós-Constituinte. Para os demais cargos-chave do Senado, o predomínio dos representantes nordestinos foi completo e contínuo. Quanto à distribuição regional dos postos de liderança na Câmara, não se evidenciou descontinuidade durante o período salientado.

[137] Esse assunto será aprofundado quando do tratamento das representações da elite parlamentar do pós-Constituinte.

[138] Deve-se salientar que, à exceção da região Norte, que apresentava mais senadores (66,7%) que deputados (33,3%) na elite, nas demais regiões a proporção de deputados era bem superior à de senadores, não diferindo muito uma das outras: no Sudeste e no Sul, 70% dos seus representantes na elite eram deputados e 30%, senadores; enquanto os percentuais eram respectivamente 64,3% e 35,7% no Nordeste.

[139] Foram considerados somente os mandatos exercidos em uma das Casas do CN para cada parlamentar da elite.

[140] O termo discurso está sendo aqui empregado de forma corrente, sem vinculação direta com o quadro epistemológico da "análise de discurso".

[141] Esses percentuais referem-se à totalidade dos representantes da elite no período, ou seja, 123 Congressistas.

[142] Ainda que os principais redutos eleitorais do PMDB se encontrassem no Sudeste e no Sul durante o período considerado, no Senado, em função mesmo do tamanho regional distinto das bancadas – o Nordeste e o Norte, em função do número de seus Estados componentes, superam largamente as bancadas do Sudeste e Sul –, deu-se a supremacia dos parlamentares nordestinos e nortistas na representação do partido.

[143] São as chamadas cláusulas pétreas da Constituição Federal expressas no § 4º do art. 60.

[144] De forma sintética, o art. 49 da CF estabelece que compete exclusivamente ao CN: decidir sobre acordos e tratados internacionais; autorizar declaração de guerra, estado de sítio, intervenção federal e estado de defesa; autorizar o presidente e o vice-presidente a se ausentarem do país; fixar a remuneração dos seus próprios membros, dos ministros, do presidente e do vice-presidente da República; julgar as contas do governo; fiscalizar e controlar os atos do Poder Executivo, sustando os atos normativos que exorbitem os limites de delegação legislativa concedidos a esse Poder; apreciar atos de concessão e renovação de concessão de emissoras de rádio e televisão; escolher dois terços dos membros do Tribunal de Contas da União (TCU); aprovar iniciativas do Executivo referentes às atividades nucleares; autorizar referendo e convocar plebiscitos; autorizar a exploração de terras indígenas; aprovar a alienação de terras públicas; zelar pela preservação de sua competência legislativa e autorizar a mudança temporária de sua sede.

[145] RICD, art. 109, inciso III.

[146] Esse é o caso, por exemplo, da instauração de processo criminal contra presidente, vice-presidente ou ministros de Estado, que exige dois terços dos votos dos membros da Câmara dos Deputados para a aprovação do parecer da CCJR (RICD, art. 217).

[147] Não se encontram aí incluídas as proposições que, a despeito de terem se transformado em norma jurídica durante o período focalizado, foram apresentadas antes de 1989.

[148] De acordo com informações de Figueiredo e Limongi para os anos de 1989 a 1992. Figueiredo e Limongi, F. *Congresso Nacional...*, op. cit., p.11.

[149] Esse percentual corresponde à proporção entre o número total de projetos de lei enviados pelo Executivo, os quais tramitaram seqüencialmente pelas duas Casas (462), e o número dos que se transformaram em norma jurídica (223). Estão aí excluídas as medidas provisórias e as leis orçamentárias. Ver Figueiredo e Limongi, F. *Congresso Nacional...*, op. cit., p. 76.

[150] Id., ibid., p. 11.

[151] Fraga, M. e Oliveira, H. *Legislação infra-constitucional necessária à integração de dispositivos constitucionais.* Trabalho desenvolvido pela Assessoria Legislativa do Senado Federal. Brasília: Senado Federal. Mimeo [s/d].

[152] A definição e classificação do conteúdo das proposições de iniciativa parlamentar pautaram-se nas suas respectivas ementas, tendo sido considerados apenas os aspectos principais dos projetos e não os seus possíveis desdobramentos para outras áreas.

[153] Esta também é a conclusão a que chegam Figueiredo e Limongi F. – mesmo utilizando de sistema de classificação das leis diferente do aqui empregado – quando apontam que o número de leis sociais de caráter universal ou amplo é três vezes maior que o de leis referentes a segmentos sociais específicos. Figueiredo e Limongi, F. *Congresso Nacional...*, op. cit., p. 83.

[154] Para maiores informações sobre a imagem corrente acerca da atuação dos parlamentares brasileiros, ver Moisés, José A. *Os Brasileiros e a Democracia.* São Paulo: Ática, 1995.

[155] Pelo menos no que se refere às matérias sancionadas, e não necessariamente ao que foi proposto.

[156] Bezerra, op. cit.

[157] Id., Ibid., p. 38.

[158] Palavras de Moacir Palmeira, apud Bezerra, op. cit., p. 263.

[159] O artigo 16 da CF previa que toda lei que viesse a alterar o processo eleitoral só poderia entrar em vigor um ano após a sua promulgação. Com a Emenda Constitucional nº 4 de 1993, a lei que alterar o processo eleitoral entrará em vigor na data de sua publicação, mas não se aplicará à eleição que ocorra até um ano da data de sua entrada em vigência.

[160] Esse percentual corresponde à produção legislativa dos membros da elite selecionados na amostra, e não à de todos os Congressistas participantes da elite no período. Logo, supõe-se que o conjunto das normas jurídicas de iniciativa da elite na produção legislativa do CN seja ainda mais elevado.

[161] Está-se referindo, aqui, às proposições formalizadas em requerimentos escritos sujeitos a despachos do presidente de cada uma das Casas, ouvidas as suas respectivas Mesas. São elas: solicitações de encaminhamento de pedido de informações a ministro de Estado ou qualquer titular de órgão diretamente subordinado à Presidência da República, assim como as solicitações de inserção nos Anais da Câmara, de informações, documentos ou discursos de representante de outro Poder. Trata-se, ainda, dos requerimentos escritos sujeitos à deliberação do Plenário que aludem à convocação de ministro de Estado perante o Plenário ou a votos de regozijo, louvor ou pesar. Ver RICD, arts. 115 a 117. Em número reduzido (46), esses requerimentos relacionam-se também com outros tipos de proposição: indicação, consulta, proposta de fiscalização e controle etc. Observar RICD, arts. 60, 61 e 113.

[162] Número correspondente à totalidade de projetos de lei ordinária, complementar e às propostas de emenda à Constituição, decretos legislativo e resolução apresentados pelos membros da elite aqui selecionados.

[163] A título de ilustração, pode-se citar os volumes das proposições legislativas de Nelson Carneiro e Ulysses Guimarães, cujas carreiras no CN cobrem o mesmo número de anos (44 anos). Enquanto o primeiro apresentou cerca de 1.575 proposições ao longo de sua carreira política, o segundo ofereceu à tramitação 82.

[164] Somente assim definidas depois da Constituição de 1988, mas cujo conteúdo foi aqui registrado a despeito dessa denominação.

[165] Cerca de 73% dos entrevistados da elite admitiram serem esses os principais canais de comunicação com o seu eleitorado.

[166] Esse assunto será retomado na próxima seção.

[167] A análise dos posicionamentos dos membros da elite diante dos acontecimentos mais importantes do período está pautada nos resultados das votações nominais dos principais projetos sancionados, nas informações obtidas durante as entrevistas com parcela desses Congressistas e na pesquisa *A cabeça do Congresso: quem é quem na Revisão Constitucional*, realizada pelo Departamento Intersindical de Assessoria Parlamentar (DIAP) em 1992, junto aos senadores e deputados da 49ª legislatura.

[168] A Constituição de 88, em seu art. 177, determina que são monopólio da União a pesquisa e a lavra de jazidas de petróleo e gás natural e outros hidrocarbonetos fluidos; a refinação e o transporte do petróleo nacional e estrangeiro; a exploração e o comércio de minérios e minerais nucleares e seus derivados; além de outras ações relacionadas à utilização de tais recursos.

[169] Está-se aqui referindo particularmente a Hollanda, Sérgio B. de. op. cit.; Faoro, Raymundo, op. cit.; Fernandes, Florestan. *A revolução burguesa no Brasil*. São Paulo: Zahar, 1975; Schwarz, Roberto. *Ao vencedor as batatas*. São Paulo: Duas Cidades, 1992; O'Donell, Guillermo. "Democracia Delegativa?". *Novos Estudos Cebrap*, n. 31, 1991. p. 25-40; Simon, Schwartzman, op. cit.

[170] O conceito de ideologia empregado nesse ponto pelo autor refere-se às "crenças e valores utilizados politicamente para influir no comportamento popular, orientando-o em certa direção, seja com o propósito de obter o consenso ou justificar

o poder". Faoro, Raymundo. "A Aventura Liberal numa Ordem Patrimonialista". *Revista USP*, São Paulo, n. 17, 1993, p. 27.

[171] Hollanda, op. cit., p. 160.

[172] Schwarz, op.cit., p. 16.

[173] Esse parágrafo prescreve que, sempre que possível, os impostos serão graduados segundo a capacidade econômica do contribuinte, respeitados os direitos individuais e nos termos da lei, o patrimônio, os rendimentos e as atividades econômicas do contribuinte.

[174] Ressalte-se que, neste momento, não se procede à contextualização dos referidos acontecimentos porque esta já foi realizada no segundo capítulo.

[175] As citações cabem, respectivamente, aos deputados Bernardo Cabral e Delfim Netto.

[176] Comentários de Marco Maciel e Prisco Viana.

[177] Para citar apenas os principais membros da elite envolvidos nos escândalos da CPI do Orçamento, tem-se que entre os "cassáveis" estavam: Genebaldo Correa, Ibsen Pinheiro e Ricardo Fiúza. Foram inocentados: Mauro Benevides, Humberto Lucena, Alexandre Costa e Mansueto de Lavor. Entre os que a CPI sugeriu maiores investigações, merecem destaque: Gastone Righi e Roberto Jefferson. Na condição de investigadores encontravam-se: Jarbas Passarinho (presidente da CPI), Odacir Klein (vice-presidente da CPI), Roberto Magalhães (relator da CPI), Aloísio Mercadante (membro titular da CPI), José Paulo Bisol (membro suplente da CPI e coordenador da Subcomissão de Patrimônio) e Eduardo Suplicy (membro suplente da CPI). Para maiores detalhes acerca do trabalho desenvolvido pela CPI do Orçamento, ver: Krieger, G.; Rodrigues, F.; Bonassa, E. *Os donos do Congresso: a farsa na CPI do Orçamento*. São Paulo: Ática, 1994; Teixeira, Carla C. *A honra da política*. Rio de Janeiro: Relume Dumará/Núcleo de Antropologia da Política, 1998.

[178] Há que se lembrar que, dos dezoito parlamentares indicados para serem cassados, apenas seis de fato o foram: Ibsen Pinheiro (PMDB/RS), Carlos Benevides (PMDB/CE), Feres Nader (PTB/RJ), Fábio Raunheitti (PTB/RJ), Raquel Cândido (PTB/RO) e José Geraldo Ribeiro (PMDB/MG). Deve-se reter, porém, que um número considerável deles renunciou antes de ter o seu mandato cassado. Enquadram-se nessa última situação alguns dos principais implicados nos escândalos do orçamento, apelidados jocosamente, em função de sua baixa estatura, de "anões do orçamento": João Alves (PPR/BA), Genebaldo Correia (PMDB/BA), Manoel Moreira (PMDB/SP) e Cid Carvalho (PMDB/MA).

[179] Girardet, Raoul. *Mitos e mitologias políticas*. São Paulo: Companhia das Letras, 1987, p.13.

[180] Tomando como referência a obra de *La Terre et les rêveries du repos*, de Gaston Bachelard, Girardet enumera como exemplos das possibilidades de inversão do mito as imagens da casa, da serpente e da raiz. De refúgio e abrigo, a casa pode se tornar símbolo de opressão e calabouço. A serpente é simultaneamente objeto

de sedução e de aversão; por fim, a raiz, que "aspira dirigir ao céu o sumo da terra, cresce no reino subterrâneo dos mortos". Id., ibid., p. 16.

[181] Barthes, Roland. *Mitologias*. Rio de Janeiro: Bertrand-Brasil, 1989, p. 132.

[182] Arruda, op. cit., p. 23.

[183] Miceli, Sérgio. "A força do sentido" in Bourdieu, Pierre. *A economia das trocas simbólicas*. São Paulo: Perspectiva, 1974, p. 50.

[184] Girardet, op. cit., p. 14.

[185] Id., ibid., p. 12.

[186] Id., ibid., p. 95.

[187] É forçoso relacionar, observando a história política brasileira recente, as imagens do Salvador acima apontadas com as figuras dos presidentes Tancredo Neves e Fernando Collor de Mello. As expectativas iniciais criadas em torno de ambos os Governos foram bastante elevadas e concentravam-se principalmente no que alude ao primeiro, na crença de que com a sua autoridade e comedimento seria possível levar adiante sem grandes traumas o processo de redemocratização do país. No que diz respeito ao segundo, havia a esperança de que o "guerreiro" Fernando Collor, o qual se intitulava "o caçador de marajás", fosse capaz, com o seu vigor e a sua ousadia, de varrer a corrupção do país e "derrubar com um só tiro o dragão da inflação", consideradas há décadas como as grandes responsáveis pelas mazelas sociais do Brasil.

[188] Weber, *Ciência e política.... op. cit.*, p. 58.

[189] Weber, *Economia y...*, op. cit., p. 711.

[190] Weber, apud Teixeira, op. cit., p. 58-59.

[191] Arruda, op. cit. p., 226.

[192] Weber, *Ciência e política...*, op. cit., p. 107.

[193] Carvalho, José M. *Os bestializados: o Rio de Janeiro e a República que não foi*. São Paulo: Companhia das Letras, 1987.

[194] No Brasil, inclusive, tal fenômeno assume proporções consideráveis, bastando atentar para os inúmeros "conchavos de gabinete", os quais redundam em decretos redirecionadores da vida política e econômica do país, sem que haja por vezes o respeito às garantias de um Estado de direito. Ver: Faoro, *A aventura...*, op. cit.; Loureiro, op. cit.

[195] "Isto é, preferência pelo regime democrático em contraposição à alternativa autoritária ou a uma posição de indiferença diante do regime político." Moisés, op. cit., p. 110.

[196] Teixeira, op. cit., p. 58.

[197] As outras duas qualidades fundamentais do homem político de acordo com Weber são sentimento de responsabilidade, o qual remonta à capacidade de responder pelas conseqüências previsíveis de seus atos, e o senso de proporção, relacionado à "faculdade de permitir que os fatos ajam sobre si no recolhimento e na calma interior do espírito, sabendo, por conseqüência, manter à distância os homens e coisas." Weber, *Ciência e política...*, op. cit., p. 106.

[198] Weber, op. cit., p. 106.

[199] Não houve nenhum entrevistado nordestino que não tenha admitido longa tradição familiar no exercício parlamentar.

[200] Girardet, op. cit., p. 97.

[201] Id., ibid., p. 105.

[202] Id., ibid., p. 98.

[203] Id., ibid., p. 136.

[204] Arendt, H. *Origens do totalitarismo*. São Paulo: Companhia das Letras, 1989, p. 335.

[205] Teixeira, op. cit., p. 104-105. Acerca da temática, consultar também: Habermas, op. cit., p. 213-229.

[206] Weber, *Ciência e política...*, op. cit., p. 107.

[207] Vale recordar dois casos recentes e rumorosos da vida pública nacional, relacionados ao ex-ministro da Saúde Alceni Guerra e ao ex-deputado cassado Ibsen Pinheiro, inocentados pela Justiça quanto a qualquer responsabilidade sobre as "irregularidades" que lhes foram assacadas nos respectivos inquéritos criminais.

[208] Ou interno, embora infiltrado, exaltando dessa forma a presença de um ser estranho num meio social tido como homogêneo.

[209] Miguel, Luís F. "Em torno do conceito de mito político". *Dados,* Rio de Janeiro, v. 41, n. 3, 1998, p. 652.

[210] Hobbes, Thomas. *Leviatã*. São Paulo: Abril Cultural. 1979, p. 98.

[211] Lima Jr., Olavo B. *Instituições políticas democráticas: o segredo da legitimidade*. Rio de Janeiro: Zahar, 1997, p. 131.

[212] Embora a autora esteja se referindo diretamente a atitudes conciliatórias dos políticos mineiros, considera-se aqui que tal significado é também compartilhado por parlamentares da elite representantes de outros Estados. Arruda, op. cit., p. 224.

[213] Weber, apud Cohn. In: Weber, Ciência e política..., op. cit., 12.

[214] Weber, *Ciência e política...*, op. cit., p. 116.

[215] Barthes, op. cit., p. 183

[216] Girardet, op. cit., p. 177.

[217] Relacionadas diretamente com a condução de negociações, debates e votações, como também com a "facilidade para conceber idéias, constituir posições, elaborar propostas e projetá-las para o centro do debate, liderando sua repercussão e tomada de decisão". Diap, op. cit, p. 2.

BIBLIOGRAFIA

ADORNO, Sérgio. *Os aprendizes do poder: o bacharelismo liberal na política brasileira*. Rio de Janeiro: Paz e Terra. 1988.

ALENCASTRO, Luiz F. de. "O Fardo dos Bacharéis". *Novos Estudos Cebrap*, São Paulo, n. 19, 1987. p. 68-72.
_____. "O Relatório da CPI: um retrato do Brasil". *Novos Estudos Cebrap,* São Paulo, n. 34, 1992. p. 3-7.

ALONSO, Angela. *A interpretação sociológica do pensamento social brasileiro: Raízes do Brasil e Os Donos do Poder*. Trabalho apresentado no XX Encontro Anual da ANPOCS, Caxambu, Minas Gerais, 1996.

AMARAL, Roberto (Coord.). *FHC: os paulistas no poder*. Rio de Janeiro: Casa Jorge Editorial, 1995.

ARAGÃO, Murillo de. *Elite parlamentar na Câmara dos Deputados*. Mimeo. 1998.

ARENDT, Hannah. *Crises da República*. São Paulo: Perspectiva,1973.
_____. *Origens do totalitarismo*. São Paulo: Companhia das Letras, 1989.
_____. *Entre o passado e o futuro*. São Paulo: Perspectiva, 1992.
_____. *A condição humana*. 7ª ed. Rio de Janeiro: Forense Universitária, 1995.

ARRUDA, Maria A. do N. *Mitologia da mineridade*. São Paulo: Brasiliense. 1990.
_____. "Revisitar Florestan". *Revista Brasileira de Ciências Sociais,* v. 11, n. 30, 1996.

AVELINO FILHO, George. "As raízes de 'Raízes do Brasil'". *Novos Estudos Cebrap*, São Paulo, n. 18, 1987. p. 33-41.
_____. "Cordialidade e civilidade em Raízes do Brasil". *Revista Brasileira de Ciências Sociais*, v. 5, n. 12, 1990. p. 5-14.

BAAKLINI, Abdo I. *O Congresso e o sistema político do Brasil*. Rio de Janeiro: Paz e Terra, 1993.

BARRETO, Kátia M. M. *Revisitando Faoro*. Trabalho apresentado no XVIII Encontro Anual da ANPOCS, Caxambu, Minas Gerais, 1994.

BARTHES, Roland. *Mitologias*. Rio de Janeiro: Bertrand-Brasil, 1989.

BEZERRA, Marcos O. *Corrupção: um estudo sobre poder público e relações pessoais no Brasil*, Rio de Janeiro: Relume Dumará, 1995.

_____. *Em nome das "Bases": política, favor e dependência pessoal*. Rio de Janeiro: Relume Dumará/Núcleo de Antropologia da política, 1999.

BOBBIO, Norberto. *O futuro da democracia*. Rio de Janeiro: Paz e Terra, 1986.

_____. *Diário de um século: autobiografia*. Rio de Janeiro: Campus, 1998.

_____; BOVERO, M. *Sociedade e Estado na filosofia política moderna*. São Paulo: Brasiliense, 1996.

_____ et alli. *Dicionário de política*. 6ª ed. Brasília: Universidade de Brasília, 1994. v. 1.

BOTTOMORE, Tom. *As elites e a sociedade*. Rio de Janeiro: Zahar, 1965.

BOURDIEU, Pierre. *A economia das trocas simbólicas*. São Paulo: Perspectiva, 1974.

BURSZTYN, Marcel. *O país das alianças: elites e continuísmo no Brasil*. Petrópolis, Vozes, 1990.

CARDOSO, Fernando H. *Autoritarismo e democratização*. Rio de Janeiro: Paz e Terra, 1975.

_____. "Livros que inventaram o Brasil". *Novos Estudos Cebrap*, São Paulo, n. 37, 1993. p. 21-35.

CARONE, Edgar. *A República Velha: evolução política*. São Paulo: Difel, 1971.

CARVALHO, José M. *A construção da ordem: a elite política imperial*. Rio de Janeiro: Campus, 1980.

_____. *Os bestializados: o Rio de Janeiro e a República que não foi*. São Paulo: Companhia das Letras, 1987.

_____. *Pontos e bordados: escritos de história e política*. Belo Horizonte: UFMG, 1998.

CARVALHO, Orlando M. "A estrutura ocupacional da política mineira" in *Sociologia*. São Paulo, v. 15, n. 4, 1953.

COUTO, Cláudio G. "A longa Constituinte: reforma do Estado e fluidez institucional no Brasil". *Dados*, Rio de Janeiro, v. 41, n. 1, 1998, p.51-86.

DAHL, Robert A. *Poliarquia*. São Paulo: Edusp, 1997.

DAGNINO, Evelina. *Anos 90: política e sociedade no Brasil*. São Paulo: Brasiliense, 1994.

DIAP. *Quem foi quem na Constituinte*. São Paulo: Cortez/Oboré, 1988.

_____. *A cabeça do Congresso: quem é quem na revisão constitucional*. São Paulo: Oboré, 1993.

_____. "Os 'Cabeças' do Congresso Nacional". *Boletim do Diap* – Informativo do Departamento Intersindical de Assessoria Parlamentar. Edição Especial, mar. 1994.

DINIZ, Eli. "Crise política, eleições e dinâmica partidária no Brasil: um balanço histórico". *Dados*, Rio de Janeiro, v. 32, n. 3, 1989.

_____. "Empresariado e projeto neoliberal na América Latina: uma avaliação dos anos 80". *Dados*, Rio de Janeiro, v. 34, n. 3, 1991, p. 349-347.

_____. *Em busca de um novo paradigma: a reforma do Estado no Brasil dos anos 90*. Trabalho apresentado no XX Encontro Anual da ANPOCS, Caxambu, Minas Gerais, 1996.

_____; BOSCHI, Renato; LESSA, Renato. *Modernização e consolidação democrática no Brasil: dilemas da Nova República*. São Paulo: Vértice, 1989.

DUPAS, Gilberto. "Estado e empresários: pequena crônica de uma relação muito delicada". *Novos Estudos Cebrap*, São Paulo, n. 41, 1995. p. 21-25.

EVANS, Peter. "O Estado como problema e solução". *Lua Nova*, São Paulo, n. 28/29. p. 107-115.

FAORO, Raymundo. *Os donos do Poder: formação do patronato político brasileiro*. Porto Alegre: Globo, 1976. v. 1 e 2.

_____. "A aventura liberal numa ordem patrimonialista". *Revista USP*, São Paulo, n. 17. mar/maio 1993.

FAUCHER, Philippe. "Restaurando a governabilidade: o Brasil (afinal) se acertou?". *Dados*, Rio de Janeiro, v. 41, n. 1, 1998. p. 5-50.

FERNANDES, Florestan. *A revolução burguesa no Brasil*. São Paulo: Zahar, 1975.

_____. *Nova República?* Rio de Janeiro: Zahar, 1986.

FERREIRA, Gabriela N. "A formação nacional em Buarque, Freyre e Vianna". *Lua Nova*, São Paulo, n. 37, 1996. p. 229-247.

FERREIRA, Waldemar M. *História do Direito Constitucional Brasileiro*. São Paulo: Max Limonad, 1954.

FIGUEIREDO, A. C.; FIGUEIREDO, M. *O plebiscito e as formas de governo*. São Paulo: Brasiliense, 1993.

FIGUEIREDO, A. C.; LIMONGI, F. "O processo legislativo e a produção legal no Congresso pós-Constituinte". *Novos Estudos Cebrap*, São Paulo, n. 38, 1994. p. 24-37.

_____."Partidos políticos na Câmara dos Deputados: 1989-1994". *Dados*, v. 38, nº 3, 1995, pp. 497 a 525.

_____."Mudança constitucional, desempenho do Legislativo e Consolidação Institucional". *Revista Brasileira de Ciências Sociais*, v. 10, a. 10, 1995. p. 175-200.

_____. "Congresso Nacional: organização, processo legislativo e produção legal". *Cadernos de Pesquisa Cebrap*, nº 5, 1996.

_____. "O Congresso e as medidas provisórias: abdicação ou delegação?" *Novos Estudos Cebrap*, n. 47, 1997. p. 127-154.

FIORI, José L. "Transição terminada: crise superada?" *Novos Estudos Cebrap*, São Paulo: n. 28, out. 1990.

FOLHA DE S.PAULO. "Qualidade de vida". 9 de setembro de 1998. Encarte especial.

FRADE, Laura. *Bancadas suprapartidárias no Congresso Nacional Brasileiro 1995-1996*. Dissertação de Mestrado do Departamento de Ciência Política da Universidade de Brasília-UnB, 1996.

FRAGA, Mirtô; OLIVEIRA, Herzeleide M. F. *Legislação infraconstitucional necessária à integração de dispositivos constitucionais*. Trabalho desenvolvido pela Assessoria Legislativa do Senado Federal. Brasília: Senado Federal, Mimeo [s/d].

FREITAG, Bárbara. *A teoria crítica ontem e hoje*. São Paulo: Brasiliense, 1986.

_____; ROUANET, S. P. (Orgs.). *Habermas*. São Paulo: Ática, 1980 (Coleção Grandes Cientistas Sociais, 15)

FREYRE, Gilberto. *Casa grande & senzala*. Rio de Janeiro: Record, 1998.

_____. *Sobrados e mocambos: decadência do patriciado rural e desenvolvimento urbano*. Rio de Janeiro: José Olympio, 1981.

GIDDENS, A. *Capitalismo e moderna teoria social*. Lisboa: Presença [s.d].

GIRARDET, Raoul. *Mitos e mitologias políticas*. São Paulo: Companhia das Letras, 1987.

GÓES, Walder de. *Revisão constitucional: tendências do Congresso, atores-chaves, emendas em tramitação*. Mimeo. 1993.

GOMES, Angela de C. "A dialética da tradição". *Revista Brasileira de Ciências Sociais*, v. 5, n. 12, 1990. p. 15-27.

GOUVÊA, Gilda P. *Burocracia e elites burocráticas no Brasil*. São Paulo: Paulicéia, 1994.

HABERMAS, Jürgen. *Mudança estrutural da esfera pública*. Rio de Janeiro: Tempo Brasileiro, 1984.

HOBBES, Thomas. *Leviatã*. São Paulo: Abril Cultural, 1979 (Coleção Os Pensadores).

HOLANDA, Sérgio B. *Raízes do Brasil*. São Paulo: Companhia das Letras, 1995.

IGLÉSIAS, Francisco. *Trajetória política do Brasil: 1500-1964*. São Paulo: Companhia das Letras, 1995.

JAGUARIBE, Hélio. *Desenvolvimento econômico e desenvolvimento político*. Rio de Janeiro: Paz e Terra, 1972.

KINZO, Maria D'Alva. *Representação política e sistema eleitoral no Brasil*. São Paulo: Símbolo, 1980.

_____. *Radiografia do quadro partidário brasileiro*. São Paulo: Fundação Konrad-Adenauer-Stiftung, 1993.

KRIEGER, G.; NOVAES, L. A.; FARIA, T. *Todos os sócios do presidente*. São Paulo: Scritta, 1992.

KRIEGER, G.; RODRIGUES, F.; BONASSA, E. C. *Os donos do Congresso: a farsa na CPI do Orçamento.* São Paulo: Ática, 1994.

LAMOUNIER, Bolivar. "Formação de um pensamento político autoritário na Primeira República: uma interpretação" in BORIS, Fausto (Org.). *História geral da civilização brasileira.* Tomo III – Brasil Republicano, São Paulo: Difel, 1977, v. 2.

_____ *Partidos e utopias: o Brasil no limiar dos anos 90.* São Paulo: Loyola/Ibrades, 1989.

_____ (Org.). *De Geisel a Collor: o balanço da transição.* São Paulo: Sumaré/Idesp, 1990.

_____; SOUZA, Amaury de. "Democracia e reforma institucional no Brasil: uma cultura política em mudança". *Dados,* Rio de Janeiro, v. 34, n. 3, 1991, p. 311-348.

_____.(Orgs.). *As elites brasileiras e a modernização no setor público em debate.* São Paulo: Sumaré/Fapesp/Fundação Ford, 1992.

LASWELL, H.; Kaplan, A. *Power and Society.* New Haven: Yale Univiversity. Press,1961.

LEAL, Victor N. *Coronelismo, enxada e voto: o município e o regime representativo no Brasil.* Rio de Janeiro: Nova Fronteira, 1997.

LEFORT, Claude. *A invenção democrática: os limites do totalitarismo.* São Paulo: Brasiliense, 1987.

LIMA JÚNIOR, O. B. *Democracia e instituições políticas no Brasil dos Anos 80.* São Paulo: Loyola/Ibrades, 1993 (Coleção Temas Brasileiros, 9).

_____. *Instituições políticas democráticas: o segredo da legitimidade.* Rio de Janeiro: Zahar, 1997.

_____. "Reformas de sistemas eleitorais: mudanças, contextos e conseqüências". *Dados,* v. 42, n. 1, 1999. p. 17-61.

LIMA JÚNIOR, O .B. & CAMARGO, M. B. *O Legislativo mineiro: democratização, perfil sociopolítico e decisões legislativas (1983-1998).* Trabalho apresentado no XX Encontro Anual da ANPOCS, Caxambu, Minas Gerais, 1996.

LIMA, M. R. S.; CHEIBUB, Z. B. "Instituições e valores: as dimensões da democracia na visão da elite brasileira". *Revista Brasileira de Ciências Sociais,* v. 11, n. 31, 1996. p. 83-110.

LIMA, Rosah R. de M. *O Poder Legislativo na República.* Rio de Janeiro: Freitas Bastos, 1960.

LIMONGI, F. "O novo institucionalismo e os estudos legislativos". *Boletim Informativo e Bibliográfico,* Rio de Janeiro, n. 37, 1994. p. 3-38.

LOCKE, John. *Segundo tratado sobre o governo.* São Paulo: Abril Cultural, 1978.

LOUREIRO, Maria R. *Os economistas no governo.* Rio de Janeiro: FGV, 1997.

LOVE, Joseph L. *O regionalismo gaúcho e as origens da Revolução de 30.* São Paulo: Perspectiva, 1975.

MARTINS, Carlos E. *O circuito do poder.* São Paulo: Entrelinhas, 1994.

MARTINS, L. *Estado capitalista e burocracia no Brasil pós-64.* Rio de Janeiro: Paz e Terra, 1985.

MARX, Karl. O 18 Brumário de Luís Bonaparte in: *O 18 Brumário e Cartas a Kugelmann.* Rio de Janeiro: Paz e Terra, 1974.
_____; ENGELS, F. "Las luchas de classes en Francia de 1848 a 1850" in *Obras Escolhidas.* São Paulo: Alfa-Ômega, 1977. v. 1.

MATTA, Roberto da. *Carnavais, malandros e heróis.* Rio de Janeiro: Zahar, 1983.
_____. *A casa e a rua.* Rio de Janeiro: Guanabara, 1987.

MENEGUELLO, Rachel. "Partidos e Governos no Brasil Contemporâneo (1985-1995)". Trabalho apresentado no XX Encontro Anual da *ANPOCS*, Caxambu, Minas Gerais, 1996.

MICELI, Sérgio. "Carne e osso da elite política brasileira pós-1930" in BORIS, Fausto (Org.). *História geral da civilização brasileira.* Tomo III – Brasil Republicano. Rio de Janeiro: Difel, 1983, v. 3.

MICHELS, Robert. *Os Partidos políticos.* São Paulo: Senzala, 1968.

MIGUEL, Luis F. "Em torno do conceito de mito político". *Dados,* v. 41, n. 3, 1998. p. 636-660.

MILLS, Wright. *A elite do poder.* Rio de Janeiro: Zahar, 1968.

MOISÉS, José A. *Os brasileiros e a democracia.* São Paulo: Ática, 1995.
_____; ALBUQUERQUE, J. A. Guilhon (Orgs). *Dilemas da consolidação democrática.* Rio de Janeiro: Paz e Terra, 1989.

MOORE Jr., Barrington. *As origens sociais da ditadura e da democracia.* São Paulo: Martins Fontes, 1983.

NICOLAU, Jairo M. *Multipartidarismo e democracia.* Rio de Janeiro: Fundação Getúlio Vargas, 1996.
_____. "As distorções na representação dos Estados na Câmara dos Deputados Brasileira". *Dados,* v. 40, n. 3, 1997. p. 441-464.
_____. *Sistemas eleitorais.* Rio de Janeiro: Fundação Getúlio Vargas, 1999.

NOBRE, Marcos. "Pensando o *impeachment*". *Novos Estudos Cebrap,* n. 34, 1992. p. 15-19

NOVAIS, Fernando A. "Passagens para o Novo Mundo". *Novos Estudos Cebrap,* n. 9, 1984. p 2-8.

O'DONNELL, G. "Democracia delegativa?" *Novos Estudos Cebrap,* n. 31, 1991. p. 25-40.

OLIVEIRA, Francisco de. "A herança do marajá *superkitsch*" *Novos Estudos Cebrap*, n. 34, 1992. p. 8-14.

PANEBIANCO, Angelo. "Evitar política?" *Novos Estudos Cebrap*, São Paulo, n. 45, 1996. P. 51-57.

PEREIRA, Luiz C. B. "O governo Collor e a modernidade em tempos incertos". *Novos Estudos Cebrap*, São Paulo, n. 29, 1991. p. 10-27.

PIERUCCI, Antônio F. "As bases da nova direita". *Novos Estudos Cebrap*. São Paulo, n. 19, 1987. p. 26-45.

_____. "Ciladas da diferença". *Tempo Social*, Revista de Sociologia da USP, São Paulo, v. 2, n. 2, p. 7-34, 2º semestre, 1990.

_____. LIMA, Marcelo C. "A direita que flutua: voto conservador na eleição de 1990 em São Paulo". *Novos Estudos Cebrap;* São Paulo, n. 29, 1991, p. 10-27.

QUEIRÓZ, Maria I. de. "O coronelismo numa interpretação sociológica" in BORIS, Fausto (Org.). *História geral da civilização brasileira*. Tomo III – Brasil Republicano. Rio de Janeiro, Difel, 1982. v. 1.

_____. *O mandonismo local na vida da política brasileira e outros ensaios*. São Paulo: Alfa-Ômega, 1976.

RAMA, Angel. *A cidade das letras*. São Paulo: Brasiliense, 1985.

REIS, F. W.; O'DONNELL, G. (Orgs.). *A democracia no Brasil: dilemas e perspectivas*. São Paulo: Vértice, 1988.

RODRIGUES, Leôncio M. "O PCB: os dirigentes e a organização" in BORIS, Fausto (Org.). *História geral da civilização brasileira*. Tomo III – Brasil Republicano – Sociedade e Política (1930-1964). São Paulo: Difel, 1982.

_____. "Eleições, fragmentação partidária e governabilidade". *Novos Estudos Cebrap*, n. 41, 1995.

SADER, Emir. *O anjo torto: esquerda (e direita) no Brasil*. São Paulo: Brasiliense, 1995.

SALLUM Jr., Brasílio. *Labirintos: dos Generais à Nova República*. São Paulo: Hucitec, 1996.

SANTOS, Fabiano; PATRÍCIO, Inês. "Um modelo de produção legislativa em diferentes contextos institucionais". Trabalho apresentado no XX Encontro Anual da Anpocs, Caxambu, Minas Gerais, 1996.

SANTOS, Fabiano. "Patronagem e poder de agenda na política brasileira". *Dados*, v. 40, n. 3, 1997. p. 465-492.

SANTOS, Maria Helena de C. "Governabilidade, governança e democracia: criação de capacidade governativa e relações Executivo-Legislativo no Brasil Pós-Constituinte". *Dados*, v. 40, n. 3, 1997. p. 465-492.

SANTOS, Wanderley G. *Razões da Desordem*. Rio de Janeiro: Rocco, 1994.

SANTOS, Wanderley G. *Razões da Desordem*. Rio de Janeiro: Rocco, 1994.

SARTORI, Giovanni. *A teoria da democracia revisitada*. São Paulo: Ática, 1994. v. 1 e 2.

SCHMITTER, Philippe C. *Interest conflict and political change in Brazil*. Stanford-California: Stanford University Press, 1971.

SCHWARTZMAN, Simon. *Bases do autoritarismo brasileiro*. Rio de Janeiro: Campus, 1988.

SCHWARZ, Roberto. *Ao vencedor as batatas*. São Paulo: Duas Cidades, 1992.

_____. *Que horas são?*: ensaios. São Paulo: Companhia das Letras, 1997.

SENNETT, Richard. *O declínio do homem público: as tiranias da intimidade*. São Paulo: Companhia das Letras, 1988.

SOUZA, Jessé. *O malandro e o protestante*. Trabalho apresentado no XX Encontro Anual da ANPOCS, Caxambu, Minas Gerais, 1996.

SOUZA, Maria do C. C. *Estado e partidos políticos no Brasil (1930 a 1964)*. São Paulo: Alfa-Ômega, 1990.

STEPAN, Alfred. *Os militares na política: as mudanças de padrões na vida brasileira*. Rio de Janeiro: Artenova, 1975.

TEIXEIRA, Carla C. *A honra da política*. Rio de Janeiro: Relume Dumará/Núcleo de Antropologia da Política, 1998.

VIANNA, Luiz W. *A revolução passiva: iberismo e americanismo no Brasil*. Rio de Janeiro: Revan, 1997.

VIANNA, Oliveira. *Populações meridionais do Brasil*. Rio de Janeiro: José Olympio, 1952.

WEBER, Max. *Economia y Sociedad*. México: Fondo de Cultura Económica, 1974. Tomo I e II.

_____. *Ensaios de Sociologia*. Rio de Janeiro: Guanabara, 1971.

_____. *Economia e Sociedade*. Brasília: Edunb, 1991, v. 1.

_____. *Ciência e Política: duas vocações*. São Paulo: Cultrix, 1993.

_____. *Parlamento e Governo na Alemanha Reordenada – Crítica política do funcionalismo e da natureza dos partidos*. Petrópolis: Vozes, 1993.

DOCUMENTOS OFICIAIS

Brasil. Congresso. Câmara dos Deputados. Regimento Interno da Câmara dos Deputados. Brasília: Centro de Documentação e Informação Coordenação de Publicações, 1997.

Centro de Documentação e Informação Coordenação de Publicações, 1983.

_____. *Deputados Brasileiros: repertório biográfico - 48ª Legislatura, 1987-1991.* Brasília: Centro de Documentação e Informação Coordenação de Publicações, 1987.

_____. *Deputados brasileiros: repertório biográfico - 49ª Legislatura, 1991-1995.* Brasília: Centro de Documentação e Informação Coordenação de Publicações, 1983.

Brasil. Congresso. Senado Federal. *Regimento Interno do Senado Federal.* Brasília: Senado Federal, 1997.

_____. *Senadores: dados biográficos - 47ª Legislatura, 1983-1987.* Brasília: Subsecretaria de Arquivo/Senado Federal, 1983.

_____. *Senadores: dados biográficos - 48ª Legislatura, 1987-1991.* Brasília: Subsecretaria de Arquivo/Senado Federal, 1987.

_____. *Senadores: dados biográficos - 49ª Legislatura, 1991-1995.* Brasília: Subsecretaria de Arquivo/Senado Federal, 1991.

Brasil. Ministério da Educação. *Educação Brasileira: políticas e resultados.* Brasília: MEC,1999.

Sobre a Autora

Nascida na cidade do Rio de Janeiro, Débora Messenberg vive desde sua infância em Brasília, onde graduou-se em Ciências Sociais na Universidade de Brasília (UnB). Nessa mesma instituição, tornou-se mestre em 1990, com a dissertação *Os "Novos" Capitalistas do Agro Brasileiro, Estudo sobre a Burguesia Rural Industrializada de Rio Verde*, trabalho laureado com o Prêmio SOBER de 1991 na área de sociologia rural, concedido pela Sociedade Brasileira de Economia e Sociologia Rural. Em 2000, defendeu a tese de doutorado *A Elite Parlamentar do Pós-Constituinte: atores e práticas*, no Departamento de Sociologia da Faculdade de Filosofia, Letras e Ciências Humanas da Universidade de São Paulo (FFLCH/USP). Atualmente leciona no Departamento de Sociologia da UnB e desenvolve pesquisa na área de sociologia política.